职业教育·铁道运输类专业教材

轨道交通车辆交流调速技术

刘敏军　主　编
李文亮　主　审

人民交通出版社股份有限公司
北　京

内 容 提 要

本书为职业教育铁道运输类专业教材。本书较为详细地介绍了交流调速技术及其在轨道交通车辆中的应用,简单易学,重点突出。主要内容包括:交流调速技术发展概况与趋势、交流调速方法;轨道交通车辆常用电力电子器件的工作原理、主要参数、驱动及保护;变频调速技术;脉宽调制(PWM)控制技术;转差频率控制技术;矢量控制技术;直接转矩控制技术;交流调速技术在轨道交通车辆中的应用。每个模块附有学习工作页,帮助学生复习和思考,方便教师对学生学习效果进行评价。

本书可作为高职高专院校铁道机车车辆专业(电力机车方向)、高速动车组专业、城市轨道交通车辆专业用教材,也可供本科相关专业及相关领域工程技术人员参考。

* 本书配有多媒体助教课件,教师可通过加入职教铁路教学研讨群(QQ 群:211163250)索取。

图书在版编目(CIP)数据

轨道交通车辆交流调速技术/刘敏军主编. —北京:
人民交通出版社股份有限公司,2020.8
ISBN 978-7-114-16571-9

Ⅰ.①轨… Ⅱ.①刘… Ⅲ.①铁路车辆—交流电机—调速 Ⅳ.①U27

中国版本图书馆 CIP 数据核字(2020)第 147610 号

职业教育·铁道运输类专业教材

书　　名:**轨道交通车辆交流调速技术**
著 作 者:刘敏军
责任编辑:钱　堃　周　凯
责任校对:赵媛媛
责任印制:刘高彤
出版发行:人民交通出版社股份有限公司
地　　址:(100011)北京市朝阳区安定门外外馆斜街 3 号
网　　址:http://www.ccpcl.com.cn
销售电话:(010)59757973
总 经 销:人民交通出版社股份有限公司发行部
经　　销:各地新华书店
印　　刷:北京虎彩文化传播有限公司
开　　本:787×1092　1/16
印　　张:14.5
字　　数:360 千
版　　次:2020 年 8 月　第 1 版
印　　次:2020 年 8 月　第 1 次印刷
书　　号:ISBN 978-7-114-16571-9
定　　价:49.00 元

(有印刷、装订质量问题的图书由本公司负责调换)

近年来,我国轨道交通车辆发展速度较快,从以往单一的铁路机车车辆研发出包括高速铁路、城际客运专线、城市地铁和轻轨以及磁浮列车等在内的多种专用车辆类型。随着轨道交通车辆的发展,交流调速技术在轨道交通车辆上得到了越来越广泛的应用。为了适应社会需求和教学改革的需要,许多高等学校,尤其是高职高专类学校和应用型本科院校的铁道机车车辆专业(电力机车方向)、高速动车组专业、城市轨道交通车辆专业等,都将交流调速技术作为一门重要的专业基础必修课程安排在课程教学体系中。但目前并没有合适的教材可以使用,故作者编写了本书。

本书主要依据《国务院关于印发国家职业教育改革实施方案的通知》(国发〔2019〕4号)文件精神,结合上述各专业对这门课程的基本要求以及教育培养目标编写。在吸收相关教材的长处及本学科领域新技术的基础上,注重课程内容的整合、精选,简单易学,重点突出。本书的参考教课时数为32~48课时,各专业可根据本专业的需要选择教学内容。

全书共8个模块,模块1介绍交流调速技术发展概况与趋势、交流调速方法;模块2介绍轨道交通车辆常用电力电子器件的工作原理、主要参数、驱动及保护;模块3介绍变频调速技术;模块4介绍脉宽调制(PWM)控制技术;模块5介绍转差频率控制技术;模块6介绍矢量控制技术;模块7介绍直接转矩控制技术;模块8介绍交流调速技术在轨道交通车辆中的应用。

本书由华东交通大学刘敏军主编,参加编写工作的有华东交通大学刘敏军(模块1、模块4、模块8)、许期英(模块2)、中国铁路南昌局集团有限公司鹰潭机务段吴正良(模块3),南京铁道职业技术学院刘长安(模块5),中车洛阳机车有限公司刘中彦(模块6),中车洛阳机车有限公司袁寒梅(模块7)。全书由刘敏军统稿,中国铁路郑州局集团有限公司郑州机务段高级工程师李文亮主审。

笔者在编写过程中,参阅和利用了大量的文献、资料,在此对原作者表示衷心感谢,并对给予本书大力支持的各兄弟院校专家、教授表示诚挚的谢意。

由于作者水平有限,错误和不妥之处在所难免,恳请广大读者批评指正。

编者
2020年1月

目录 Catalogue

模块1　交流调速概论 ……………………………………………………………… 1
　单元1　交流调速技术发展的概况与趋势 …………………………………………… 2
　单元2　交流调速方法 ………………………………………………………………… 4
模块2　轨道交通车辆常用电力电子器件 ………………………………………… 23
　单元1　普通晶闸管(SCR) ………………………………………………………… 24
　单元2　门极可关断晶闸管(GTO) ………………………………………………… 34
　单元3　绝缘栅双极晶体管(IGBT) ………………………………………………… 45
　单元4　集成电路 ……………………………………………………………………… 57
模块3　变频调速技术 ……………………………………………………………… 62
　单元1　交-直-交变频器的基本电路 ……………………………………………… 63
　单元2　脉宽调制型变频器 …………………………………………………………… 74
　单元3　谐振型变频器 ………………………………………………………………… 77
　单元4　交-交变频器的基本原理和基本类型 ……………………………………… 84
模块4　脉宽调制(PWM)控制技术 ………………………………………………… 102
　单元1　PWM型变频器的工作原理 ………………………………………………… 103
　单元2　PWM的控制模式及实现 …………………………………………………… 106
　单元3　具有消除谐波功能的SPWM控制模式的优化 …………………………… 109
　单元4　电流跟踪型PWM逆变器的控制技术 …………………………………… 112
模块5　转差频率控制技术 ………………………………………………………… 117
　单元1　转差频率控制的基本思路与控制要求 …………………………………… 118
　单元2　转差频率控制变频调速系统基本原理 …………………………………… 121
模块6　矢量控制技术 ……………………………………………………………… 128
　单元1　旋转矢量控制的概念与原理 ………………………………………………… 129
　单元2　矢量控制的异步电动机数学模型 ………………………………………… 132
　单元3　间接法矢量控制 ……………………………………………………………… 144

单元4　交流电动机矢量变换变频调速系统基本原理 ……………………… 148
模块7　直接转矩控制技术 …………………………………………………………… 152
　　单元1　直接转矩控制基本思路 ……………………………………………… 152
　　单元2　直接转矩控制基本原理 ……………………………………………… 154
模块8　交流调速技术在轨道交通车辆中的应用 …………………………………… 168
　　单元1　轨道交通车辆牵引变流器 …………………………………………… 169
　　单元2　转差频率控制技术在城市轨道交通车辆中的应用 ………………… 184
　　单元3　矢量控制技术在轨道交通车辆中的应用 …………………………… 186
　　单元4　直接转矩控制技术在轨道交通车辆中的应用 ……………………… 201
参考文献 ………………………………………………………………………………… 208
　　学习工作页1 …………………………………………………………………… 209
　　学习工作页2 …………………………………………………………………… 211
　　学习工作页3 …………………………………………………………………… 215
　　学习工作页4 …………………………………………………………………… 217
　　学习工作页5 …………………………………………………………………… 219
　　学习工作页6 …………………………………………………………………… 221
　　学习工作页7 …………………………………………………………………… 223
　　学习工作页8 …………………………………………………………………… 225

 交流调速概论

 学习目标

【知识目标】

认知直流电机和交流电机的特点、电力电子器件的发展、变频技术的发展、控制技术的发展和交流调速系统的发展;认知交流电机调速方法。

【能力目标】

能够合理选择交流电机调速方法。

【素质目标】

具有刻苦学习、认真钻研和积极探索的精神。

建议课时

2 课时。

 课前引例

小敏家的洗衣机坏了,想买一台新的,但又不知道买什么样的洗衣机好。小敏的朋友建议买一台变频洗衣机。小敏问变频洗衣机有什么好处? 小敏的朋友说,别忘了我是机电专业毕业的。变频洗衣机就是应用变频技术的洗衣机,具有节能、超低噪声、可变水流、高脱水转速等特点。变频洗衣机的优点:一是具有明显的静音效果;二是电机转速可以随衣物重量等情况得到适当调整,从而有效减缓响声和振动;三是变频洗衣机在省水、省电方面的效率是很高的。一般来说,变频洗衣机的能效可比普通产品提高 1/3,噪声降低 10dB 左右,洗净程度也大幅提升。

同学们,你们想知道什么是变频技术吗? 想知道交流电机的调速方法有哪几种吗? 想知道为什么变频调速能得到广泛应用吗?

单元1　交流调速技术发展的概况与趋势

学习内容

交流电机的特点；电力电子器件、变频技术、控制技术、交流调速系统的发展。

问题引导

交流电机有何特点？电力电子器件、变频技术、控制技术、交流调速系统的发展过程与发展趋势如何？

知识学习

一、直流电机与交流电机的比较

直流电机具有启动、调速性能好的优点和结构复杂、相对成本较高、运行中容易出故障、单机功率受限等缺点，随着生产技术的不断发展，直流拖动的薄弱环节逐步显示出来。人们转向结构简单、运行可靠、便于维护、价格低廉的三相交流异步电动机，但异步电动机的启动、调速性能难以满足生产要求，尤其是调速性能制约了异步电动机的发展。于是，从20世纪30年代开始，人们就致力于交流调速技术的研究，然而进展缓慢。在相当长的时期内，直流调速一直以性能优良领先于交流调速。20世纪60年代以后，特别是70年代以来，电力电子技术和控制技术的飞速发展，使得交流调速性能可以与直流调速相媲美、相竞争，交流调速已进入逐步替代直流调速的时代。

二、电力电子器件的发展

电力电子器件的发展为交流调速奠定了物质基础。20世纪50年代末出现了晶闸管，由晶闸管构成的静止变频电源（逆变器）输出方波或阶梯波的交变电压，取代旋转变频机组实现了变频调速，然而晶闸管属于半控型器件，可以控制导通，但不能由门极控制关断，因此由普通晶闸管组成的逆变器用于交流调速必须附加强迫换相电路。20世纪70年代以后，电力晶体管（GTR）、门极可关断晶闸管（GTO晶闸管）、电力场效应晶体管（Power MOSFET）、绝缘栅双极晶体管（IGBT）、MOS控制晶闸管（MCT）等已先后问世，这些器件都是既能控制导通又能控制关断的自关断器件，又称全控制型器件。它不再需要强迫换相电路，使得逆变器构成简单、结构紧凑。IGBT由于兼有MOSFET和GTR的优点，是目前最为流行的器件，MCT则综合了晶闸管的高电压、大电流特性和MOSFET的快速开关特性，是极有发展前景的大功率、高频功率开关器件。电力电子器件正在向大功率化、高频化、模块化、智能化发展。20世纪80年代以后出现的功率集成电路（Power IC, PIC），集功率开关器件、驱动电路、保护电路、接口电路于一体，目前已应用于交流调速的智能功率模块（Intelligent Power Module, IPM）采用IGBT作为功率开关，含有电流传感器、驱动电路及过载、短路、超温、欠电压保护电路，实现了信号处理故障、故障诊断、自我保护等多种智能功能，既减小了体积、减轻了重量，又提高了可靠性,使用、维护都更加方便,是功率器件的重要发展方向。

三、变频技术的发展

随着新型电力电子器件的不断涌现,变频技术获得飞速发展。以普通晶闸管构成的方波形逆变器被全控型高频率开关器件组成的脉宽调制(PWM)逆变器取代后,正弦脉宽调制(SPWM)逆变器及其专用芯片得到了普通应用。磁通跟踪型 PWM 逆变器以不同的开关模式在电机中产生的实际磁通去逼近定子磁链的给定轨迹——理想磁通圆,即用空间电压矢量方法决定逆变器的开关状态,形成 PWM 波形。由于控制简单、数字化方便,已呈现出取代传统 SPWM 的趋势。电流跟踪型 PWM 逆变器为电流控制型的电压源逆变器,兼有电压和电流控制型逆变器的优点,滞环电流跟踪型 PWM 逆变器更因其电流动态响应快、实现方便,受到重视。目前,随着器件开关频率的提高,并借助于控制模式的优化以消除指定谐波,已使 PWM 逆变器的输出波形非常逼近正弦波。但在电网侧,尽管以不控整流器取代了相控整流器,使基波功率因数(位移因数)接近于1,然而电流谐波分量大,总功率数因数仍很低,消除对电网的谐波污染并提高功率因数已构成变频技术不可回避的问题。为此,PWM 整流技术的研究、新型单位功率因数变流器的开发,在国外已引起广泛关注。PWM 逆变器工作频率的进一步提高将受到开关损耗的限制,特别是大功率逆变器,工作频率不取决于器件开关速度而受限于开关损耗。近年研究出的谐振型逆变器是一种新型软开关逆变器,由于应用谐振技术使功率开关在零电压或零电流下进行开关状态转换,开关损耗几乎为零,使效率提高、体积减小、重量减轻、成本降低、是很有发展前景的变频器。

四、控制技术的发展

在变频技术不断发展的同时,交流电动机控制技术取得了突破性进展。由于交流电动机是多变量、强耦合的非线性系统,与直流电动机相比,转矩控制要困难得多。20 世纪 70 年代初提出的矢量坐标变换控制(以下简称:矢量控制)理论解决了交流电动机的转矩控制问题,应用坐标变换将三相系统等效为两相系统,经过按转子磁场定向的同步旋转变换,实现定子电流励磁分量与转矩分量之间的解耦,从而达到对交流电动机的磁链和电流分别进行控制的目的。这样就可以将一台三相交流异步电动机等效为直流电动机来控制,因而获得了与直流调速系统同样优良的静动态性能。

直接转矩控制是 20 世纪 80 年代中期提出的又一转矩控制方法,其思路是把电机与逆变器看作一个整体,采用空间电压矢量分析方法在定子坐标系进行磁通、转矩计算,通过磁通跟踪型 PWM 逆变器的开关状态直接控制转矩。因此,无需对定子电流进行解耦,免去了矢量变换的复杂计算,控制结构简单,便于实现全数字化,目前获得了广泛应用。

五、交流调速系统的发展

20 世纪 80 年代以来,各国学者致力于无速度传感器控制系统的研究,利用检测定子电压、电流等容易测量的物理量进行速度估算以取代速度传感器。其关键在于在线获取速度信息,在保证较高控制精度的同时,满足实时控制要求。速度估算的方法,除了根据数学模型计算电动机转速外,目前应用较多的有模型参考自适应法和扩展卡尔曼滤波法。无传感器控制技术不需要检测硬件,也免去了传感器带来的环境适应性、安装维护等麻烦,提高了系统可靠性,降低了成本,因而引起了广泛关注。

微处理机引入控制系统,促进了模拟控制系统向数字控制系统的转化。数字化技术使得复杂的矢量控制得以实现,大大简化了硬件,降低了成本,提高了控制精度,而自诊断功能和自调速功能的实现又进一步提高了系统可靠性,节约了大量的人力和时间,操作、维修都更加方便。微机运算速度的提高、存储器的大容量化,将进一步促进数字控制系统取代模拟控制系统,数字化已成为控制技术的方向。

随着现代化控制理论的发展,交流电动机控制技术的发展方兴未艾,非线性解耦控制、人工神经网络自适应控制、模糊控制等各种新的控制策略正不断涌现,展现出更为广阔的应用前景,必将进一步推动交流调速技术的发展。

议一议

直流电动机与三相交流笼型异步电动机在结构、特性方面有何异同?

查一查

HX 系列电力机车各采用了什么型号的牵引电机?是直流电动机还是交流电动机?

想一想

高速动车组为什么采用三相交流笼型异步电动机作为牵引电机,而不是采用直流电动机?

单元 2　交流调速方法

学习内容

异步电动机的调速方法;同步电动机的调速方法。

问题引导

异步电动机有哪几种调速方法?异步电动机恒转矩变频调速为什么要使磁通保持额定值不变?变频器分哪几种?同步电动机有哪几种调速方法?

知识学习

一、异步电动机(感应电动机)

异步电动机的转速可表示为:

$$n = n_1(1-s) = \frac{60f_1}{p_N}(1-s) \tag{1-1}$$

式中:n_1——同步转速(r/min);

　　　f_1——定子电源频率(Hz);

　　　p_N——磁极对数;

　　　s——转差率。

式(1-1)表明,异步电动机的调速有三种途径:改变定子电源频率、改变磁极对数以及改变转差率。

(一)变频调速

改变供电电源频率 f_1,同步转速 n_1 随之变化,从而改变电动机转速。变频调速范围宽、平滑性好、效率最高、具有优良的静态及动态特性,是应用最广的一种高性能交流调速。

1. 变频调速的基本要求及机械特性

1) 保持磁通为额定值时的机械特性

为了充分利用铁芯材料,在设计电机时,一般将额定工作点选在磁化曲线开始弯曲处。因此,调速时希望保持每极磁通 Φ_m 为额定值,即 $\Phi_m = \Phi_{mN}$。因为磁通增加,将引起铁芯过分饱和、励磁电流急剧增加,导致绕组过分发热,功率因数降低;而磁通减少,将使电动机输出转矩下降,如果负载转矩仍维持不变,势必导致定、转子过电流,也要产生过热,故而希望保持磁通恒定,即实现恒磁通变频调速。

(1) E_1/f_1 恒定

根据异步电动机定子每相绕组感应电动势:

$$E_1 = 4.44 f_1 N_1 K_{N1} \Phi_m \tag{1-2}$$

式中: N_1——定子绕组每相串联匝数;

K_{N1}——基波绕组系数;

Φ_m——每极气隙磁通。

为保持 Φ_m 不变,在改变电源频率 f_1 的同时,必须按比例改变感应电动势 E_1,即保持:

$$\frac{E_1}{f_1} = \text{const} \tag{1-3}$$

这就要求对感应电动势和频率进行协调控制。显然,它是一种理想的保持磁通恒定的控制方法。

此时的机械特性方程可由异步电动机稳态 T 型等效电路导出(图1-1)。

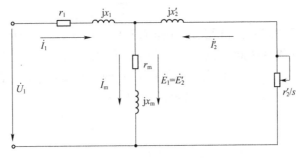

图1-1 异步电动机的稳态 T 型等效电路

转子电流:

$$I_2' = \frac{E_2'}{\sqrt{\left(\frac{r_2'}{s}\right)^2 + (x_2')^2}} = \frac{E_1}{\sqrt{\left(\frac{r_2'}{s}\right)^2 + (x_2')^2}} \tag{1-4}$$

式中:E_2'——折算到定子频率(即 $s=1$)、定子绕组的转子每相感应电动势;

x_2'——折算到定子频率、定子绕组的转子每相漏抗;

r_2'——折算到定子绕组的转子每相电阻。

电磁功率:

$$P_M = m_1 I_2'^2 \frac{r_2'}{s} \tag{1-5}$$

式中:m_1——定子相数。

电磁转矩:

$$T = \frac{P_M}{\Omega_1} = \frac{P_M}{2\pi f_1/p_N} = \frac{m_1 p_N}{2\pi}\left(\frac{E_1}{f_1}\right)^2 \frac{f_1 r_2'/s}{(r_2'/s)^2 + x_2'^2} \tag{1-6}$$

式中:Ω_1——同步机械角速度。

式(1-6)即为保持 E_1/f_1 恒定的机械特性方程式。为求得最大转矩,令 $dT/ds=0$,由此得到产生最大转矩时的转差率:

$$s_m = \frac{r_2'}{x_2'} \tag{1-7}$$

其相应的最大转矩:

$$T_m = \frac{m_1 p_N}{8\pi^2}\left(\frac{E_1}{f_1}\right)^2 \frac{1}{L_{2\sigma}'} \tag{1-8}$$

式中:$L_{2\sigma}'$——转子每相漏感(折算到定子绕组)。

可见,保持 E_1/f_1 恒定进行变频调速时,最大转矩保持不变。

由式(1-6)可知,当 s 很小时,$r_2'/s \gg x_2'$,此时:

$$T \approx \frac{m_1 p_N}{2\pi}\left(\frac{E_1}{f_1}\right)^2 \frac{sf_1}{r_2'} \propto s$$

说明 s 很小时机械特性近似为直线,在此直线上,带负载后产生的转速降为:

$$\Delta n = s n_1 = \frac{60}{p_N} s f_1 = \frac{60}{p_N} \frac{2\pi r_2' T}{m_1 p_N \left(\frac{E_1}{f_1}\right)^2}$$

上式表明,保持 E_1/f_1 恒定进行变频调速时,对应于同一转矩 T,转速降 Δn 基本不变,亦即直线部分斜率不变(硬度相同),机械特性平行地移动,如图1-2所示。

在变频调速过程中,即频率变化前后,电动机的过载能力应相等。根据电机学,过载能力:

$$k_m = \frac{T_m}{T_N}$$

式中:T_N——额定转矩。

设调速前 $k_m = T_m/T_N$,调速后 $k_m' = T_m'/T_N'$,按照过载能力相等的条件,由式(1-8)可知,保持 E_1/f_1 恒定时,$T_m = T_m'$,则 $T_N = T_N'$。说明输出转矩不变,属于恒转矩调速。

(2)U_1/f_1 恒定

实际上,由于感应电动势难以直接控制,保持 E_1/f_1 恒定只是

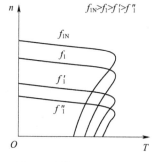

图1-2 保持 E_1/f_1 恒定,变频调速时的机械特性

一种理想的控制方法。当忽略定子漏阻抗压降时,近似地可以认为定子相电压:

$$U_1 \approx E_1 = 4.44 f_1 N_1 K_{N1} \Phi_m \tag{1-9}$$

因此,保持:

$$\frac{U_1}{f_1} = \text{const} \tag{1-10}$$

可以近似地维持 Φ_m 恒定,从而实现近似的恒磁通调速,这可通过对定子相电压和频率进行协调控制来实现。

由简化等效电路可以导出保持 U_1/f_1 恒定时的机械特性方程。

转子电流:

$$I_2' = \frac{U_1}{\sqrt{\left(r_1 + c_1 \frac{r_2'}{s}\right)^2 + (x_1 + c_1 x_2')^2}}$$

式中: $c_1 = 1 + x_1/x_m \approx 1$;

x_m——与气隙主磁通相对应的定子每相绕组励磁电抗;

x_1——定子绕组每相漏抗;

r_1——定子绕组每相电阻。

电磁转矩:

$$T = \frac{P_M}{\Omega_1} = \frac{P_M}{2\pi f_1/p_N} = \frac{m_1 p_N}{2\pi} \left(\frac{U_1}{f_1}\right)^2 \frac{f_1 r_2'/s}{(r_1 + r_2'/s)^2 + (x_1 + x_2')^2} \tag{1-11}$$

式(1-11)即为保持 U_1/f_1 恒定的机械特性方程式。令 $dT/ds = 0$,可以求得产生最大转矩时的转差率:

$$s_m = \frac{r_2'}{\sqrt{r_1^2 + (x_1 + x_2')^2}}$$

相应的最大转矩:

$$T = \frac{P_M}{\Omega_1} = \frac{P_M}{2\pi f_1/p_N} = \frac{m_1 p_N}{2\pi} \left(\frac{U_1}{f_1}\right)^2 \frac{f_1 r_2'}{(s_m r_1 + r_2')^2 + 4\pi^2 f_1^2 s_m^2 (L_{1\sigma} + L_{2\sigma}')^2} \tag{1-12}$$

式中: $L_{1\sigma}$——定子每相漏感。

可见,保持 U_1/f_1 恒定进行变频调速时,最大转矩将随 f_1 的降低而降低。此时直线部分的斜率仍不变,机械特性如图 1-3 实线所示。

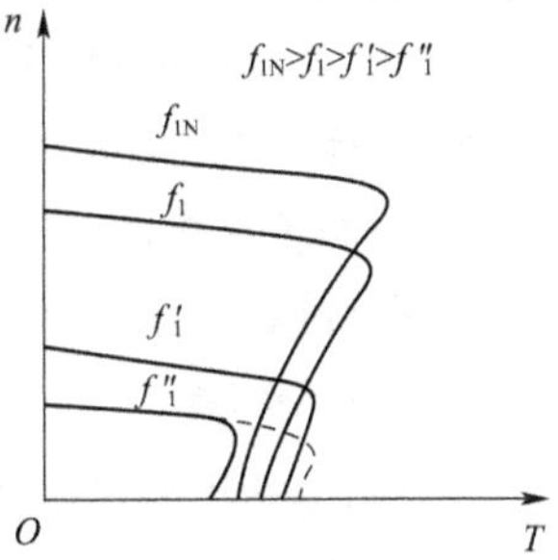

采用 $U_1 \approx U_1$,使控制易于实现,但也会带来误差。由图 1-1 的等效电路可知,U_1 扣除定子漏阻抗压降之后的部分由感应电动势 E_1 所平衡。显然,被忽略掉的定子漏阻抗压降在 U_1 中所占比例的大小决定了它的影响。当频率 f_1 的数值相对较高时,由式(1-9)可知,此时 E_1 数值较大,定子漏阻抗压降在 U_1 中所占比例较小,认为 $U_1 \approx U_1$ 不致引起太大误差;当频率相对较低时,E_1 数值变小,U_1 也变小,此时定子漏阻抗压降在 U_1 中所占比例增大,已经不能满足 $U_1 \approx U_1$,此时若仍以 U_1/f_1 恒定代替 E_1/f_1 恒定,

图 1-3 保持 U_1/f_1 恒定,变频调速时的机械特性

则会带来较大误差。为此,可以在低频段提高定子电压 U_1,目的是补偿定子漏阻抗压降,近似地维持 E_1/f_1 恒定。补偿后的机械特性,如图 1-3 虚线所示。

2) 保持电压为额定值时的机械特性

在额定频率(基频)以上调速时,鉴于电动机绕组是按额定电压等级设计的,超过额定电压运行将受到绕组绝缘强度的限制,因此定子电压不可能与频率成正比地升高,只能保持在额定电压,即 $U_1 = U_{1N}$。由式(1-9)可知,此时气隙磁通将随着频率 f_1 的升高而反比例下降,类似于直流电动机的弱磁升速。

体现定子电压、供电频率及电动机参数关系的机械特性方程式如下:

$$T = \frac{P_M}{\Omega_1} = \frac{P_M}{2\pi f_1/p_N} = \frac{m_1 p_N U_1^2}{2\pi f_1} \times \frac{r_2'/s}{(r_1 + r_2'/s)^2 + (x_1 + x_2')^2} \quad (1\text{-}13)$$

令 $dT/ds = 0$,即可求出产生最大转矩时的转差率:

$$s_m = \frac{r_2'}{\sqrt{r_1^2 + (x_1 + x_2')^2}} \quad (1\text{-}14)$$

相应最大转矩为:

$$T = \frac{P_M}{\Omega_1} = \frac{P_M}{2\pi f_1/p_N} = \frac{m_1 p_N U_1^2}{2\pi} \times \frac{r_2'}{f_1[(s_m r_1 + r_2')^2 + 4\pi^2 f_1^2 s_m^2 (L_{1\sigma} + L_{2\sigma}')^2]} \quad (1\text{-}15)$$

可见,保持电压为额定值进行变频调速时,最大转矩将随 f_1 的升高而减小。

当 s 很小时,有 $r_2'/s \gg r_1$ 及 $r_2'/s \gg x_1 + x_2'$,式(1-13)可简化为:

$$T \approx \frac{m_1 p_N U_1^2}{2\pi} \times \frac{s}{f_1 r_2'} \propto s \quad (1\text{-}16)$$

此时近似为一条直线,在此直线上,有:

$$s = \frac{2\pi f_1 r_2' T}{m_1 p_N U_1^2}$$

带负载后的转速降为:

$$\Delta n = s n_1 = \frac{60 f_1}{p_N} s = \frac{120 \pi r_2' T}{m_1 p_N^2 U_1^2} f_1^2$$

上式说明,保持 $U_1 = U_{1N}$ 进行变频调速时,对应于同一转矩 T,转速降 Δn 随 f_1 的增加而平方倍地加大,频率越高,转速降越大,即直线部分的硬度随 f_1 增加而迅速变软。机械特性如图 1-4 所示。

由式(1-16)可知,当保持电压为额定值,且 s 变化范围不大时,如果频率 f_1 增加,则转矩 T 减小,而同步机械角速度 $\Omega_1 = 2\pi f_1/p_N$ 将随频率增加而增加。这就是说,随着频率增加,转矩减小,而转速增加。根据 $p_M = T\Omega_1$,可近视地看作恒功率调速。

综合额定频率以下及以上两种情况,其定子电压和气隙磁通的控制特性如图 1-5 所示。

2. 变频电源

异步电动机变频调速所要求的变压变频(VVVF)电源由变频器提供,现代电力电子技术的飞速发展使静止式变频器完全取代了早期的旋转变流机组。变频器有多种分类方法,通常可按结构类型和电源性质分类。

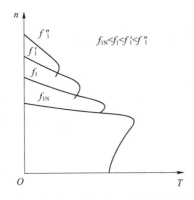

图 1-4 保持 U_1 为额定电压时,变频调速时的机械特性

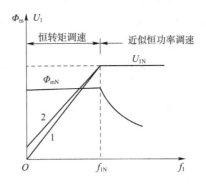

图 1-5 异步电动机变频调速时的控制特性
1-不含定子压降补偿;2-含定子压降补偿

1) 按结构类型划分

变频器按结构类型可划分为交-直-交变频器和交-交变频器两类。

(1) 交-直-交变频器

先将电网的工频交流电整流成直流电,再将此直流电逆变成频率可调的交流电。因此又称为间接变频器,如图 1-6 所示。调频功能由逆变器实现,调压功能视其实现环节不同,又对应有不同的结构形式。

(2) 交-交变频器

将电网的工频交流电直接变成电压和频率都可调的交流电,无需中间直流环节,故又称为直接变频器,如图 1-7 所示。

图 1-6 交-直-交变频器　　　　　　图 1-7 交-交变频器

交-直-交变频器与交-交变频器主要特点比较,见表 1-1。

交-直-交变频器与交-交变频器主要特点比较　　表 1-1

比较项目	交-直-交变频器	交-交变频器
换能方式	两次换能,效率略低	一次换能,效率较高
晶闸管换相方式	强迫换相或负载换相	电网电压换相
所用器件数量	较少	较多
调频范围	频率调节范围宽	一般情况下,输出最高频率为电网频率的 1/3 ~ 1/2
电网功率因数	采用可控整流器调压,低频低压时功率因数较低;采用斩波器或 PWM 方式调压,功率因数高	较低
适用场所	可用于各种电力拖动装置,稳频稳压电源和不间断电源	适用于低速大功率拖动

2）按电源性质划分

变频器按电源性质又可划分为电压型变频器和电流型变频器两类。

（1）电压型变频器

电压型变频器又称电压源变频器，具有电压源特性。电压型交-直-交变频器如图 1-8a）所示，中间直流环节主要采用大电容滤波，这使得中间直流电源近似恒压源，具有低阻抗。经过逆变器得到的交流输出电压，是通过开关动作被中间直流电源钳位的矩形波，不受负载性质影响。

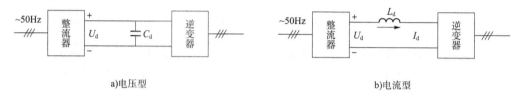

图 1-8　电压型与电流型交-直-交变频器

电压型交-交变频器如图 1-9a）所示，图中并没有接入滤波电容器，但供电电网相对于负载具有低阻抗，也具有电压源性质。

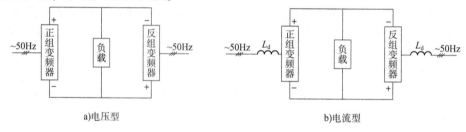

图 1-9　电压型与电流型交-交变频器

（2）电流型变频器

电流型变频器又称电流源变频器，具有电流源特性。电流型交-直-交变频器如图 1-8b）所示，中间直流电源环节采用大容量电感。由于串联大电感滤波，使中间直流电源近似恒流源。由逆变器向负载输出的交流电流为不受负载性质影响的矩形波。

电流型交-交变频器如图 1-9b）所示。两组变流器都经过很大的滤波电感与电网相连，强制输出电流为矩形波，从而具有电流源性质。

电压型与电流型交-直-交变频器主要特点比较，见表 1-2。

电压型与电流型交-直-交变频器主要特点比较　　　　表 1-2

比 较 项 目	电压型变频器	电流型变频器
直流回路滤波环节	电容器	电抗器
输出电压波形	矩形波	决定于负载，对于异步电动机负载近似值为正弦波
输出电流波形	决定于负载功率因数有较大的谐波分量	矩形波
输出阻抗	小	大
回馈制动	需在电源侧设置反并联逆变器	方便，主电路不需附加设备

续上表

比较项目	电压型变频器	电流型变频器
调速动态响应	较慢	快
对晶闸管的要求	关断时间要短,对耐压要求一般较低	耐压高,对关断时间无特殊要求
适用范围	多电动机拖动,稳频稳压电源	单电动机拖动,可逆拖动

(二)变极调速

由式(1-1)可知,改变异步电动机的极对数,同步转速随之变化,因而改变了电动机转速。这种方法适用于笼型异步电动机,因为笼型转子的极对数能随定子的极对数的变化而变化,自动地适应定子极对数,只需改变定子极对数绕组即可。

1. 变极原理

改变绕组连接方法,使流过线圈的电流相反,即可达到改变极对数的目的。将一相绕组分为两半,当两半绕组顺接串联时,在气隙中形成4极磁场,如果把其中一半绕组的电流反向,即把两半绕组反接串联或反接并联时,气隙中就形成2极磁场,同步转速将升高一倍。如图1-10所示。

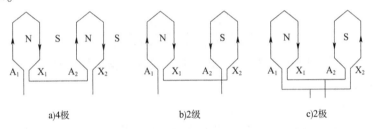

图1-10 电流反向变换原理

对于三相异步电动机,最常用的两种换接方法是:星形(丫)→双星形(丫丫)和三角形(△)→双星形(丫丫),图1-11所示为丫→丫丫的接线方法,图1-12所示为△→丫丫的接线方法。由图可见,换接后,每相都有一半绕组中的电流改变了方向,故而极对数减少一半,同步转速增加一倍。由于极对数改变,以电角度表示的各相之间相对位置也随之改变,引起相序变化。为使电动机的转向在变极前后保持一致,换接后须将绕组出线端对调一下,以保持变极前后相序不变。

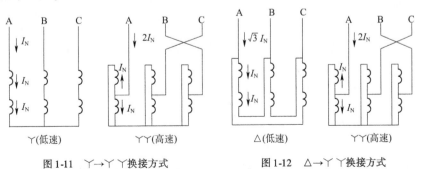

图1-11 丫→丫丫换接方式   图1-12 △→丫丫换接方式

2. 变极调速时的容许输出与机械特性

为使电动机得到充分利用,应考察高、低速时电动机绕组内都流过额定电流 I_N 时的输出功率与转矩。假定变极前后电动机的功率因数和效率不变,定子线电压不变,设定子线电流为 I_1,则电动机的输出功率可表示为:

$$P_2 = \sqrt{3}\,U_1 I_1 \eta \cos\varphi_1$$

输出转矩可表示为:

$$T_2 = 9550 \frac{P_2}{n} \approx 9550 \frac{P_2}{n_1}$$

(1) Y→YY 换接

对于 YY 接,极对数为 p_N,相应同步转速为 $2n_1$,当绕组电流为 I_N,出线端电流为 $2I_N$,因此:

$$P_{2YY} = \sqrt{3}\,U_1 (2I_N) \eta \cos\varphi_1$$

$$T_{2YY} \approx 9550 \frac{P_{2YY}}{2n_1}$$

对于 Y 接,极对数为 $2p_N$,相应同步转速为 n_1,线电流为绕组电流 I_N,因此:

$$P_{2Y} = \sqrt{3}\,U_1 I_N \eta \cos\varphi_1 = \frac{1}{2} P_{2YY}$$

$$T_{2Y} \approx 9550 \frac{P_{2Y}}{n_1} = 9550 \frac{P_{2YY}}{2n_1} = T_{2YY}$$

可见,Y→YY 换接时,输出转矩不变,亦即容许输出恒转矩,属于恒转矩调速。其机械特性如图 1-13 所示。

(2) △→YY 换接

对于 △ 接,极对数为 $2p_N$,相应同步转速为 n_1,当绕组电流为 I_N 时,出线端电流为 $\sqrt{3}\,I_N$,因此:

$$P_{2\triangle} = \sqrt{3}\,U_1 (\sqrt{3}\,I_N) \eta \cos\varphi_1 = \frac{\sqrt{3}}{2} P_{2YY} = 0.866 P_{2YY}$$

$$T_{2\triangle} \approx 9550 \frac{P_{2\triangle}}{n} = 9550 \frac{\sqrt{3}\, P_{2YY}}{2n_1} = \sqrt{3}\, T_{2YY} = 1.732 T_{2YY}$$

可见,△→YY 换接时,输出功率变化不太大,也可粗略地看作恒功率调速。其机械特性如图 1-14 所示。

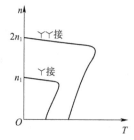
图 1-13　Y→YY 变极调速时的机械特性

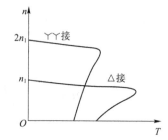
图 1-14　△→YY 变极调速时的机械特性

通过变级,不仅可以得到上述2∶1调速,也可以得到3∶2或4∶3调速,以及三速甚至四速电机,但不管有多少种极对数,都只能一级一级地改变,因此属于有级调速,相对于无级调速而言,应用场所受到一定限制。

(三)改变转差率调速

由式(1-1)可知,保持同步转速 n_1 不变,改变转差率 s,可以改变电动机转速。

根据电机学原理,异步电动机的电磁功率 P_M 可划分为两部分:一部分构成机械功率 P_{mec},另一部分则为转差功率 P_s。其中:

$$P_{mec} = (1-s)P_M \tag{1-17}$$

$$P_s = sP_M \tag{1-18}$$

前述变频、变极调速,都是设法改变同步转速以达到调速目的。它们的共同点是,无论调到高速或低速,转差功率仅仅由转子绕组铜损耗构成,基本上不变。故从能量转换角度看,又称为转差功率不变型,其效率最高。改变转差率调速则不同,转差功率与转差率成正比地改变。根据转差功率是全部消耗掉,还是能够回馈到电网,又可将其分成转差功率消耗型和转差功率回馈型。转差功率消耗型有绕线转子串电阻调速、定子调压调速和电磁转差离合器调速。由于全部转差功率都转换为热能而消耗掉,故效率最低。转差功率回馈型有串极调速与双馈调速,由于转差功率大部分能够回馈到电网,效率介于消耗型与不变型之间。

1. 绕线转子串电阻调速

在绕线转子异步电动机的转子回路串入电阻时,机械特性如图1-15所示。串入调速电阻 r_f,转子回路总电阻变为 $r_2 + r_f$,机械特性由固有特性1变为特性2,机械特性变软。若负载转矩仍为额定值不变,则运行点由 $a \rightarrow b$,转差率从 $s_N \rightarrow s_1$,转速便由 $n_1(1-s_N)$ 变为 $n_1(1-s_1)$。

为使电动机得到充分利用,应使转子电流 I_2 保持额定值 $2I_N$ 不变。根据转子电动势应为转子回路阻抗压降所平衡,转子电流:

$$I_2 = \frac{s_1 E_2}{\sqrt{(r_2+r_f)^2 + (s_1 x_2)^2}} = \frac{E_2}{\sqrt{\left(\frac{r_2+r_f}{s_1}\right)^2 + x_2^2}}$$

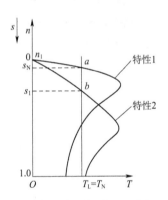

图1-15 绕线转子串电阻时的机械特性

式中:E_2——$s=1$ 时的转子每相感应电动势;

x_2——$s=1$ 时的转子绕组每相漏抗;

r_2——转子绕组每相电阻;

r_f——转子回路串入的调速电阻;

s_1——串入 r_f 后的转差率。

转子额定电流:

$$I_{2N} = \frac{E_2}{\sqrt{\left(\frac{r_2}{s_N}\right)^2 + x_2^2}}$$

式中:s_N——额定转差率。

令 $I_2 = 2I_N$，则

$$\frac{r_2}{s_N} = \frac{r_2 + r_f}{s_f} = 常数$$

由式(1-13)可知，当其他参数不变时，只要转子回路总电阻与 s 的比值保持不变，不论转子回路串入多大电阻，都有 T = 常数。因此，转子串电阻属于恒转矩调速。

这种调速方法极不经济。转速越低，即转差率 s 越大，需要串入的调速电阻越大，转子回路损耗掉的转差功率就越大，效率越低。在输出恒转矩的条件下，降低转速意味着减少输出功率，这部分输出功率的减少正是由于转差功率增加所致。换句话说，转速的降低是以转差功率消耗在调速电阻的铜损耗上作为代价换来的。

转子串电阻调速范围不大，平滑性也不够好，但由于方法简单，仍较多地用于断续工作方式的生产机械上，如桥式起重机、轧钢机、辅助机械等。

2. 定子调压调速

改变异步电动机定子端电压，其机械特性如图1-16a)所示，图中 $U_1 > U_1' > U_1''$。由图可见，如果带恒转矩负载(图中特性1)，由于稳定运行区限制在 $0 \sim s_m$ 范围内，可以调试的范围极小，已无实际意义。如果带通风机型负载(图中特性2)，稳定运行区不受 s_m 限制，相应的调速范围较大。

为了扩大恒转矩负载时的调速范围，应该设法增大 s_m。根据式(1-14)，应该增加转子电阻 r_2，这可采用转子电阻大的高转差率电动机。转子电阻增加后，用于改变端电压调速的机械特性如图1-16b)所示。由图可见，调速范围扩大了，但机械特性变得很软，负载变化时静差率很大，难以满足生产机械要求，过载能力则随着电压降低而减小。

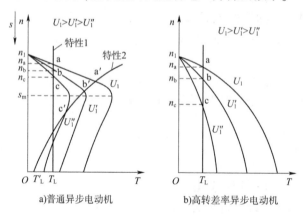

a)普通异步电动机　　　b)高转差率异步电动机

图1-16　异步电动机改变定子端电压时的机械特性

为提高特性硬度、减小静差率，采用闭环系统取代开环系统。带转速负反馈的闭环调压调速系统原理图如图1-17所示。电动机转速 n 由测速发动机 TG 检测后反馈的正比于 n 的电压 U_n，与转速给定信号 U_n^* 进行比较，得到偏差 $\Delta U_n = U_n^* - U_n$，再经过速度调节器产生控制电压送至触发电路，使之输出有一定相移的脉冲，从而改变晶闸管调压装置的输出电压。理论上只要有偏差存在，反馈闭环控制系统就会自动地纠正偏差，使电动机转速跟随给定转速变化。

图1-18所示为定子调压调速时闭环系统与开环系统的特性比较。图中虚线为开环系

统的机械特性,实线为与之对应的闭环系统的静特性。设定子相电压为 U_1' 时负载转矩为 T_L,稳定转速为 n_a。当负载转矩增至 T_L',若为开环系统,转速将沿着 U_1' 的机械特性降至 n_b,转速降落为 Δn。若为闭环系统,反馈信号 $U_n \propto n$ 随之下降,出现偏差,迫使晶闸管调压装置输出电压由 U_1' 上升至 U_1,转速变为 n_b',相应的闭环静特性如图中实线 1,转速降落为 $\Delta n'$。显然,$\Delta n' < \Delta n$,减小了转速降落和静差率,提高了特性硬度。需要调节转速时,只要改变速度给定信号 U_n^*,即可得到一簇基本上相互平行的特性,如图中实线 1、2、3 所示。

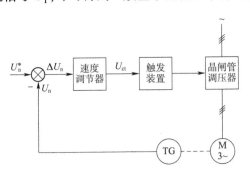
图 1-17 闭环调压调速系统原理图

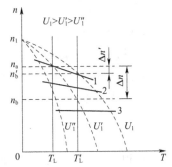
图 1-18 改变端电压时闭环与开环特性比较

定子调压调速不适合于恒转矩负载,也不适于恒功率负载,比较适合于通风机型负载。因为,如果忽略空载制动转矩,电动机的容许输出转矩为:

$$T_2 \approx T = \frac{P_M}{\Omega_1} = \frac{m_1 I_2'^2 r_2'/s}{\Omega_1}$$

当保持 $I_2' = I_{2N}'$ 以使电动机得到充分利用时,有:

$$T \propto \frac{1}{s}$$

亦即输出转矩随转速降低(s 增加)而降低。相对而言,与通风机型负载转矩特性较为接近。

3. 电磁转差率离合器调速

采用电磁转差离合器调速的异步电动机称为电磁调速电动机,它由三部分组成:笼型异步电动机、电磁转差离合器和控制装置。我国的 YCT 系列电磁调速电动机已将三部分组装起来成套供应。

电磁转差离合器的两个基本组成部分是电枢和磁极。图 1-19 所示为感应子式电磁离合器结构。电枢部分为圆筒形实心刚体,兼有导磁、导电作用,直接与笼型异步电动机的转轴连接,转速与电动机相同,称为主动部分。磁极部分由齿极和励磁绕组构成,齿极为一齿轮形的实心刚体,凸出部分为磁极,齿极部分与生产机械的转轴连接,称为从动部分。

主动部分与从动部分之间无机械连接,以气隙隔开。当励磁绕组中通入直流励磁电流时,在电磁转差率离合器中产生的恒定磁通路径如图 1-19 中虚线所示。电枢旋转时切割齿极处的气隙磁密,电枢中将有切割电势和涡流产生,该涡流与气隙磁密作用产生电磁转矩,使从动部分随着电枢沿同

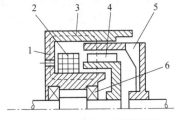
图 1-19 电磁转差离合器的结构
1-导磁体;2-励磁绕组;3-机座;4-齿极;5-电枢;6-轴承

一方向旋转起来。显然，从动部分与主动部分必须保持一定的转差，否则电枢与磁极之间没有相对运动，不会产生切割电势，也就没有输出转矩。电磁转差离合器也因此得名。

电枢上对应一个磁极范围内所产生的切割电动势 E 可用下式表示：

$$E = BLv = BLR(\Omega_1 - \Omega_2)$$

式中：B——气隙磁密；

L——电枢轴向有效长度；

v——切割速度；

R——电枢平均半径；

Ω_1——电枢旋转角速度（主动轴角速度）；

Ω_2——磁极旋转角速度（从动轴角速度）。

该切割电动势产生的涡流在磁场中受到的力为：

$$F = BLI = BL\frac{E}{Z}$$

式中：I——涡流；

Z——一个极下的涡流等效阻抗。

离合器输出的电磁转矩应为：

$$T = 2p_N FR = 2p_N \frac{B^2 L^2 R^2}{Z}(\Omega_1 - \Omega_2)$$

式中：p_N——磁极对数。

电磁转差率离合器改变励磁电流时的机械特性见图1-20。它表示离合器从动轴转速 n_2 与其电磁转矩 T 的关系。其中，理想空载点的转速 n_1 就是异步电动机的转速（主动轴转速）。由于离合器的电枢由铸钢制成，电阻较大，故特性较软。改变励磁电流的大小，就改变了离合器的气隙磁密，如同改变异步电动机的定子电压就改变了气隙磁密类似，励磁电流越小，特性越软。

由于机械特性很软，当要求静差率较小、调速范围较大时，必须采用闭环控制。带有转速负反馈的闭环控制原理类似于闭环调压调速。

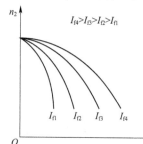

图1-20 电磁转差离合器的机械特性

电磁转差率离合器依靠转差进行工作，调速时消耗了全部转差功率，使电枢发热，温升升高，转差越大（转速越低），离合器的效率也越低。显然，调速时的容许输出将要受到离合器的发热限制，为使离合器既能充分利用又不过热，其消耗的转差功率应有最大限度。

设 P_1 为主动轴输入功率，n_1 为主动轴转速，则：

$$P_1 = \frac{T_1 n_1}{9550}$$

P_2 为从动轴输出功率：

$$P_2 = \frac{T_2 n_2}{9550}$$

考虑到主动轴上的输入转矩 T_1 应与从动轴上的输出转矩 T_2 相等，则离合器消耗的转差功率：

$$P_S = P_1 - P_2 = \frac{T_2}{9550}(n_1 - n_2)$$

离合器输出转矩为：

$$T_2 = \frac{9550 P_S}{n_1 - n_2}$$

可见，当消耗的转差功率 P_S 一定时，从动轴转速越低，离合器容许输出的转矩也越低。因此，这种调速方法也比较适合于通风机型负载，如果用于恒转矩负载，则低速时必须欠载运行，或短期运行，或强迫通风冷却。

电磁转差率离合器调速由于结构简单、运行可靠、维护方便，而且价格低廉，能够平滑调速，在低速运行时间不长的生产机械中，如纺织、印染、造纸等工业部门得到比较广泛的应用。

4. 双馈调速及串级调速

前述绕线转子串电阻调速，转差功率都消耗在调速电阻上，白白浪费了。为了回收这部分转差功率加以利用，可以采用双馈调速或串级调速。

1) 双馈调速

双馈调速是将定子、转子三相绕组分别接入两个独立的三相对称电源：定子绕组接入工频电源；转子绕组接入频率、幅值、相位都可以按照要求进行调节的交流电源，即采用交-交变频器或交-直-交变频器给定子绕组供电。其中，必须保证的是在任何情况下转子外加电压的频率都要与转子感应电动势的频率保持一致。当改变转子外加电压的幅值和相位时就可以调节异步电动机的转速，也可以调节定子侧的功率因数。

设转子外加电压 $\dot{U}_2$、转子感应电动势 $\dot{E}_{2s}$、转子电流 $\dot{I}_2$ 及定子侧 $\dot{U}_1$、$\dot{E}_1$、$\dot{I}_1$ 的正方向如图 1-21 所示。

如果转子外加电压 $\dot{U}_2$ 与转子感应电动势 $\dot{E}_{2s} = s\dot{E}_2$ 反相位，由于转子回路合成电动势减小，转子电流和电磁转矩随之减小，若负载转矩不变，转子减速，转差率增大，E_{2s} 增大，转子电流增加，直到转子电流和电磁转矩又恢复到原来数值，与负载转矩达成新的平衡，电动机稳定运行于较低的转速上。同理，如果 $\dot{U}_2$ 与 $s\dot{E}_2$ 同相位，将使转子转速增加。一般情况下，当 $\dot{U}_2'$ 领先 $s\dot{E}_2$ 某一角度 θ 时，如图 1-22 所示，可以将 $\dot{U}_2'$ 分解为两个分量，其中领先 $s\dot{E}_2$ 90°的分量 $U_2'\sin\theta$ 可以改善定子侧功率因数，与 $s\dot{E}_2$ 同相（或反相）的分量 $U_2'\cos\theta$ 则用来调节电动机的转速。

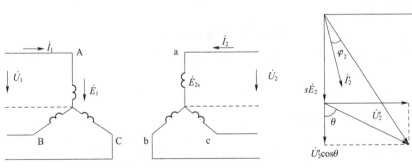

图 1-21 双馈异步电动机定子、转子各物理量的正方向　　图 1-22 $\dot{U}_2'$ 领先 $s\dot{E}_2$ 某一角度 θ

双馈调速时异步电动机的机械特性，在不涉及调速系统的具体结构时，以 $\dot{U}_2'$ 作为转子

外接电源电压,讨论如下:

如图 1-22 所示,设 $sE_2 = sU_2' \mathrm{e}^{\mathrm{j}\theta}$, $U_2 = U_2' \mathrm{e}^{\mathrm{j}\theta}$, 转子电流:

$$\dot{I}_2' = \frac{s\dot{E}_2' + \dot{U}_2'}{r_2' + \mathrm{j}sx_2'} = \frac{s\dot{E}_2'}{z_2'}\left[\mathrm{e}^{-\mathrm{j}\varphi_2} + \frac{U_2'}{sE_2'}\mathrm{e}^{\mathrm{j}(\theta - \varphi_2)}\right] \quad (1\text{-}19)$$

式中:$z_2' = \sqrt{r_2'^2 + (sx_2')^2}$——转子漏阻抗的模;

$\varphi_2 = \arctan\left(\dfrac{sx_2'}{r_2'}\right)$——转子功率因数角。

转子电流有功分量:

$$I_{2a}' = \frac{sE_2'}{z_2'}\left[\cos\varphi_2 + \frac{U_2'}{sE_2'}\cos(\theta - \varphi_2)\right] \quad (1\text{-}20)$$

转子电流无功分量:

$$I_{2r}' = -\frac{sE_2'}{z_2'}\left[\sin\varphi_2 - \frac{U_2'}{sE_2'}\sin(\theta - \varphi_2)\right] \quad (1\text{-}21)$$

显而易见,双馈电动机转子电流有功及无功分量皆由两部分组成:一部分由转差电动势 sE_2' 产生,即普通异步电动机(对应于转子短路,$U_2' = 0$)的转子电流有功或无功分量;另一部分由转子外加电压 U_2' 产生。改变 U_2' 的大小及相位角 θ 既能改变转子电流有功分量,也能改变转子电流无功分量,从而达到既调节转速、又调节定子侧功率因数的目的。

根据电机学原理,异步电动机的电磁转矩也可以表示为:

$$T = C_\mathrm{m} \Phi_\mathrm{m} I_2 \cos\varphi_2 \quad (1\text{-}22)$$

式中:$C_\mathrm{m} = \dfrac{1}{\sqrt{2}} p_\mathrm{N} m_2 N_2 K_{\mathrm{N}2}$——异步电动机转矩系数;

m_2、N_2、$K_{\mathrm{N}2}$——转子相数、每相串联匝数及绕组系数。

又考虑到 $I_2 = k_i I_2' = \dfrac{m_1 N_1 K_{\mathrm{N}1}}{m_2 N_2 K_{\mathrm{N}2}} I_2'$,代入式(1-22)中得:

$$T = C_\mathrm{m}' \Phi_\mathrm{m} I_2' \cos\varphi_2 = C_\mathrm{m}' \Phi_\mathrm{m} I_{2a}' = \frac{2T_\mathrm{m}}{\dfrac{s}{s_\mathrm{m}} + \dfrac{s_\mathrm{m}}{s}} \quad (1\text{-}23)$$

式中:$C_\mathrm{m}' = m_1 N_1 K_{\mathrm{N}1} \dfrac{1}{\sqrt{2}} p_\mathrm{N}$;

m_1、N_1、$K_{\mathrm{N}1}$——定子相数、每相串联匝数及绕组系数。

将式(1-20)两边同乘以 $C_\mathrm{m}' \Phi_\mathrm{m}$,得到双馈时的电磁转矩:

$$T = C_\mathrm{m}' \Phi_\mathrm{m} \frac{sE_2'}{z_2'}\left[\cos\varphi_2 + \frac{U_2'}{sE_2'}\cos(\theta - \varphi_2)\right] \quad (1\text{-}24)$$

当 $\theta = 0°$,即 U_2 与 sE_2 同相位($U_2 > 0$):

$$T = C_\mathrm{m}' \Phi_\mathrm{m} \frac{sE_2'}{z_2'} \cos\varphi_2 \left(1 + \frac{U_2'}{sE_2'}\right) = T_\mathrm{D}\left(1 + \frac{U_2'}{sE_2'}\right) = \frac{2T_\mathrm{D}}{\dfrac{s}{s_{\mathrm{mD}}} + \dfrac{s_{\mathrm{mD}}}{s}} + \frac{2T_{\mathrm{mD}} s_{\mathrm{mD}}}{s^2 + s_{\mathrm{mD}}^2} \cdot \frac{U_2'}{E_2'}$$

$$= T_\mathrm{D} + T_\mathrm{D}' \quad (1\text{-}25)$$

式中：T_D——转子外加电压 $U_2'=0$ 时异步电动机的电磁转矩，即 sE_2' 产生的转子电流有功分量与旋转磁场相互作用形成的电磁转矩；

T_{mD}——$U_2'=0$ 时的最大转矩；

s_{mD}——T_{mD} 对应的转差率；

T_D'——转子外加电压 U_2' 产生的转子电流有功分量与旋转磁场相互作用形成的电磁转矩。

当 $U_2=0$，即 U_2 与 sE_2 反相位（$U_2<0$）：

$$T = C_m' \Phi_m \frac{sE_2'}{z_2'} \cos\varphi_2 \left(1 - \frac{U_2'}{sE_2'}\right) = T_D - T_D' \tag{1-26}$$

图 1-23 所示为双馈调速时的机械特性。其中，图 1-23a) 所示为 $U_2=0$ 时异步电动机的机械特性 $n=f(T_D)$。图 1-23b) 所示为由 U_2 引起的特性 $n=f(T_D')$，由式（1-25）可知：

$$T_D' = \frac{2T_{mD}s_{mD}}{s^2 + s_{mD}^2} \cdot \frac{U_2'}{E_2'}$$

可见，$U_2>0$（即 U_2 与 sE_2 同相位）时，$T_D'>0$；$U_2<0$（即 U_2 与 sE_2 反相位）时，$T_D'<0$。在 $s=0$（即 $n=n_1$）处，将出现最大值：$(2T_{mD}U_2')/(s_{mD}E_2')$。图 1-23c) 所示为合成机械特性 $n=f(T)$，由图可见，随着 U_2' 的大小和相位不同，机械特性将向上或向下移动，从而实现在同步转速以上及以下的调速。

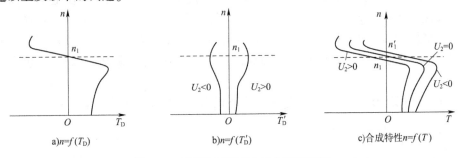

图 1-23 双馈调速时异步电动机的机械特性

理想空载时，双馈电机的合成电磁转矩应为零，亦即转子电流有功分量应为零。根据式（1-20）可求得理想空载时的转差率 s_0。

令 $I_{2a}'=0$，则：

$$s_0 = -\frac{U_2'}{E_2'}(\cos\theta + \sin\theta\tan\varphi_2) \tag{1-27}$$

显然，改变 U_2' 的大小和相位，就能改变 s_0，也就是说，即使电动机为空载运行，也可以调速。

当 U_2 与 sE_2 同相位（$\theta=0°$）时

$$s_0 = -\frac{U_2'}{E_2'}$$

当 U_2 与 sE_2 反相位（$\theta=180°$）时

$$s_0 = \frac{U_2'}{E_2'}$$

理想空载转速：

$$n_1' = n_1(1-s_0) = n_1\left(1 \pm \frac{U_2'}{E_2'}\right) \tag{1-28}$$

式中：n_1——$U_2=0$ 时，异步电动机的同步转速。

当 U_2 与 sE_2 同相位时，取"＋"号，$n_1' > n_1$；

当 U_2 与 sE_2 反相位时，取"－"号，$n_1' < n_1$。

2）串级调速

串级调速的基本思路是，把异步电动机转子感应电动势和转子外加电压都变为直流量，使原来随转差率而变化的可变频率交流量转化为与频率无关的直流量，从而免去了对转差频率的检测、控制，主电路结构和控制系统都要简单得多。由于采用不控整流器整流，转差功率也仅仅是单方向地由转子侧送出，回馈给电网。串级调速与双馈调速相比，系统结构简单，易于实现，分析、控制都方便，但在相同调速范围和额定负载下，调速装置容量增大一倍，因而往往推荐用于调速范围不太大的场合。另外功率因数也较低。

二、同步电动机

同步电动机的转速就是同步转速 $n_1 = 60f_1/p_N$，如果接入恒频电源，则由于同步电动机的转速将与电源频率保持严格的同步关系故而不可调。因此，长期以来同步电动机以转速恒定且功率因数可调而著称，仅用于补偿电网功率因数及不调速的风机、水泵等设备上。随着电力电子变频技术的飞速发展，同步电动机同样可以进行变频调速。而且，由于旋转磁场的转速可以调节，曾经困扰同步电动机的启动、振荡及失步问题也随之得到解决，扩大了应用范围。

同步电动机变频调速可以分为他控式变频调速和自控式变频调速两大类。

（一）他控式变频调速

他控式变频调速是采用独立的变频器（即输出频率由外部振荡器控制）作为同步电动机的变压变频电源。所用变频器和变频调速的基本原理以及方法都和异步电动机变频调速基本相同。对于同步电动机，定子上有三相绕组，转子上有直流励磁，转子本身以同步转速旋转，因此还需要考虑励磁系统、阻尼绕组以及凸极式同步电动机气隙磁阻的不均匀性等。

（二）自控式变频调速（无换向器电动机）

自控式变频调速是由电动机轴上所带的转子位置检测器发出的信号来控制逆变器的触发换相，即采用输出频率由电动机转子位置来控制的变压变频电源为同步电动机供电，这样就从内部结构和原理上保证了频率与转速必然同步，构成了"自控式"。

自控式变频同步电动机又称为无换向器电动机。这是因为静止变频器取代了直流电动机的机械式换向器，转子位置检测器代替了电刷，由逆变器供电的具有转子位置检测器的三相同步电动机相当于只有三个换相片的直流电动机，具有类似于直流电动机的调速特性。

自控式变频调速系统，可以采用交-直-交变频电源，称为直流无换向器电动机，也可以采用交-交变频电源，称为交流无换向器电动机。

议一议

异步电动机变极调速、变频调速与变转差率调速各有何优点和缺点?

比一比

交-直-交变频器与交-交变频器的主要特点;电压型变频器与电流型变频器的主要特点。

想一想

高速动车组为什么采用三相交流笼型异步电动机作为牵引电机,而不是采用三相交流绕线式异步电动机?

知识拓展

变频空调的优缺点

优点:

(1) 节能。变频空调内装变频器,随时调节空调机心脏——压缩机的运转速度,从而做到合理使用能源;由于它的压缩机不会频繁开启,会使压缩机保持稳定的工作状态,这可以使空调整体达到节能30%以上的效果。因此,这对噪声的减少和延长空调使用寿命,有相当明显的作用。

(2) 噪声低。通过第一点可知,由于变频空调运转平衡,振动减小,所以噪声也随之降低。

(3) 温控精度高。变频空调可以通过改变压缩机的转速来控制空调机的制冷(热)量。

(4) 调温速度快。当室温和调定温度相差较大时,变频空调一开机,便以最大的功率工作,使室温迅速下降或上升到调定温度,制冷(热)效果明显。

(5) 电压要求低。变频空调对电压的适应性较强,有的变频空调甚至可在150~240V电压下启动。

(6) 环境温度要求低。变频空调对环境温度的适应性很强,有的产品甚至可在-15℃的环境温度下启动。

(7) 一拖二智能控温。变频空调可以智能地辨别房间大小并分配冷(热)量,使大小不同的房间保持同样的温度。

(8) 保持室温恒定。变频空调采用了变频压缩机,变频空调可根据房间冷(热)负荷的变化自动调整压缩机的运转频率。达到设定温度后变频空调以较低的频率运转,避免了室温剧烈变化所引起的不适感。当负荷小时运转频率低,此时压缩机消耗的功率小,同时避免了频繁启停,从而更加省电。

缺点:

(1) 持续开机。变频空调是要求空调一直持续运行以达到省电的目的。

(2) 核心技术。变频空调的技术还不完善。虽然商家大力宣传变频的优点,但是机器越是先进,零件就越多,故障的概率也会相应提高。

(3)节电花费。先来计算空调使用费用问题。例如,如果空调按照每年使用时间3个月,每月30天,每天平均运行8h计算,制冷运行时间为720h,按照空调功率平均为2000W算,制冷期间,使用定速5级空调(EER=2.6)总耗电量为554kW·h,如果使用目前上海标准的变频5级空调(EER=3.3),总耗电量为436kW·h,省电为118kW·h左右。但是变频空调的价格要比普通空调价格超出千余元。

除此之外,以北方城市为例,很多地区冬季都有供暖设施,每年使用空调的季节只有3个月左右,多数时间闲置,变频空调的优势并不明显。

模块学习评估

见学习工作页1。

模块2 轨道交通车辆常用电力电子器件

学习目标

【知识目标】

认知普通晶闸管(SCR)的结构、工作原理、特性、主要参数、触发电路、并联、应用与保护;认知门极可关断晶闸管(GTO)的结构、工作原理、主要参数特性和驱动电路;认知绝缘栅双极晶体管(IGBT)的结构、工作原理、主要特性、擎住效应与安全工作区、驱动与保护技术;认知功率集成电路和智能集成电路的构成及应用情况。

【能力目标】

能够正确使用相关电力电子器件。

【素质目标】

具有分析、比较、总结能力。

建议课时

6课时。

知识导航

电力电子器件几乎用于所有的电子制造业,包括计算机领域的笔记本电脑、个人计算机、服务器、显示器以及各种外设;网络通信领域的手机、电话以及其他各种终端和局端设备;消费电子领域的传统黑白家电和各种数码产品;工业控制类中的工业计算机、各类仪器仪表和各类控制设备等。

除了保证这些设备的正常运行以外,电力电子器件还能起到有效的节能作用。由于电子产品的需求以及能效要求的不断提高,电力电子器件市场一直保持较快的发展速度。

电力电子器件种类很多。按照电力电子器件能够被控制电路信号所控制的程度分为:半控型器件,例如晶闸管;全控型器件,例如GTO、GTR、Power MOSFET、IGBT;不可控器件,例如电力二极管。

按照驱动电路加在电力电子器件控制端和公共端之间信号的性质分为:电压驱动型器

件,例如 IGBT、Power MOSFET、SITH(静电感应晶闸管);电流驱动型器件,例如晶闸管、GTO、GTR。

根据驱动电路加在电力电子器件控制端和公共端之间的有效信号波形分为:脉冲触发型,例如晶闸管、GTO;电子控制型,例如 GTR、Power MOSFET、IGBT。

按照电力电子器件内部电子和空穴两种载流子参与导电的情况分为:双极型器件,例如电力二极管、晶闸管、GTO、GTR;单极型器件,例如 Power MOSFET、SIT、肖特基势垒二极管;复合型器件,例如 MCT(MOS 控制晶闸管)、IGBT、SITH 和 IGCT。

同学们,你们知道轨道交通车辆常用的电力电子器件有哪些吗?它们的结构、原理是怎样的?如何触发它们导通?如何让它们关断?

单元1 普通晶闸管(SCR)

学习内容

晶闸管的结构和工作原理;晶闸管的特性;晶闸管主要参数;晶闸管的触发电路;晶闸管的并联;晶闸管的应用与保护。

问题引导

晶闸管是什么样子的?工作原理是什么?有什么样的特性?如何触发晶闸管导通?又如何使其关断?

知识学习

晶闸管(Thyristor)是硅晶体闸流管的简称,俗称可控硅,其正式名称应是反向阻断三端晶闸管。除此之外,在普通晶闸管的基础上还派生出许多新型器件,如工作频率较高的快速晶闸管(Fast Switching Thyristor,FST)、反向导通的逆导晶闸管(Reverse Conducting Thyristor,RCT)、两个方向都具有开关特性的双向晶闸管(TRIAC)、门极可关断晶闸管(Gate Turn off Thyristor,GTO)、门极辅助关断晶闸管(Gate Assisted Turn off Thyristor,GATO)及用光信号触发导通的光控晶闸管(Light Controlled Thyristor,LTT)等。

一、晶闸管的结构与工作原理

晶闸管的外形及图形符号如图 2-1 所示,是三端四层半导体开关器件,共有 3 个 PN 结,J_1、J_2 和 J_3,如图 2-2a)所示。其电路符号如图 2-2b)所示,A(anode)为阳极,K(cathode)为阴极,G(gate)为门极或控制极。若把晶闸管看成由两个三极管 $T_1(P_1N_1P_2)$ 和 $T_2(N_1P_2N_2)$ 构成(图 2-2c),则其等值电路可表示成图中虚线框内的两个三极管。对三极管 T_1 来说,P_1N_1 为发射结 J_1、N_1P_2 为集电结 J_2;对于三极管 T_2 来说,P_2N_2 为发射结 J_3、N_1P_2 仍为集电结 J_2;因此 $J_2(N_1P_2)$ 为公共的集电结。当 A、K 两端加正电压时,J_1、J_3 结为反偏置,中间结为正偏置。晶闸管未导通时,加正压时的外加电压由反偏置的 J_2 结承担,而加反压时的外加电压则由 J_1、J_3 结承担。

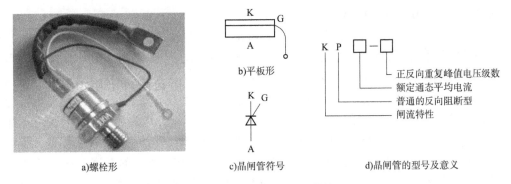

图 2-1 晶闸管的外形及图形符号

如果晶闸管接入图 2-2d)所示外电路,外电源 U_s 正端经负载电阻 R 引至晶闸管阳极 A,电源 U_s 的负端接晶闸管阴极 K,一个正值触发控制电压 E_g 经电阻 R_g 后接至晶闸管的门极 G,如果 $T_1(P_1N_1P_2)$ 的集电极电流分配系数为 α_1,$T_2(N_1P_2N_2)$ 的集电极电流分配系数为 α_2,那么对 T_1 而言,T_1 的发射极电流 I_a 的一部分 $\alpha_1 I_a$ 将穿过集电结 J_2,此外,J_2 受反偏电压作用,要流过反偏饱和电流 i_{CBO1},因此图 2-2d)中 I_{c1} 的可表示为:

$$I_{c1} = \alpha_1 I_a + i_{CBO1} \tag{2-1}$$

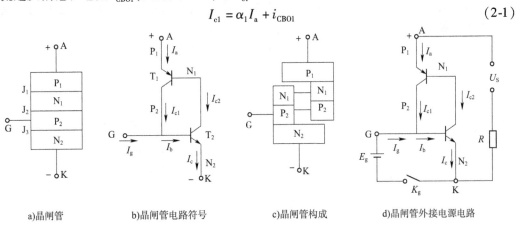

图 2-2 晶闸管的结构

同理,对 T_2 而言,T_2 的发射极电流 I_c 的一部分 $\alpha_2 I_c$ 将穿过集电结 J_2,此外,J_2 受反偏置电压作用,要流过反偏饱和电流 i_{CBO2},因此,图 2-2d)中的 I_{c2} 可表示为:

$$I_{c2} = \alpha_2 I_c + i_{CBO2} \tag{2-2}$$

由图 2-2d)可以看出:

$$I_a = I_{c1} + I_{c2} = \alpha_1 I_a + i_{CBO1} + \alpha_2 I_c + i_{CBO2} = \alpha_1 I_a + \alpha_2 I_c + I_0 \tag{2-3}$$

式中,$I_0 = i_{CBO1} + i_{CBO2}$ 为 J_2 结的反向饱和电流之和,或称为漏电流。

再从整个晶闸管外部电路来看,应有:

$$I_a + I_g = I_c \tag{2-4}$$

由式(2-3)和式(2-4),可得到阳极电流为:

$$I_a = \frac{I_0 + \alpha_2 I_g}{1 - (\alpha_1 + \alpha_2)} \tag{2-5}$$

晶闸管外加正向电压 U_{AK};但门极断开,$I_g = 0$ 时,中间结 J_2 承受反偏电压,阻断阳极电

流,这时 $I_a = I_c$ 很小,由式(2-5)得:

$$I_a = I_c = I_0 / [1 - (\alpha_1 + \alpha_2)] \approx 0 \tag{2-6}$$

在 I_a、I_c 很小时,晶闸管中电流分配系数 α_1、α_2 也很小,α_1、α_2 都随电流 I_a、I_c 的增大而增大。如果门极电流 $I_g = 0$,在正常情况下,由于 I_0 很小,$I_a = I_c$ 仅为很小的漏电流,$\alpha_1 + \alpha_2$ 不大,这时的晶闸管处于阻断状态。一旦引入了门极电流 I_g,将使 I_a 增大,I_c 增大,这将使电流分配系数 α_1、α_2 变大,α_1、α_2 变大后,I_a、I_c 进一步变大,又使 α_1、α_2 变得更大。在这种正反馈作用下,使 $\alpha_1 + \alpha_2$ 接近于1,晶闸管立即从断态转为通态。内部的两个等效三极管都进入饱和导电状态,晶闸管的等效电阻变得很小,其通态压降仅为 1~2V,这时的电流 $I_a \approx I_c$;则由外电路电源电压 U_S 和负载电阻 R 限定,即 $I_a \approx I_c \approx U_S/R$。一旦晶闸管从断态转为通态后,因 I_a、I_c 已经很大,即使撤除门极电流 I_g,由于 $\alpha_1 + \alpha_2 \approx 1$,由式(2-5)可知,$I_a = I_c$ 仍然会很大,晶闸管仍继续处于通态,并保持由外部电路所决定的阳极电流 $I_a = I_c = U_S/R$。

二、晶闸管的特性

晶闸管阳极与阴极间的电压和阳极电流的关系,称为晶闸管的伏安特性。晶闸管的伏安特性位于第一象限的是正向伏安特性,位于第三象限的是反向伏安特性(图2-3)。其主要特性表现如下:

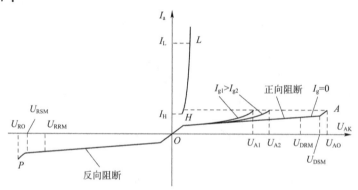

图2-3 晶闸管的阳极伏安特性

OA-正向阻断状态;A-转折点;U_{AO}-转折电压;U_{DRM}-断态重复值电压;U_{DSM}-断态不重复峰值电压;L-擎住点;I_L-擎住电流;OP-反向阻断状态;P-击穿点;U_{RO}-击穿电压;U_{RSM}-反向不重复峰值电压;U_{RRM}-反向重复值电压;H-关断点;I_H-维持电流

(1)在正向偏置下,器件处于正向阻断状态,当 $U_{AK} = U_{AO}$ 时,发生转折,经过负阻区由阻断状态进入导通状态。从图2-3中可以看到,这种状态的转换,可以由电压引起(电压触发导通),也可以由门极电流引起(门极触发导通)。

(2)当 $I_{g2} > I_{g1} > I_g$ 时,$U_{A2} < U_{A1} < U_{AO}$,且一旦触发导通后,即使去掉门极信号,器件仍能维持导通状态不变。这时二极管、三极管所没有,晶闸管所特有的性质,称为自锁或擎住特性。可见,晶闸管一旦导通,门极就失去控制作用。因此,触发电流常采用脉冲电流,而无须采用直流电流。

(3)导通之后,只要流过器件的电流逐渐减小到某值,器件又可恢复到阻断状态。这种关断方式称为自然关断,除此之外,还可采用加反偏电压的方法进行强迫关断,或施加负的门极信号进行门极关断。

(4)在反向偏置下,其伏安特性和整流管的完全相同。

三、晶闸管的主要参数

(一)晶闸管的电压定额

1. 额定电压 U_R

在门极开路($I_g = 0$),器件额定结温时,图2-3中正向和反向折转电压的80%值称为断态正向重复峰值电压 U_{DRM} 和断态反向重复峰值电压 U_{RRM}。因此,对晶闸管在其额定结温、门极开路时允许重复施加 U_{DRM} 和 U_{RRM},U_{DRM} 和 U_{RRM} 这两个电压中较小的一个电压值规定为该晶闸管的额定电压 U_R。

由于在电路中可能偶然出现较大的瞬时过电压而损坏晶闸管,在实际电力电子变换和控制电路设计和应用中,通常按照电路中晶闸管正常工作峰值电压的2~3倍的电压值选定为晶闸管的额定电压,以确保足够的安全裕量。

2. 通态峰值电压 U_{TM}

规定为额定电流时的管压降峰值,一般为1.5~2.5V,且随阳极电流的增大而略微增加。额定电流时的通态平均电压降一般为1V左右。

(二)晶闸管的电流定额

1. 晶闸管的额定电流 I_R

在环境温度为40℃和规定的散热冷却条件下,晶闸管在电阻性负载的单相、工频正弦半波导电,结温稳定在额定值125℃时,所对应的通态平均电流值定义为晶闸管的额定电流 I_R。晶闸管的额定电流也是基于功耗发热而导致结温不超过允许值而限定的。如果正弦电流的峰值为 I_m,则正弦半波电流的平均值为:

$$I_{av} = \frac{1}{2\pi}\int_0^\pi I_m \sin\omega t \, d\omega t = \frac{I_m}{\pi} \tag{2-7}$$

已知正弦半波的有效值(均方根值)为:

$$I = \sqrt{\frac{1}{2\pi}\int_0^\pi I_m \sin\omega t^2 \, d\omega t} = \frac{I_m}{2} \tag{2-8}$$

由式(2-7)和式(2-8)得到有效值 I 为:

$$I = \frac{\pi}{2}I_{av} = 1.57 I_{av} = 1.57 I_R \tag{2-9}$$

即产品手册中的额定电流为 $I_R = I_{av} = 100A$ 的晶闸管可以通过任意波形、有效值为157A的电流,其发热温升正好是允许值。在实际应用中,由于电路波形可能既非直流(直流电的平均值与有效值相等),又非半波正弦;因此应按照实际电流波形计算其有效值,再将此有效值除以1.57作为选择晶闸管额定电流的依据。当然,由于晶闸管等电力电子半导体开关器件热容量很小,实际电路中的过电流又不可能避免,故在设计应用中通常留有1.5~2.0的电流安全裕量。

2. 浪涌电流 I_{TSM}

系指晶闸管在规定的极短时间内所允许通过的冲击性电流值,通常 I_{TSM} 比额定电流 I_R 大 4π 倍。例如,100A 的元件,其值为 1.3～1.9kA;1000A 元件,其值为 13～19kA。

3. 维持电流 I_H

使晶闸管维持导通所必需的最小阳极电流。当通过晶闸管的实际电流小于维持电流 I_H 值时,晶闸管转为断态,大于此值时晶闸管还能维持其原有的通态。

4. 擎住电流 I_L

晶闸管在触发电流作用下被触发导通后,只要管子中的电流达到某一临界值时,就可以把触发电流撤除,这时晶闸管仍然自动维持通态,这个临界电流值称为擎住电流 I_L。擎住电流 I_L 和维持电流 I_H 都随结温的下降而增大。但是请注意,擎住电流和维持电流在概念上是不同的。通常擎住电流 I_L 要比维持电流 I_H 大 2～4 倍。

(三)动态参数

(1)开通时间 t_{on} 和关断时间 t_{off}。承受正向电压作用但处于断态作用的晶闸管,当门极触发电流来到时,由于载流子渡越到基区 P_2 需要一定时间,阳极电流 I_A 要延迟 t_d 才开始上升,而后再经过一个 t_r(使基区载流子浓度足够),I_A 才达到由外电路所决定的阳极电流稳定值。晶闸管从断态到通态的开通时间 t_{on} 定义为

$$t_{on} = t_d + t_r$$

式中:t_d——延迟时间;

t_r——上升时间。

当已处于通态的晶闸管从外电路施加反向电压于晶闸管 A、K 两端,并迫使它的阳极电流 I_A 从稳态值开始下降为 0 后,晶闸管中的各层区的载流子必须经过一定时间才能消失,恢复其正向阻断能力。晶闸管的关断时间 t_{off} 定义为从阳极电流下降到 0 开始,到晶闸管恢复了阻断正向电压的能力,并能承受规定的而不误导通所必需的时间。

晶闸管的关断时间与元件的结温、关断前的阳极电流大小及所加的反向阳极电压有关。普通晶闸管的 t_{off} 约为几十微秒。为缩短关断时间应适当加大反压,并保持一段反压作用时间,以使载流子充分复合而消失。快速晶闸管的 t_{off} 可减小到 10～20μs 以下,可用于高频开关电路的高频晶闸管,其关断时间更短(小于 10μs)。

(2)断态电压临界上升率 du/dt。在规定条件下,不会导致从断态到通态转换的最大阳极电压上升率。其数值对于不用等级(共 7 级)的晶闸管是不同的,最差的 A 级晶闸管为 25V/μs,最好的 G 级晶闸管高达 1000V/μs,一般的是 100～200V/μs。

晶闸管阳极电压低于转折电压 U_A 时,在过大的 du/dt 下也会引起误导通。因为在阻断状态下的晶闸管上突然加以正向阳极电压,在其内部相当于一个电容的 J_2 结上就会有充电电流流过界面,这个电流流经 J_3 结时,起到了类似于触发电流的作用,因此过大的充电电流就会引起晶闸管的误触发导通。

为了限制断态电压上升率,可以在晶闸管阳极与阴极间并上一个 RC 阻容缓冲支路,利用电容两端电压不能突变的特点来限制晶闸管 A、K 两端电压上升率。电阻 R 的作用是防

止并联电容与阳极主回路电感产生串联谐振。此外,晶闸管从断态到通态时,电阻 R 又可限制电容 C 的放电电流。

(3) 通态电流临界上升率 di/dt。在规定的条件下,为晶闸管能够承受而不致损害的通态电流的最大上升率。目前最差的 A 级晶闸管为 25A/μs,最好的 G 级晶闸管为 500A/μs,一般的是 100～200A/μs。

过大的 di/dt 可使晶闸管内部局部过热而损坏,因为当门极流入触发电流后,晶闸管开始只在靠近门极附近的小区域内导通,然后导通区才逐渐扩大,直至全部界面都导通。如果电流上升太快,很大的电流将在门极附近的小区域内通过,造成局部过热而烧坏。

四、晶闸管的触发电路

(一) 可变电阻触发电路

可变电阻触发电路如图 2-4 所示。改变电阻 R 可以改变晶闸管的触发相位。晶闸管的触发条件是：

$$I_g = \frac{u_{ao} - u_D}{R} \tag{2-10}$$

式中：u_{ao}——阳极交流电压瞬时值；

I_g——晶闸管门极触发电流；

u_D——二极管 VD 和晶闸管门极电压降之和(一般取 2V)。

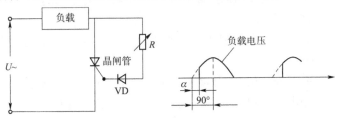

图 2-4 可变电阻触发电路

(二) 集成触发电路

这里主要介绍用于三相大功率变流器的集成化触发电路。它可以分为以下三个部分,如图 2-5 所示。图中的相位控制电路用来产生每组六个间隔为 60°的脉冲,这些脉冲与晶闸管整流器的三相电源同步。改变控制信号,这些脉冲的位置可在 180°范围内移动。图 2-6 所示为某一相电源的相控电路的原理。

由双星型电路经 A 点(10-0-10V)加到晶体管 V_1 基极的电压,产生 30°相移。这样,能有效地减少三相电源接入电路时产生的噪声和谐波幅值。由双星型电路加到 B 点的电压产生 60°相移,因此,A、B 点之间的相位差为 90°经稳压管削波后,B 点的波形为矩形波,经过微分电路,产生正负尖峰电流波。这些尖峰的相位与 A 点波形保持一定的关系。

加到晶体管 V_1 的基极电压控制其导通或截止。V_1 输出的矩形波电压经微分电容后加到晶体管 V_2 基极,V_2 输出负的尖峰波电压,该尖峰电压即为逻辑电路的输入信号,从 V_2 的集电极到 V_1 的基极加入较弱的正反馈信号以缩短转换时间。

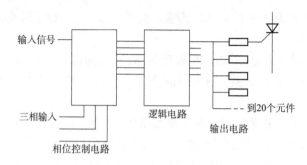

图 2-5 集成化触发电路框图

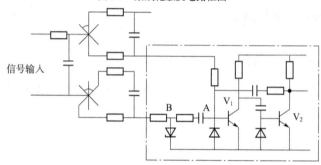

图 2-6 相控电路的原理图

将直流控制信号加到输入端(即变压器中点),在 A 点加上偏压后,整个偏压经过 A 点加到晶体管 V_1 基极,因而改变了转换点的位置。改变输入信号,相控电路的输出脉冲可在 180°范围内移动,如图 2-7 所示。

"终端停止"尖峰波用来提供合理的输入控制信号。在控制范围内的中心位置(控制信号为 90°),相控电路性能如下:

两相间一对脉冲的匹配(如这些脉冲相差 180°)大于 1°,所有脉冲的匹配大于 4°。控制信号电压范围根据三相电压而定,但通常为 ±11V,−11V 为全超前状态,如图 2-8 所示。

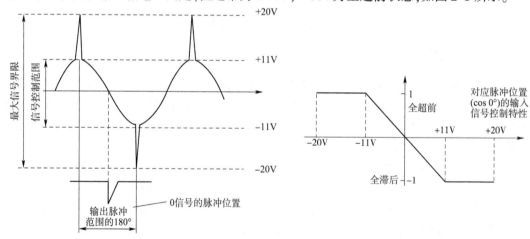

图 2-7 相控电路的电压波形   图 2-8 相移范围

逻辑电路的结构如图 2-9 所示。相位控制电路产生的间隔 60°的脉冲为逻辑电路的输入信号。这些脉冲依次触发双稳触发器,使之截止,经 120°电周期后双稳触发器重新导通。

每个触发器输出 120°负脉冲,其他触发器输出的脉冲经过微分及整形后产生宽度为 10°的正脉冲。该脉冲与每个触发器的输出脉冲加在一起,构成一个宽度为 10μs 的脉冲链,以取代彼此相差 60°的脉冲。由于这些脉冲与触发器的转换一致,因此,这些接到晶闸管整流器门极上的起始脉冲链称为"换向脉冲"。

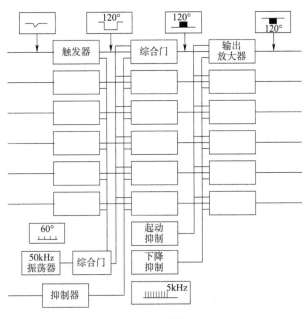

图 2-9　逻辑装置原理图

"换向脉冲"加到 5kHz 振荡器的输出端。振荡器包括转换频率为 5kHz 的触发器和脉冲发生电路,它可以产生频率为 5kHz、宽度为 10μs 的正脉冲。混合脉冲链在综合门相加,送到每个对应的输出放大器,以产生相隔 120°的触发脉冲。每个触发脉冲由一个换向脉冲引导,该换向脉冲用来防止最大可能达到的 190μs(3.4°)等候时间。触发器转换后,在输出端产生 5kHz 脉冲以前,没有换向脉冲,这将使变流器的触发产生很大的不平衡。

综合门输出信号加到输出放大器后,再依次送到输出电路,每个输出电路可驱动 20 个晶闸管门极。

图 2-5 中的输出电路接收逻辑电路输出的信号,并产生足够幅度的控制脉冲,以驱动大功率晶闸管整流器(如 250A 级)。输出电路结构和输出脉冲特性如图 2-10 所示。

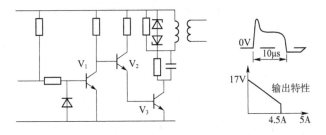

图 2-10　输出装置电路原理图

在无脉冲输入时,晶体管 V_1 导通。当输出负脉冲时,V_1 截止、V_2 导通、V_3 集电极电流流过脉冲变压器一次侧,因而在变压器二次侧产生负脉冲。输入端的正常工作电平为 +4V,

为避免由于信号线上的噪声产生不必要的门极脉冲,特将电平升高到20V。一般系统的输入阻抗为500Ω。

晶体管 V_1 的集电极连到作为射极跟随器的 V_2 的基极。V_2 的集电极负载由脉冲变压器与RC并联回路串联而成。V_3 导通时,通过电容的起始充电电流很大,因此,变压器可以输出前沿很陡的门极脉冲。

V_3 截止时,变压器所产生的反电势由接在变压器一次侧的电阻和稳压管限制。

脉冲变压器采用铁氧体环形铁芯,一次侧线圈由高强度漆包线绕制,匝数为20圈。二次侧匝数为14圈。匝间保持电容均匀分布。

输出脉冲的特性:

(1)脉冲上升时间小于200ns(典型值为100ns)。
(2)脉冲宽度最窄为10μs(最宽为15μs)。
(3)由触发电路到门极的最小电阻为4Ω。
(4)触发电流脉冲前沿幅值为2A。
(5)10μs 以后触发电流脉冲幅值为0.1A。
(6)输出绝缘电平为2000V。

五、晶闸管的并联

当一个晶闸管的额定电流不能满足负载的要求时,必须采用几个晶闸管并联,但是,一般情况下,应尽量避免小容量晶闸管并联使用。晶闸管并联使用时,由于各个晶闸管特性不一致以及主回路电流的影响,晶闸管的电流会不均衡。

(一)主回路对并联晶闸管电流分配的影响

晶闸管的正向压降等于与正向电流无关的恒定压降与内阻压降之和。由于晶闸管内阻很小,并联晶闸管各回路的阻抗又不同,因此,各支路电流分配也不均衡。当负载电流很大时,各并联支路的电阻和自感必须相等,互感也应尽量相等。

如图2-11所示,晶闸管并联时,即使各支路的电阻和电感相等,但主回路母线 A 及 B 的磁通也会使并联晶闸管电流分配不均匀。

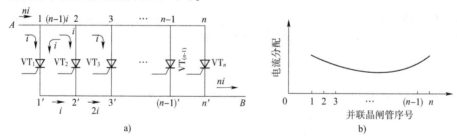

图2-11 主回路对并联晶闸管电流分配的影响

(二)正向压降对并联晶闸管电流分配的影响

与硅二极管相比,晶闸管的内阻较大,正向压降的分散性也大。两只正向压降不同的晶闸管并联,正向电流分配如图2-12所示。

另外，晶闸管并联使用时，由于触发特性不同，也会产生电流分配不均衡的问题。所以，必须使并联晶闸管触发时间尽可能一致。

为了使并联晶闸管电流分配均衡，除应选择正向压降基本一致的晶闸管外，还应采用适当的均流电路。常用的均流电路有以下几种：

1. 串联电阻均流电路

串联电阻均流电路如图 2-13a) 所示，当晶闸管的额定电流比较小时，在阳极电路中串联较小的电阻，就可以减轻并联晶闸管电流不均匀的程度。一般来说，电阻损耗可忽略不计。均流电阻的数值应保证晶闸管流过最大电流时，产生的压降为 0.5V。

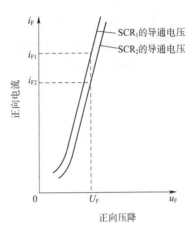

图 2-12 主回路对并联晶闸管电流分配的影响

2. 串联电抗器均流电路

串联电抗器均流电路如图 2-13b) 所示。在整流电路或斩波电路内，晶闸管重复流过脉冲电流，为使并联晶闸管中的电流分配均匀，通常都采用这种电路。当多个晶闸管并联时，串入电感的数值能使晶闸管导通时的电流上升率低于允许的 di/dt。这样，就能够防止并联晶闸管因 di/dt 过大而损坏。

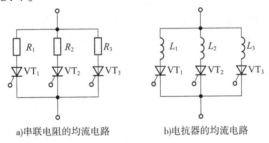

a) 串联电阻的均流电路　　　b) 电抗器的均流电路

图 2-13 串联电阻及电抗器的均流电路

为了改进并联晶闸管的电流分配，应串入电感的数值决定于并联支路的自感和互感。同时，也决定于晶闸管的触发时间。例如，当并联晶闸管承受 500V 电压时，如果串入 50μH 的电感，最高电流上升率能限制在 10A/μs 以内。各晶闸管触发时间之差达 1μs 时，各支路电流之差能限制在 10A 以下。如果主回路布线电感之差为 5μH，由此产生的电流不平衡时，则串联 50μH 的电感以后，电流的不平衡度大致可降低到原来的 1/10，即 +0% ~ -5%。

3. 采用均流电抗器的均流电路

均流电抗器通常也称为均衡电抗器或平衡电抗器。采用均衡电抗器的均流电路如图 2-14 所示。图 2-14a)、b) 所示分别表示两个及三个晶闸管的并联电路。在图 2-14a) 中，如果两个晶闸管的触发时间不同，比如 VT_1 先触发，电流流过线圈 OA，由于线圈之间为紧耦合，在平衡电抗器另一线圈 OB 两端将产生极性如图 2-14 所示的电压。这个电压就提高了 VT_2 阳极和阴极间的电压，因而可以缩短 VT_2 的触发时间。另一方面，在 VT_1 和 VT_2 触发时，由于平衡电抗器的电感作用，电流上升率下降，因而能够保证电流分配较均衡。由于二极管 VD_1、VD_2 是隔离元件，它可防止反向电流流入门极。

均衡电抗器对并联晶闸管具有很好的均流作用。如果晶闸管的额定电流很大，或者晶闸管的个数很多，均衡电抗器体积就较大，而且配置也很复杂。因此，这种均流电路通常适用于中、小容量晶闸管装置。

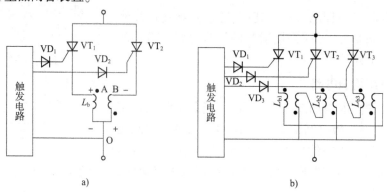

图2-14 使用均衡电抗器的均流电路

六、晶闸管的应用和保护

对晶闸管的保护主要考虑过电压保护和过电流保护。

晶闸管过电压的主要原因：雷电原因，变压器一次侧突然接通或突然断开，正向电流突然切断，直流侧负载突然断开等。过电压的保护措施主要是在晶闸管的两端并联阻容吸收电路。另外，在电路设计时，选择晶闸管的额定电压为线路中经常发生的最大电压的2～3倍，以提高电压裕度。还可以将两个晶闸管串接，再用并联电阻均压后使用。采用这种办法的好处是经济，同时还可以防止电路中一个器件被击穿时造成其他器件的连续损坏。

晶闸管过电流的主要原因：过载，负载侧短路，器件本身短路。对其进行过电流保护一般采用串联快速熔断器的方法，还可以利用电源、变压器或直流回路的内阻抗来限制故障电流的大小及上升率。

议一议

晶闸管可以通过触发导通，如何使其关断呢？

比一比

晶闸管在什么情况下要串联？在什么情况下要并联？

想一想

晶闸管过压的原因是什么？如何进行保护？

单元2 门极可关断晶闸管（GTO）

学习内容

GTO的结构和工作原理；GTO的特性；晶闸管主要参数；GTO的驱动电路。

问题引导

GTO 是什么样子的？工作原理是什么？有什么样的特性？如何驱动 GTO 导通？又如何使其关断？

知识学习

门极可关断晶闸管（Gate Turn off Thyristor, GTO）是一种具有自断能力的晶闸管。处于断态时，如果有阳极正向电压，在其门极加上正向触发脉冲电流后，GTO 可由断态转入通态，已处于通态时，门极加上足够大的反向脉冲电流，GTO 由通态转入断态。由于不需用外部电路强迫阳极电流为 0 而使之关断，仅由门极加脉冲电流去关断它；所以在直流电源供电的 DC-DC、DC-AC 变换电路中应用时不必设置强迫关断电路。这就简化了电力变换主电路，提高了工作的可靠性，减少了关断损耗，与 SCR 相比还可以提高电力电子变换的最高工作频率。因此，GTO 是一种比较理想的大功率开关器件。

一、GTO 的结构与工作原理

（一）结构

GTO 是一种 PNPN 四层结构的半导体器件，如图 2-15 所示。

SCR 也是 PNPN 四层结构，外部引出阳极、门极和阴极，构成一个单元器件。GTO 外部同样引出 3 个电极，但内部却包含数百个共阳极的小 GTO，这些小 GTO 被称为 GTO 元，它们的门极和阴极分别并联在一起。与 SCR 不同，GTO 是一种多元的功率集成器件，这是为便于实现门极控制关断所采取的特殊设计。

图 2-15a）所示为 GTO 芯片的实际图形，由图可见，GTO 是多元结构，它的阴极是由数百个细长的小条组成，每个小阴极均被门极所包围。图 2-15b）所示为 GTO 结构的纵断面图，图 2-15c）所示为图 2-15b）的立体图形。

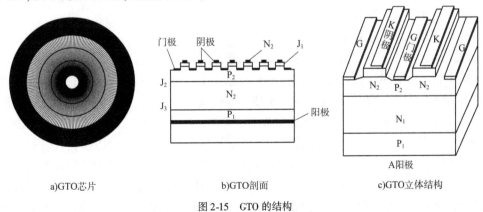

a) GTO芯片　　b) GTO剖面　　c) GTO立体结构

图 2-15　GTO 的结构

GTO 的开通和关断过程与每一个 GTO 元密切相连，但 GTO 元的特性又不等同于整个 GTO 器件的特性，多元集成使 GTO 的开关过程产生了一系列新的问题。

GTO 的等效电路如图 2-16 所示。图 2-16 中 A、G 和 K 分别表示 GTO 的阳极、门极和阴极,α_1为$P_1N_1P_2$晶体管的共基极电流放大系数,α_2为$N_2P_2N_1$晶体管的共基极放大系数,箭头表示各自的多数载流子运动方向。通常α_1比α_2小,即$P_1N_1P_2$晶体管不灵敏,而$N_2P_2N_1$晶体管灵敏。GTO 导通时器件总的放大系数$\alpha_1 + \alpha_2$稍大于1,器件处于临界饱和状态,为用门极负信号去关断阳极电流提供了可能性。

(二)开通原理

由图 2-16 所示的等效电路可以看出,当阳极加正向电压,门极同时加正向触发信号时,GTO 导通,其具体过程如图 2-17 所示。

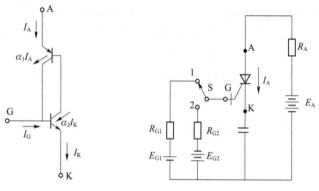

图 2-16　一个 GTO 元件的等效电路　　图 2-17　GTO 的工作电路

显然这是一个正反馈过程。当流入的门极电流 I_G 足以使晶体管 $N_2P_2N_1$ 的发射极电流增加,进而使晶体管 $P_1N_1P_2$ 的发射极电流也增加时,α_1 和 α_2 也增大。当 $\alpha_1 + \alpha_1 > 1$ 之后,两个晶体管均饱和导通,GTO 则完成了导通过程。可见,GTO 开通的必要条件是:

$$\alpha_1 + \alpha_2 > 1 \tag{2-11}$$

此时注入门极的电流:

$$I_G = \frac{1-(\alpha_1+\alpha_2)}{\alpha_2}I_A \tag{2-12}$$

式中:I_A——GTO 的阳极电流;

I_G——GTO 的门极电流。

由式(2-12)可知,当 GTO 门极注入正的电流 I_G,但尚不满足开通条件时,虽有正反馈作用,但器件仍不会饱和导通。这是因为门极电流不够大,不满足 $\alpha_1 + \alpha_1 > 1$ 的条件,这时阳极电流只流过一个不大而且是确定的电流值。当门极电流 I_G 撤销后,该阳极电流也就消失。与 $\alpha_1 + \alpha_1 = 1$ 状态所对应的阳极电流为临界导通电流,定义为 GTO 的擎住电流。当 GTO 在门极正触发信号的作用下开通时,只有阳极电流大于擎住电流后,GTO 才能维持大面积导通。

由此可见,只要能引起 α_1 和 α_2 变化,并使之满足 $\alpha_1 + \alpha_1 > 1$ 条件的任何因数,都可以导致 PNPN 四层器件的导通。所以,除了注入门极电流使 GTO 导通外,在一定条件下过高的阳极电压和阳极电压上升率 du/dt,过高的结温及火花发光照射等均可能使 GTO 触发导通。所有这些非门极触发都是不希望的非正常触发,应采取适当措施加以防止。

实际上,因为 GTO 是多元集成结构,数百个以上的 GTO 元制作在同一硅片上,而 GTO 元的特性总会存在差异,使得 GTO 元的电流分布不均,通态压降不一,甚至会在开通过程中造成个别 GTO 元的损坏,以致引起整个 GTO 的损坏。为此,要求在制造时尽可能使硅片微观结构均匀,严格控制工艺装备和工艺过程,以求最大限度地达到所有 GTO 元的特性和一致性。另外,要提高正向门极触发电流脉冲上升沿陡度,以求达到缩短 GTO 元阳极电流滞后时间,加速 GTO 元印记导电面积的扩展,缩短 GTO 开通时间的目的。

(三)关断原理

GTO 开通后,可在适当外部条件下关断,其关断电路原理与关断时的阳极和门极电流如图 2-18a)所示。关断 GTO 时,将开关 T 闭合,门极就施以负偏置电压 U_G。晶体管 $P_1N_1P_2$ 的集电极电流 I_{C1} 被抽出形成门极负电流 $-I_G$,此时晶体管 $N_2P_2N_1$ 的基极电流减小,进而引起 I_{C1} 的进一步下降,如此循环不已,最终导致 GTO 的阳极电流消失而关断。

GTO 的关断过程分为三个阶段:存储时间(t_s)阶段、下降时间(t_f)阶段、尾部时间(t_t)阶段。关断过程中相应的阳极电流 i_A、门极电流 i_G、管压降 u_{AK} 和功耗 P_{off} 随时间的变化波形如图 2-18b)所示。

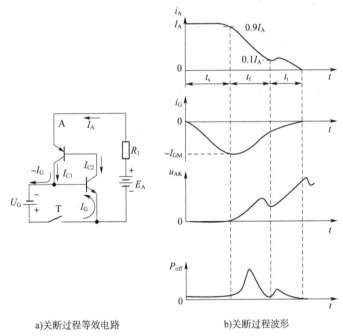

a)关断过程等效电路　　b)关断过程波形

图 2-18　GTO 关断原理图

1. t_s 阶段

GTO 导电时,所有 GTO 元中两个等效晶体管均饱和,要用门极控制 GTO 关断,首先必须使饱和的等效晶体管退出饱和,恢复基区控制能力。为此,应排除 P_2 基区中的存储电荷,t_s 阶段即是依靠门极负脉冲电压抽出这部分存储电荷。在 t_s 阶段所有等效晶体管均未退出饱和,3 个 PN 结都还是正向偏置;所以在门极抽出存储电荷的同时,GTO 阳极电流 i_A 仍保持原先稳定导电时的数值 I_A,管压降 u_{AK} 也保持通态压降。

2. t_f 阶段

经过 t_s 阶段后,$P_1N_1P_2$ 等效晶体管退出饱和,$N_2P_2N_1$ 晶体管也恢复了控制能力,当 i_G 变

化到其最大值 $-I_{GM}$ 时,阳极电流开始下降,于是 α_1 和 α_2 也不断减小,当 $\alpha_1+\alpha_2\leqslant 1$ 时,器件内部正反馈作用停止,称此点为临界关断点。GTO 的关断条件为:

$$\alpha_1 + \alpha_2 < 1 \tag{2-13}$$

关断时需要抽出的最大门极负电流 $-I_{GM}$ 为:

$$|-I_{GM}| > \frac{(\alpha_1+\alpha_2)-1}{\alpha_2}I_{ATO} \tag{2-14}$$

式中:I_{ATO}——被关断的最大阳极电流;

I_{GM}——抽出的最大门极电流。

由此得出的两个电流的比表示 GTO 的关断能力,称为电流关断增益,用 β_{off} 表示:

$$\beta_{off} = \frac{I_{ATO}}{|-I_{GM}|} \tag{2-15}$$

β_{off} 是一个重要的特征参数,其值一般为 3~8。

在 t_f 阶段,GTO 元中两个等效晶体管从饱和退出到放大区;所以随着阳极电流的下降,阳极电压逐步上升,因而关断时功耗较大。在电感负载条件下,阳极电流与阳极电压有可能同时出现最大值,此时的瞬时关断损耗尤为突出。

3. t_t 阶段

从 GTO 阳极电流下降到稳定导通电流值的 10% 至阳极电流衰减到断态漏电流值时所需的时间定义为尾部时间 t_t。

在 t_t 阶段中,如果 U_{AK} 上升,du/dt 较大时,可能有位移电流通过 P_2N_1 结注入 P_2 基区,引起两个等效晶体管的正反馈过程,轻则出现 I_A 的增大过程,重则造成 GTO 再次导通,随着 du/dt 上升减慢,阳极电流 I_A 逐渐衰减。

如果能使门极驱动负脉冲电压幅值缓慢衰减,在 t_t 阶段,门极依旧保持适当负电压,则 t_t 时间可以缩短。

二、GTO 的主要参数特性

(一)静态特性

1. 阳极伏安特性

GTO 的阳极伏安特性如图 2-19 所示。当外加电压超过正向转折电压 U_{DRM} 时,GTO 即正向导通,这种现象称作电压触发。此时不一定破坏器件的性能;但是若外加电压超过反向击穿电压 U_{RRM} 之后,则发生雪崩击穿现象,极易损坏器件。

用 90% U_{DRM} 值定义为正向额定电压,用 90% U_{RRM} 值定义为反向额定电压。

GTO 的阳极耐压与结温和门极状态有着密切关系,随着结温升高,GTO 的耐压降低,如图 2-20 所示。当 GTO 结温高于 125℃时,由于 α_1 和 α_2 大大增加,自动满足了 $\alpha_1+\alpha_2>1$ 的条件;所以不加触发信号 GTO 即可自行开通。为了减小温度对阻断电压的影响,可在其门极与阴极之间并联一个电阻,即相当于增设了一短路发射极。

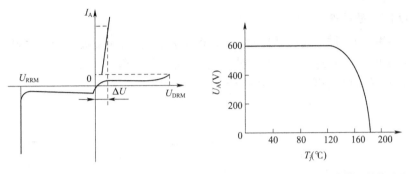

图 2-19　GTO 的阳极伏安特性图　　图 2-20　GTO 的阳极耐压与结温的关系

GTO 的阳极耐压还与门极状态有关,门极电路中的任何毛刺电流都会使阳极耐压降低,开通后又会使 GTO 擎住电流和管压降增大。图 2-21 所示为门极状态对 GTO 阳极耐压的影响,图 2-21 中 I_{G1} 和 I_{G2} 相当于毛刺电流,$I_{G0} < I_{G1} < I_{G2}$。显然,当门极出现 I_{G1} 或 I_{G2} 时,GTO 正向转折电压大大降低,因而器件的正向额定电压相应降低。

2. 通态压降特性

GTO 的通态压降特性如图 2-22 所示。结温不同时,GTO 的通态压降 U_A 随着阳极通态电流 I_A 的增加而增加,只是趋势不同。图 2-22 中所示曲线为 GFF200E 型 GTO 的通态压降特性。一般希望通态压降越小越好;管压降小,GTO 的通态损耗小。

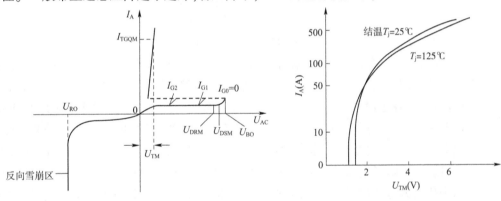

图 2-21　GTO 的阳极耐压与门极状态的关系　　图 2-22　GTO 的通态压降特性

(二)动态特性

GTO 的动态特性是指 GTO 从断态到通态、从通态到断态的变化过程中,电压、电流以及功率损耗随时间变化的规律。

1. GTO 的开通特性

GTO 的开通特性如图 2-23 左侧所示。当阳极施以正电压,门极注入一定电流时,阳极电流大于擎住电流之后,GTO 完全导通。开通时间 t_{on} 由延迟时间 t_d 和上升时间 t_r 组成。t_{on} 的大小取决于元件特性、门极电流上升率 di_G/dt 以及门极脉冲幅值的大小。

由图 2-23 左侧可知,在延迟时间内功率损耗比较小,大部分的开通损耗出现在上升时间内。当阳极电压一定时,每个脉冲的 GTO 开通损耗将随着峰值阳极电流 I_A 的增加而增加。

2. GTO 的关断特性

GTO 的门极、阴极加适当负脉冲时,可关断导通着的 GTO 阳极电流。关断过程中阳极电流、电压及关断功率损耗随时间变化的曲线,以及关断过程中门极电流、电压及阳极电流、电压随时间变化的曲线如图 2-23 右侧所示。

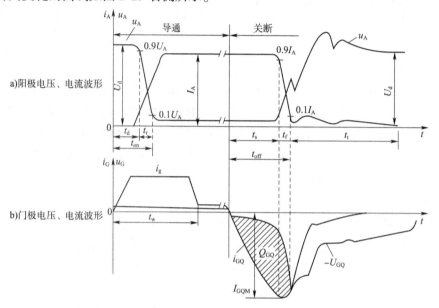

图 2-23　GTO 的开通与关断特性

由图 2-23 右侧可以看出,整个关断过程可由 3 个不同的时间间隔来表示,即存储时间 t_s、下降时间 t_f 和尾部时间 t_t。存储时间 t_s 对应着从关断过程开始,到出现 $\alpha_1 + \alpha_2 = 1$ 状态为止的一段时间间隔,在这段时间内从门极抽出大量过剩载流子,GTO 的导通区不断被压缩,但总的电流几乎不变。下降时间 t_f 对应着阳极电流迅速下降,门极电流不断上升和门极反电压开始建立的过程,在这段时间里,GTO 中心结开始退出饱和,继续从门极抽出载流子。尾部时间 t_t 则是指从阳极电流降到极小值开始,直到最终达到维持电流为止的电流时间。在这段时间内仍有残存的载流子被抽出,但是阳极电压已建立;因此很容易由于过高的重加 du/dt,使 GTO 关断失效,这一点必须充分重视。

GTO 的关断损耗在下降时间 t_f 阶段内相当集中,其瞬时功耗与尖峰电压 U_p 有关。过大的瞬时功耗会出现类似晶体管二次击穿的现象,造成 GTO 损坏。在实际应用中应尽量减小缓冲电路的杂散电感,选择电感小的二极管及电容等元件,以便减小尖峰电压 U_p。

阳极电流急剧减小以后,呈现出一个缓慢衰减的尾部电流。由于此时阳极电压已经升高,因此 GTO 关断时的大部分功率损耗出现在尾部时间。在相同的关断条件下,GTO 型号不同,相应的尾部电流起始值 I_{Tl} 和尾部电流的持续时间均不同。在存储时间内过大的门极反向电流上升率 di_{RG}/dt 会使尾部时间加长。此外,过高的重加 du/dt 会使 GTO 因瞬时功耗过大而在尾部时间内损坏器件。因此必须很好地控制重加 du/dt,设计适当的缓冲电路。一般来说,GTO 关断时总的功率损耗随阳极电流的增大而增大,随缓冲电容的增加而减小。

门极负电流、负电压波形是 GTO 特有的门极动态特性,如图 2-23 右侧所示。门极负电流的最大值随阳极可关断电流的增大而增大。门极负电流增长的速度与门极所加负电压参数有关。如果在门极电路中有较大的电感,会使门极-阴极结进入雪崩状态。在雪崩期间,阴极产生反向电流。与阴极反向电流对应的时间为雪崩时间 t_{BR},在这段时间内,阳极仍有尾部电流,门极继续从阳极抽出电流。门极负电流中既有从阳极抽出的电流,又有阴极反向电流。如果门极实际承受的反向电流不超过门极雪崩电压 U_{GR},则不会出现阴极反向电流。实际应用中,多数情况下不使门极-阴极结产生雪崩现象,以防止因雪崩电流过大而损坏门极-阴极结。

除了以上特别提出讨论的几个工作特性外,GTO 的其他工作特性及参数都与普通晶闸管没有多少差别,这里不再赘述。

三、GTO 的门极驱动电路

对门极驱动电路的要求,GTO 不同于普通晶闸管,因为 GTO 的门极不仅要求控制开通,还要控制关断,而且 GTO 的多项电气参数均与门极驱动电路的参数有关,因而驱动电路的设计和参数选择尤为重要。

GTO 的驱动电路除满足开通、关断要求外,还要考虑与门极所连接的主电路(强电电路)与控制电路(弱电电路)之间的绝缘隔离问题,而且门极开通电路、门极关断电路及负偏置电路之间不能相互干扰。

按门极控制的驱动方式和强弱电隔离方式,可将门极驱动电路大致分为如图 2-24 所示的几种类型。图中点画线包围的部分与主电路同电位,其他部分与控制电路同电位,主电路与控制回路间的隔离一般采用变压器或变流器,而小功率信号的传递往往采用光电耦合的隔离方法。

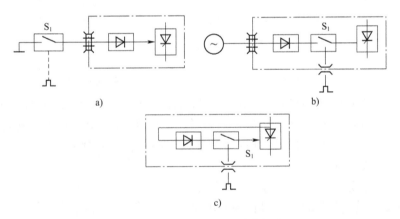

图 2-24 GTO 的三种驱动方式

图 2-24 所示的三种驱动方式的不同点在于信号放大电路所在位置的不同以及放大电路的电源不同。在图 2-24a)中,直接驱动 GTO 的全部能量是由脉冲变压器提供的,这是最简便经济的方式,其驱动特性完全由脉冲变压器决定。这种方式一般发出窄脉冲,而在可调频的逆变器(半周期内在门极加连续驱动信号)或狭隘脉宽调制型逆变器(一个周期内在 GTO 的门极加开通、关断若干次的复杂信号)中,为了避免脉冲变压器体积过大或者饱和,一般采用数十千赫兹的载波信号。在图 2-24b)中,由变压器提供电源,而信号的传送用脉冲变

压器或光耦合器。除了直接利用工频电源外,也可利用直流电源或者数十千赫兹的交流电,后者可使变压器和整流电路的滤波器小型化。

在图 2-24c)中,驱动电路的电源是由加在 GTO 两端的电压或电流经 GTO 的电流供给。

GTO 的门极驱动电路组成如图 2-25 所示,它由门极触发电路、门极关断电路及负偏置电路三部分组成。门极驱动电路的形式很多,下面仅对三种电路的原理进行分析。

(1) 一个电源的直接驱动电路

图 2-26 所示为 GTO 门极直接驱动电路的原理图。V_1 为光电隔离管,当在二极管 VD_2 中有触发信号电流流过时,V_1 立即导通,继而晶体管 V_2、V_3 导通,GTO 的门极有触发电流流过。这个电流为通过 C_1 和 L_1 串联电路的电流 $i_C(i_C = E\sqrt{C_1/L_1}k(k<1))$ 和通过电阻 R_1 的电流 i_R 之和,因 i_C 是具有峰值的脉冲状的电流,因而 GTO 迅速导通。L_1 的作用是提高 C_1 的充电电压。当开通信号变为零时,V_1、V_2、V_3 关断,晶闸管 VT_7 导通,GTO 由导通变为阻断,门极阴极间的电压增加,C_1 就通过 VT_7 以及 R_3 放电。在这个回路中当 C_1 的放电电流降至 VT_7 的维持电流以下时,VT_7 关断。

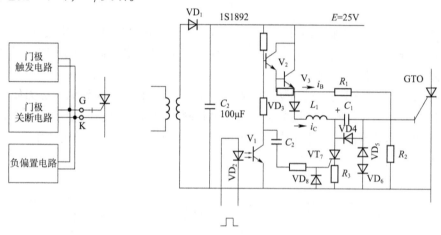

图 2-25 GTO 门极驱动电路　　图 2-26 门极驱动电路(1)的原理图

图 2-26 中的参数(用于 SG200JⅡ型 GTO 的门极电路)如下:C_1 充电至 35V,能关断 100A 电流时,$i_{RG} = 67A$,$di_{RG}/dt = 26A/\mu s$。若考虑到连接线的电感,则电容放电后的极性相反,有可能因 VT_7 的反向恢复电流使 GTO 再触发,为防止这种再触发的情况,可在 C_1 的放电回路中串入阻尼电阻 R_3。

(2) 通过脉冲变压器驱动(用于 600A 的 GTO)

图 2-27 所示为采用脉冲电压器的驱动电路,若晶体管 V_1 导通,则脉冲变压器 T_1 的二次感应电压 ES_1 使 GTO 导通。回路 2 是门极关断电路,由于 V_2 的导通,T_2 的二次感应电压 ES_2 使晶闸管 VT 点弧,则在 GTO 的门极阴极间有反向电流流过。二极管 VD_3 和晶闸管 VT 是用于防止回路 1 和回路 2 相互干扰,即若没有 VT,开通门极电流 i_{GT} 就不流过 GTO 的门极而完全通过 T_2 的二次线圈,因而不能使 GTO 导通;若没有 VD_3,则门极关断电流的一部分就会流入 T_1 的二次线圈,T_1 的杂散电感中就会储能,这个能量成为门极关断电流消失后使 GTO 再点弧的主要原因,因此在门极触发电路和关断电路两者间有必要考虑防止干扰措施。

图 2-28 所示为适用于逆变器的驱动电路。电路中的两个晶体管 V_1 和 V_2 用于开通信

号,以 20kHz 的频率交替地开通、关断,则在 T_1 的二次侧就产生交流电压,该电压通过二极管桥 VD_1 进行整流,用于 GTO_1 的触发信号。另外,在 T_1 的三次线圈中产生的交流电通过 VD_2 进行整流,用于 GTO_2 的负偏置;相反,在 GTO 的导通期间,由 GTO_2 的开通门极电路取得的负偏置信号送至 GTO_1。

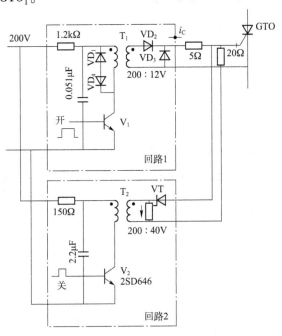

图 2-27 门极驱动电路(2)的原理图

图 2-29 所示为门极关断电路的另一侧。在使用脉冲变压器的情况下,存在电流上升特性缓慢问题。另一种方式是电容放电型,需要采用容量大的电容起,因此其充电回路也大型化。而图 2-29 所示的电路为两回路并用的方式,利用触发电路给电容充电,在关断时,由电容 C_1 立即提供前沿迅速放电的电流,而在此之后的宽脉冲电流由 T 提供。图 2-30 所示为该关断电流的波形。

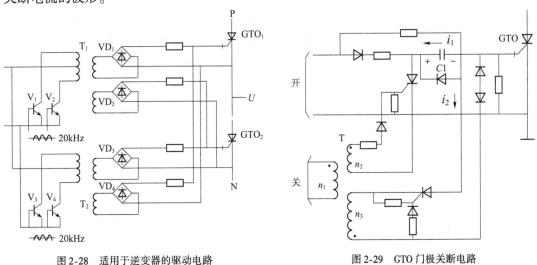

图 2-28 适用于逆变器的驱动电路　　　图 2-29 GTO 门极关断电路

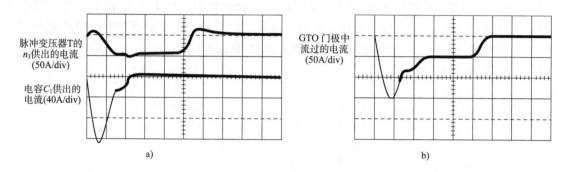

图 2-30 门极关断电流波形

（3）利用电感存储能量的方式

图 2-31a)所示为基本电路的原理图。当晶体管 V_1 导通时,通过变压器 T 向 GTO 提供门极触发电流 i_{FG}。T 很快达到饱和,门极电流降为零后,其后 T 的一次线圈、电阻 R_1 和电源中有定值电流 i_1 继续流过,使励磁电感中储存能量。当 V_1 关断时,其电流移至 T 的二次线圈,该电流由 GTO 的阴极流向门极,从而关断 GTO。在图 2-31b)中,在 T 的二次线圈设一抽头,从而使反向关断电流增大。

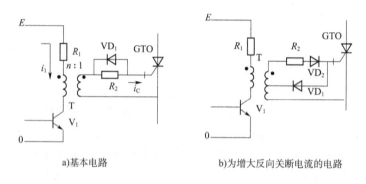

a)基本电路　　　　　　　　b)为增大反向关断电流的电路

图 2-31 利用电感储能的门极关断电路

GTO 的保护电路基本类似于普通晶闸管。除了采用串联快速熔断器的方法外,还要在其阳－阴极两端并联 L-C-VD-R 缓冲电路,以降低 GTO 的瞬态电压、电流变化率。另外,还应在 GTO 电控系统中设置过压、欠压和过热保护单元,以保证安全可靠工作。

议一议

GTO 是如何自行关断的?

比一比

GTO 与晶闸管相比,有何不同之处?

想一想

GTO 的驱动电路有哪几种?各有什么优缺点?

单元3 绝缘栅双极晶体管(IGBT)

学习内容

IGBT 的结构和工作原理;IGBT 的特性;IGBT 的擎住效应与安全工作区;IGBT 的驱动与保护技术。

问题引导

IGBT 是什么样子的?工作原理是什么?有什么样的特性?如何驱动 IGBT 导通?又如何使其关断?

知识学习

绝缘栅双极晶体管(Isolated Gate Bipolar Transistor,IGBT),也称绝缘门极晶体管。由于 IGBT 内具有寄生晶体管,所以也可称作绝缘门极晶闸管。因为它将 MOSFET 和 GTR 的优点集于一身,既具有输入阻抗高、速度快、热稳定性好和驱动电路简单的优点,又有通态电压低、耐压高的优点,因此发展很快,在电极驱动、中频和开关电源以及要求快速、低损耗的领域,IGBT 有着主导地位,并有取代 GTR 的趋势。

一、IGBT 的基本结构和基本原理

(一)IGBT 的基本结构

IGBT 本质上是一个场效应晶体管,只是在漏极和漏区之间多了一个 P 型层。根据国际电工委员会 IEC/TC(CO)1339 文件建议,其各部分名称基本沿用场效应晶体管的相应命名。

图 2-32 所示为一个 N 沟道增强型绝缘栅双极晶体管结构,N^- 区称为源区,附于其上的电极称为源极。N^+ 区称为漏区。器件的控制区称为栅区,附于其上的电极称为栅极。沟道在紧靠栅区边界形成。在漏、源之间的 P 型区(包括 P^+ 和 P^- 区)(沟道在该区域形成),称为亚沟道区。而在漏区另一侧的 P^+ 区称为漏注入区,它是 IGBT 特有的功能区,与漏区和亚沟道区一起形成 PNP 双极晶体管,起发射极的作用,向漏极注入空穴,进行导电调制,以降低器件的通态电压。附于漏注入区上的电极称为漏极。

为了兼顾长期以来人们的习惯,IEC 规定:源极引出的电极端子(含电极端)称为发射极端(子),漏极引出的电极端(子)称为集电极端(子)。

IGBT 的结构剖面图如图 2-33 所示。它在结构上类似于 MOSFET,其不同点在于 IGBT 是在 N 沟道功率 MOSFET 的 N^+ 基板(漏极)上增加了一个 P^+ 基板(IGBT 的集电极),形成 PN 结 J_1,并由此引出漏

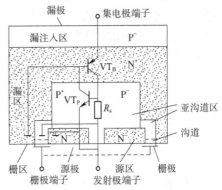

图 2-32 N 沟道增强型绝缘栅双极晶体管结构

极、栅极和源极则完全与 MOSFET 相似。

由图 2-33 可以看出,IGBT 相当于一个由 MOSFET 驱动的厚基区 GTR,其简化等效电路如图 2-34 所示。图中,R_{dr} 是厚基区 GTR 的扩展电阻。IGBT 是以 GTR 为主导件、MOSFET 为驱动件的复合结构。

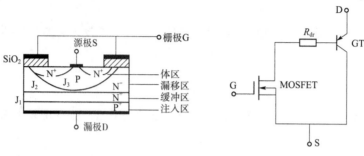

图 2-33 IGBT 的结构剖面图　　　　图 2-34 IGBT 的简化等效电路

N 沟道 IGBT 的图形符号有两种,如图 2-35a)所示。实际应用时,常使用图 2-35b)所示的符号。对于 P 沟道,图形符号中的箭头方向恰好相反,如图 2-35c)所示。

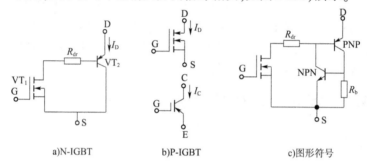

a)N-IGBT　　　　b)P-IGBT　　　　c)图形符号

图 2-35 IGBT 的图形符号

IGBT 的开通和关断是由栅极电压来控制的。当栅极加正电压时,MOSFET 内形成沟道,并为 PNP 晶体管提供基极电流,从而使 IGBT 导通,此时,从 P^+ 区注入 N^- 区进行电导调制,减小 N^- 区的电阻 R_{dr} 值,使高耐压的 IGBT 也具有低的通态压降。在栅极上加负电压时,MOSFET 内的沟道消失,PNP 晶体管的基极电流被切断,IGBT 即关断。

正是由于在 N 沟道 MOSFET 的基板上加了一层 P^+ 基板,形成了四层结构,由 PNP-NPN 晶体管构成 IGBT。但是,NPN 晶体管和发射极由于铝电极短路,设计时尽可能使 NPN 不起作用。所以说,IGBT 的基本工作与 NPN 晶体管无关,可以认为是将 N 沟道 MOSFET 作为输入极、PNP 晶体管作为输出极的单向达林顿管。

采用这样的结构,可在 N^- 层做电导率调制,提高电流密度。这是从 P^+ 基板经过 N^+ 层向高电阻的 N^- 层注入少量载流子的结果。IGBT 的设计是通过 PNP-NPN 晶体管的连接形成晶闸管。

(二)IGBT 的工作原理

IGBT 的开关作用是通过加正向栅极电压形成沟道,给 PNP 晶体管提供基极电流,使 IGBT 导通。反之,加反向门极电压消除沟道,流过反向基极电流,使 IGBT 关断。IGBT 的驱动方法和 MOSFET 基本相同,只需控制输入极沟道 MOSFET,所以具有高输入阻抗特性。

当 MOSFET 的沟道形成后,从 P^+ 基极注入 N^- 层的空穴(少子),对 N^- 层进行电导调制,减小 N^- 层的电阻,使 IGBT 在高电压时,也具有低的通态电压。

二、IGBT 的特性

(一)静态特性

IGBT 的静态特性主要有伏安特性、转移特性和开关特性。

IGBT 的伏安特性是指以栅源电压为参变量时,漏极电流与栅极电压之间的关系曲线。输出漏极电流 I_D 受栅源电压 U_{GS} 的控制,U_{GS} 越高,I_D 越大。它与 GTR 的输出特性相似,也可分为饱和区Ⅰ、放大区Ⅱ和击穿特性Ⅲ部分。在截止状态下的 IGBT,正向电压由 J_2 结承担,反向电压由 J_1 结承担。如果无 N^+ 缓冲区,则正反向阻断电压可以做到同样水平,加入 N^+ 缓冲区后,反向关断电压只能达到几十伏水平,因此限制了 IGBT 的某些应用范围。

IGBT 的转移特性是指输出漏极电流 I_D 与栅源电压之间的关系曲线。它与 MOSFET 的转移特性相同,当栅源电压小于开启电压 $U_{GS(th)}$ 时,IGBT 处于关断状态。在 IGBT 导通后的大部分漏极电流范围内,I_D 与 U_{GS} 呈线性关系。最高栅源电压受最大漏极电流限制,其最佳值一般取 15V 左右。

IGBT 的开关特性是指漏极电流与漏源电压之间的关系。IGBT 处于导通态时,由于它的 PNP 晶体管为宽基区晶体管,所以其 β 值较低。尽管等效电路为达林顿结构,但流过 MOSFET 的电流成为 IGBT 总电流的主要部分。此时,通态电压 $U_{DS(on)}$ 可用下式表示:

$$U_{DS(on)} = U_{J1} + U_{dr} + I_d R_{oh} \tag{2-16}$$

式中:U_{J1}——J_1 结的正向电压,其值为 $0.7 \sim 1V$;

U_{dr}——扩展电阻上的压降;

R_{oh}——沟道电阻。

通态电流 I_{DS} 可用下式表示:

$$I_{DS} = (1 + \beta_{PNP}) I_{MOS} \tag{2-17}$$

式中:I_{MOS}——流过 MOSFET 的电流。

由于 N^- 区存在电导调制效应,所以 IGBT 的通态压降小,耐压 1000V 的 IGBT 通态压降为 $2 \sim 3V$。

IGBT 处于断态时,只有很小的漏泄电流存在。

(二)动态特性

IGBT 在开通过程中,大部分时间是作为 MOSFET 来运行的,只是在漏源电压 U_{DS} 下降过程后期,PNP 晶体管由放大区至饱和,又增加了一段延迟时间。$t_{d(ON)}$ 为开通延迟时间,t_{ri} 为电流上升时间。实际应用中常给出的漏极电流开通时间 t_{ON} 即为 $t_{d(ON)}$ 与 t_{ri} 之和。漏源电压的下降时间由 t_{fe1} 和 t_{fe2} 组成,如图 2-36 所示。

IGBT 在关断过程中,漏极电流的波形变为两段。因为 MOSFET 关断后,PNP 晶体管的存储电荷难以迅速消除,造成漏极电流较长的尾部时间,$t_{d(OFF)}$ 为关断延迟时间,t_{rv} 为电压

$U_{DS(t)}$ 的上升时间。实际应用中给出的漏极电流的下降时间 t_f 由图 2-37 中的 t_{f1} 和 t_{f2} 两段组成,而漏极电流的关断时间:

$$t_{OFF} = t_{d(OFF)} + t_{rv} + t_f \tag{2-18}$$

式中,$t_{d(OFF)}$ 与 t_{rv} 之和又称为存储时间。

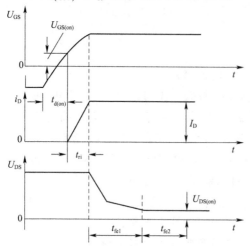

图 2-36 开通时 IGBT 的电压、电流波形

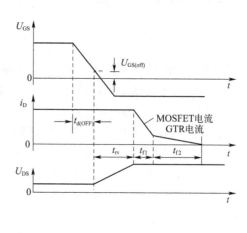

图 2-37 关断时 IGBT 的电压、电流波形

三、IGBT 的擎住效应与安全工作区

(一)IGBT 的擎住效应

在分析擎住效应之前,先回顾一下 IGBT 的工作原理(这里假定不发生擎住效应)。

(1)当 $U_{DS} < 0$ 时,J_3 反偏,类似于反偏二极管,IGBT 反向阻断。

(2)当 $U_{DS} > 0$ 时,在 $U_G < U_{TH}$ 的情况下,沟道未形成,IGBT 正向阻断;在 $U_G > U_{TH}$ 情况下,栅极的沟道形成,N^+ 区的电子通过沟道进入 N^- 漂移区,漂移到 J_3 结,此时 J_3 结是正偏,也向 N^- 区注入空穴,从而在 N^- 区产生电导调制,使 IGBT 正向导通。

(3)IGBT 的关断。在 IGBT 处于导通状态时,当栅极电压减至为零,此时 $U_G = 0 < U_{TH}$,沟道消失,通过沟道的电子电流为零,使 I_D 有一个突降。但由于 N^- 区注入大量电子、空穴对,I_D 不会立刻为零,而有一个拖尾时间。

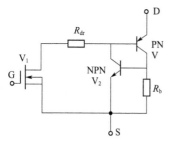

图 2-38 具有寄生晶体管的 IGBT 等效电路

IGBT 为四层结构,体内存在一个寄生晶体管,其等效电路如图 2-38 所示。在 V_2 的基极与发射极之间并有一个扩展电阻 R_{br},在此电阻上 P 型体区的横向空穴会产生一定压降,对 J_3 结来说,相当于一个正偏置电压。在规定的漏极电流范围内,这个正偏置电压不大,V_2 不起作用,当 I_D 大到一定程度时,该正偏置电压足以使 V_2 开通,进而使 V_2 和 V_3 处于饱和状态,于是寄生晶体管开通,栅极失去控制作用,这就是所谓的擎住效应。IGBT 发生擎住效应后,漏极电流增大,造成过高功耗,导致损坏。可见,漏极电流有一个临界值 I_{DM},当 $I_D > I_{DM}$

时便会产生擎住效应。

在 IGBT 关断的动态过程中,假若 dU_{DS}/dt 过高,那么在 J_2 结中引起的位移电流 $C_{J2}(dU_{DS}/dt)$ 会越大,当该电流流过体区扩展电阻 R_{br} 时,也可产生足以使晶体管 V_2 开通的正向偏置电压,满足寄生晶体管开通擎住的条件,形成动态擎住效应。使用中必须防止 IGBT 发生擎住效应,为此可限制 I_{DM} 值,或者用加大栅极电阻 R_g 的办法,延长 IGBT 关断时间,以减小 dU_{DS}/dt 值。

值得指出的是,动态擎住所允许的漏极电流比静态擎住所允许的要小,故生产厂家所规定的 I_{DM} 值是按动态擎住所允许的最大漏极电流来确定的。

(二)安全工作区

安全工作区(SOA)反映了一个电子器件同时承受一定电压和电流的能力。IGBT 开通时的正向偏置安全工作区(FBSOA),由电流、电压和功耗三条边界极限包围而成。最大漏极电流 I_{DM} 是根据避免动态擎住而设定的,最大漏源电压 U_{DSM} 是由 IGBT 中晶体管 V_3 的击穿电压所确定,最大功耗则是由最高允许结温所决定。导通时间越长,发热越严重,安全工作区则越窄,如图 2-39a)所示。

IGBT 反向偏置安全工作区(RBSOA)如图 2-39b)所示,它随 IGBT 关断时的 dU_{DS}/dt 而改变,dU_{DS}/dt 越高,RBSOA 越窄。

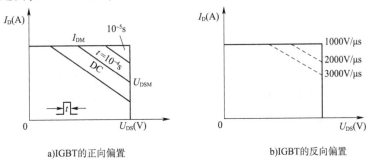

a)IGBT的正向偏置　　　　　b)IGBT的反向偏置

图 2-39　IGBT 的安全工作区

四、IGBT 的驱动与保护技术

(一)IGBT 的驱动条件

驱动条件与 IGBT 的特性密切相关。设计栅极驱动电路时,应特别注意开通特性、负载短路能力和 dU_{DS}/dt 引起的误触发等问题。

正偏置电压 U_{GS} 增加,通态电压下降,开通损耗 E_{ON} 也下降,分别如图 2-40a)、b)所示。由图还可以看出,若 $+U_{GS}$ 固定不变时,导通压降将随漏极电流增大而增高,开通损耗将随结温升高而升高。

负偏电压 $-U_{GS}$ 直接影响 IGBT 的可靠运行,负偏电压增高时漏极浪涌电流明显下降,对关断能耗无显著影响,$-U_{GS}$ 与集电极浪涌电流和关断能耗 E_{OFF} 的关系分别如图 2-41a)、b)所示。

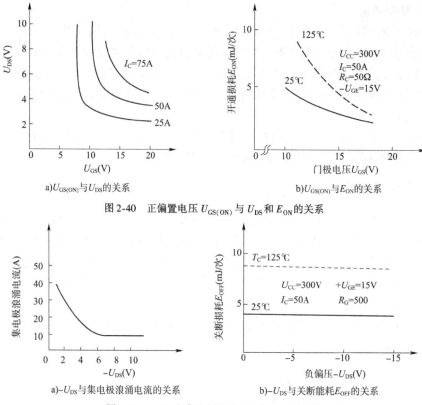

图 2-40　正偏置电压 $U_{GS(ON)}$ 与 U_{DS} 和 E_{ON} 的关系

图 2-41　$-U_{CE}$ 与集电极浪涌电流和 E_{OFF} 的关系

门极电阻 R_G 增加,将使 IGBT 的开通和关断时间增加;因而使开通与关断能耗均增加。而门极电阻减小,则又使 $\mathrm{d}i/\mathrm{d}t$ 增大,可能引发 IGBT 误导通,同时 R_G 上的损耗也有所增加。具体关系如图 2-42 所示。

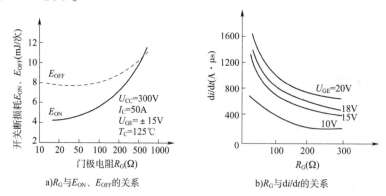

图 2-42　门极电阻 R_G 与 E_{ON}、E_{OFF} 及 $\mathrm{d}i/\mathrm{d}t$ 的关系

由上述内容不难得知:IGBT 的特性随门极驱动条件的变化而变化,就像双极型晶体管的开关特性和安全工作区随基极驱动而变化一样。但是 IGBT 所有特性不能同时最佳化。

双极型晶体管的开关特性随基极驱动条件(I_{B1},I_{B2})而变化。然而,对于 IGBT 来说,正如图 2-41 和图 2-42 所示,门极驱动条件仅对其关断特性略有影响。因此,应将更多的注意力放在 IGBT 的开通、短路负载容量上。

对驱动电路的要求可归纳如下：

(1) IGBT 与 MOSFET 都是电压驱动，都具有一个 2.5~5V 的阈值电压，有一个容性输入阻抗，因此 IGBT 对栅极电荷非常敏感，故驱动电路必须很可靠，要保证有一条低阻抗值的放电回路，即驱动电路与 IGBT 的连线要尽量短。

(2) 用内阻小的驱动源对栅极电容充放电，以保证栅极控制电压 U_{GS} 有足够陡的前后沿，使 IGBT 的开关损耗尽量小。另外，IGBT 开通后，栅极驱动源应能提供足够的功率，使 IGBT 不退出饱和而损坏。

(3) 驱动电路要能传递几十千赫兹的脉冲信号。

(4) 驱动电平也必须综合考虑。+U_{GS} 增大时，IGBT 通态压降和开通损耗均下降，但负载短路时 I_D 的增大，IGBT 能承受短路电流的时间减小，对其安全不利，因此在有短路过程的设备中 U_{GS} 应选得小些，一般选 12~15V。

(5) 在关断过程中，为尽快抽取 PNP 管的存储电荷，须施加一负偏电压 U_{GE}，但它受 IGBT 的 G、S 间最大反向耐压限制，一般取 -1~-10V。

(6) 在大电感负载下，IGBT 的开关时间不能太短，以限制 di/dt 所形成的尖峰电压，确保 IGBT 的安全。

(7) 由于 IGBT 在电力电子设备中多用于高压场合，故驱动电路与控制电路在电位上应严格隔离。

(8) IGBT 的栅极驱动电路应尽可能简单实用，最好自身带有对 IGBT 的保护功能，有较强的抗干扰能力。

(二) 集成化 IGBT 专用驱动器

现在，大电流高电压的 IGBT 已模块化，它的驱动电路除上面介绍的由分立元件构成之外，已制造出集成化的 IGBT 专用驱动电路。其性能更好、整机的可靠性更高及体积更小。

1. 集成化驱动电路的构成及性能

下面以富士电机公司 EXB 系列驱动器为例进行介绍。EXB850(851)为标准型(最大 10kHz 运行)，其内部电路框图如图 2-43a)所示。EXB840(841)是高速型(最大 40kHz 运行)，其内部电路框图如图 2-43b)所示。它为直插式结构，额定参数和运行条件可参考其使用手册。

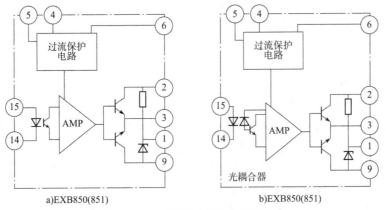

图 2-43 EXB 系列集成驱动器的内部结构

EXB系列驱动器的各引脚功能如下:
脚1:连接用于反向偏置电源的滤波电容器;
脚2:电源(+20V);
脚3:驱动输出;
脚4:用于连接外部电容器,以防止过流保护电路误动作(大多数场合不需要该电容器);
脚5:过流保护输出;
脚6:集电极电压监视;
脚7、8:不接;
脚9:电源;
脚10、11:不接;
脚14、15:驱动信号输入(-,+)。

由于本系列驱动器采用具有高隔离电压的光耦合器作为信号隔离,因此能用于交流380V的动力设备。

IGBT通常只能承受10μs的短路电流,所以必须有快速保护电路。EXB系列驱动器内设有电流保护电路,根据驱动信号与集电极之间的关系检测过电流,其检测电路如图2-44a)所示。当集电极电压高时,虽然加入信号也认为存在过电流,但是如果发生过电流,驱动器的低速切断电路就慢速关断IGBT(≤10μs的过流不响应),从而保证IGBT不被损坏。如果以正常速度切断过电流,集电极产生的电压尖脉冲足以破坏IGBT,关断时的集电极波形如图2-44b)所示。

IGBT在开关过程中需要一个电压以获得低开启电压,还需要一个-5V关栅电压以防止关断时的误动作。这两种电压(+15V和-5V)均可由20V供电的驱动器内部电路产生,如图2-44c)所示。

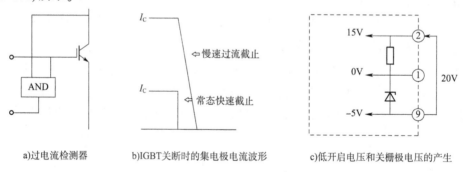

a)过电流检测器　　b)IGBT关断时的集电极电流波形　　c)低开启电压和关栅极电压的产生

图2-44　过电流检测器及其相关波形图

2. EXB841 剖析

为了更好地应用IGBT,有关专家对EXB841作了解剖,经反复测试、整理,得到EXB841的原理图,如图2-45所示。图中参数均为实际测得,引脚标号与实际封装完全相同。

EXB841由放大部分、过流保护部分和5V电压基准部分组成。

放大部分由光耦合器IS01(TLP550)、V_2、V_4、V_5 和 R_1、C_1、R_2、R_9 组成,其中IS01起隔离作用,V_2 是中间级,V_4 和 V_5 组成推挽输出。

过流保护部分由 V_1、V_3、VD_6、VZ_1 和 C_2、R_3、R_4、R_5、C_3、R_7、R_8、C_4 等组成。它们实现

过流检测和延时保护功能。EXB841 的脚 6 通过快速二极管 VD_7 接至 IGBT 的集电极,显然它是通过检测电压 U_{DS} 的高低来判断是否发生短路。

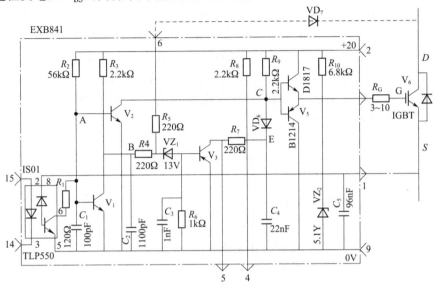

图 2-45 EXB841 的原理图

5V 电压基准部分由 R_{10}、VZ_2 和 C_5 组成,既为驱动 IGBT 提供 −5V 反偏压,同时也为输入光耦合器 IS01 提供副方电源。

1) EXB841 工作原理

(1) 正常工作过程。

当控制电路使 EXB841 输入端脚 14 和脚 15 有 10mA 的电流流过时,光耦合器 IS01 就会导通,A 点电位迅速下降至 0V,使 V_1 和 V_2 截止;V_2 截止使 C 点电位上升至 20V,V_4 导通,V_5 截止,EXB841 通过 V_4 及栅极电阻 R_G 向 IGBT 提供电流使之迅速导通,U_{DS} 下降至 3V。与此同时,V_1 截止使 +20V 电源通过 R_3 向电容 C_2 充电,时间常数 τ_1 为:

$$\tau_1 = R_3 C_2 = 2.42 \mu s \tag{2-19}$$

又使 B 点电位上升,它由零升到 13V 的时间可用下式求得:

$$13 = 20(1 - e^{-t/\tau_1}) \tag{2-20}$$

$$t = 2.54 \mu s \tag{2-21}$$

然而,由于 IGBT 约 $1\mu s$ 后已导通,U_{CE} 下降至 3V,从而将 EXB841 脚 6 电位钳制在 8V 左右,因此 B 点和 D 点电位不会充到 13V,而是充到 8V 左右,这个过程时间为 $1.24\mu s$;又稳压管 VZ_1 的稳压值为 13V,IGBT 正常开通时不会被击穿,V_3 不通,E 点电位仍为 20V 左右,二极管 VD_6 截止,不影响 V_4 和 V_5 的正常工作。

(2) 正常关断过程。

控制电路使 EXB841 输入端脚 14 和脚 15 无电流流过,光耦合器 IS01 不通,A 点电位上升使 V_1 和 V_2 导通;V_2 导通使 V_4 截止,V_5 导通,IGBT 栅极电荷通过 V_5 迅速放电,使 EXB841 的脚 3 电位迅速下降至 0V(相对于 EXB841 的脚 1 低 5V),使 IGBT 可靠关断,U_{CE} 迅速上升,使 EXB841 的脚 6"悬空"。与此同时 V_1 导通,C_2 通过 V_1 更快放电,将 B 点和 D

点电位钳制在 0V,使 VZ_1 仍不通,后继电路不会动作,IGBT 正常关断。

(3) 保护动作。

设 IGBT 已正常导通,则 V_1 和 V_2 截止,V_4 导通,V_5 截止,B 点和 D 点电位稳定在 8V 左右,VZ_1 不被击穿,V_3 不导通,S 点电位保持为 20V,二极管 VD_6 截止。若此时发生短路,IGBT 承受大电流而退饱和,U_{DS} 上升很多,二极管 VD_7 截止,则 EXB841 的脚 6 "悬空",B 点和 D 点电位开始由 8V 上升;当上升至 13V 时,VZ_1 被击穿,V_3 导通,C_4 通过 R_7 和 V_3 放电,S 点电位逐步下降,二极管 VD_6 导通时 C 点电位也逐步下降,从而使 EXB841 的脚 3 电位也逐步下降,缓慢关断 IGBT。

B 点和 D 点电位由 8V 上升到 13V 的时间可用下式求得:

$$13 = 20(1 - e^{-t/\tau_1}) - 8e^{-t/\tau_1} \tag{2-22}$$

$$t = 1.3\mu s \tag{2-23}$$

C_3 与 R_7 组成的放电时间常数为:

$$\tau_2 = R_7 C_3 = 4.84\mu s \tag{2-24}$$

S 点由 20V 下降到 3.6V 的时间可用下式求得:

$$3.6 = 20 e^{-t/\tau_2} \tag{2-25}$$

$$t = 8.3\mu s \tag{2-26}$$

此时,慢关断过程结束,IGBT 栅极上所受偏压为 0V(设 V_3 管压降为 0.3V,V_6 和 V_5 的压降为 0.7V)。

这种状态一直持续到控制信号使光电耦合器 IS01 截止,此时 V_1 和 V_2 导通,V_2 导通使 C 点下降到 0V,从而 V_4 完全截止,V_5 完全导通,IGBT 栅极所受偏压由慢关断时的 0V 迅速下降到 -5V,IGBT 完全关断。V_1 导通使 C_2 迅速放电、V_3 截止,20V 电源通过 R_8 对 C_4 充电,RC 充电时间常数为

$$\tau_3 = R_8 C_4 = 48.4\mu s \tag{2-27}$$

则 S 点由 3.6V 充至 19V 的时间可用下式求得:

$$19 = 20(1 - e^{-t/\tau_3}) + 3.6 e^{-t/\tau_3} \tag{2-28}$$

$$t = 135\mu s \tag{2-29}$$

则 S 点恢复到正常状态需 $135\mu s$,至此 EXB841 完全恢复到正常状态,可以进行正常的驱动。

2) EXB841 特点

与前述的 IGBT 驱动条件和保护策略相对照,以上所述说明 EXB841 确实充分考虑到 IGBT 的特点,电路简单实用,有如下特点:

(1) 模块仅需要电源 +20V 供电,它通过内部 5V 稳压管为 IGBT 提供了 +15V 和 -5V 的电平,既满足了 IGBT 的驱动条件,又简化了电路,为整个系统设计提供了很大方便。

(2) 输入采用高速光耦隔离电路,既满足了隔离和快速的要求,又在很大程度上使电路结构简化。

(3) 通过精心设计,将过流时降低 U_{GS} 与慢关断技术综合考虑,按前面所述,短路时 EXB841 各引脚波形如图 2-46 所示。可见,一旦电路检测到短路后,要延迟约 $1.5\mu s$(VZ_1 导通时,R_4 会有压降)U_{GS} 才开始降低,再过约 $8\mu s$ 后才降低到 0V(相对 EXB841 的脚 1)。在这 $10\mu s$ 左右的时间内,如果短路现象消失,U_{GS} 会逐步恢复到正常值,但恢复时间决定于时间

常数 τ_3，时间是较长的。

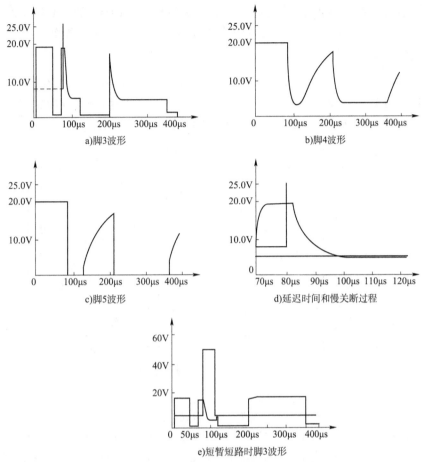

图 2-46　EXB841 的仿真波形

3) EXB841 使用须知

根据以上分析，有以下几个方面需要注意：

(1) EXB841 仅有延时，慢关断动作时间约 $8\mu s$，与使用手册上标明的"对 $\leqslant 10\mu s$ 的过电流不动作"是有区别的。

(2) 由于仅有延时，只要大于 $1.5\mu s$ 的过流都会使慢关断电路工作。由于慢关断电路的放电时间常数 τ_2 较小，充电时间常数 τ_3 较大，后者是前者的 10 倍，因此慢关断电路一旦工作，即使短路现象很快消失，EXB841 中的脚 3 输出也难以达到 $U_{GS} = +15V$ 的正常值。如果 EXB841 已放电至终了值 (3.6V)，则它被充电至 20V 的时间约为 $140\mu s$，与本脉冲关断时刻相距 $140\mu s$ 以内的所有后续脉冲正电平都不会达到 $U_{GS} = +15V$，即慢关断不仅影响本脉冲，而且可能影响后续的脉冲。

(3) 由图 2-45 可知，光耦合器 IS01 由 +5V 稳压管供电，这似乎简化了电路，但由于 EXB841 的脚 1 接在 IGBT 的 S 极，IGBT 的开通和截止会造成其电位很大的跳动，可能会有浪涌尖峰，这无疑对 EXB841 可靠运行不利。另外，从其 PCB 实际走线来看，光耦合器 IS01 的脚 8 到稳压管 VZ_2 的走线很长，而且很靠近输出级 (V_4、V_5)，易受干扰。

(4) IGBT 开通和关断时,稳压管 VZ_2 易受浪涌电压和电流冲击,易损坏。另外,从印刷电路板 PCB 实际走线看,VZ_2 的限流电阻 R_{10} 两端分别接在 EXB841 的脚 1 和脚 2 上,在实际电路测试时易被示波器探头等短路,从而可能损坏 VZ_2,使 EXB841 不能继续使用。

3. 驱动器的应用

EXB850 和 EXB851 驱动器分别能驱动 150A/600V、75A/1200V、400A/600V、300A/1200V 的 IGBT,驱动电路信号延迟≤4μs,适用于高达 10kHz 的开关电路。应用电路如图 2-47 所示。如果 IGBT 集电极产生大的电压尖脉冲,可增大 IGBT 栅极串联电阻 R_G 来加以限制。

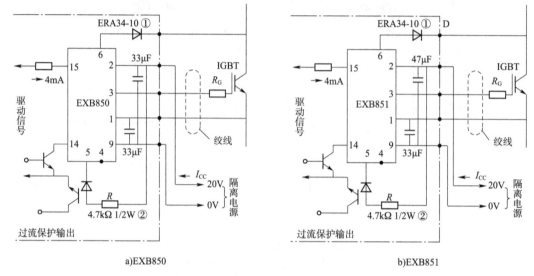

图 2-47 采用集成电路驱动 IGBT 的应用实例(1)

EXB840/EXB841 高速型驱动器分别能驱动 150A/600V、75A/1200V、400A/600V、200A/1200V 的 IGBT,驱动电路信号延迟≤1μs,适用于高达 40kHz 的开关电路。它的应用电路如图 2-48 所示。

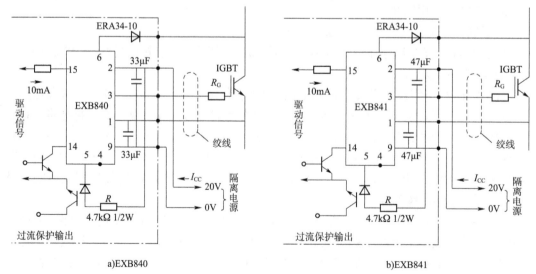

图 2-48 采用集成电路驱动 IGBT 的应用实例(2)

4. 使用 EXB 系列驱动器应该注意的问题

(1) 输入与输出电路应分开,即输入电路(光耦合器)接线远离输出电路,以保证有适当的绝缘强度和高的噪声阻抗。

(2) 使用时不应超过使用手册中给出的额定参数值。如果按照推荐的运行条件工作,IGBT 工作情况最佳。如果使用过高的驱动电压会损坏 IGBT,而不足的驱动电压又会增加 IGBT 的通态压降。过大的输入电流会增加驱动电路的信号延迟,而不足的输入电流会增加 IGBT 和二极管的开关噪声。

(3) IGBT 的栅极、射极回路的接线长度一定要小于 1m,且应适用双绞线。

(4) 电路中的电容器 C_1 和 C_2 用来平抑因电源接线阻抗引起的供电电压变化,而不是作为电源滤波用。

(5) 增大 IGBT 的栅极串联电阻 R_G,抑制 IGBT 集电极产生大的电压尖脉冲。

最后,再谈一下 IGBT 的保护问题。因为 IGBT 是由 MOSFET 和 GTR 复合而成的,所以 IGBT 的保护可按 GTR、MOSFET 保护电路来考虑。主要是栅源过压保护、静电保护、准饱和运行、采用 R-C-VD 缓冲电路等等。这些前面已经讲过,故不再赘述。另外,也应在 IGBT 电控系统中设置过压、欠压、过流和过热保护单元,以保证安全可靠工作。应该指出,必须保证 IGBT 不发生擎住效应。具体做法是,实际中 IGBT 使用的最大电流不超过其额定电流。

议一议

IGBT 为何有擎住效应?如何确定 IGBT 的安全工作区?

比一比

IGBT 与 GTO 比较,有何不同之处?

想一想

IGBT 驱动电路的设计应满足哪些条件?

单元 4 集 成 电 路

学习内容

功率集成电路的基本组成、分类和功能;智能功率模块的基本组成及特点。

问题引导

功率集成电路 PIC 由哪些部分组成?各部分功能是什么?智能功率模块 IPM 由哪些部分组成?有何特点?

知识学习

功率集成电路 PIC(Power-IC)包括高压功率集成电路(HVIC)、智能功率集成电路

(SPIC)和功率专用集成电路(PASIC),也有人认为 SPIC 属于 HVIC。1981 年美国试制出第一个 PIC。HVIC 可达到 500V/600mA,用于平板发光显示驱动装置和长途电话的功率变换装置。SPIC 水平为 110V/13A 及 500V/0.5A,用于电动机的驱动。目前,单片电路中最高水平击穿电压 1200V,输出电流 40A。最近出现的智能功率模块 IPM 在 20kHz 高频程序下可承受 AC 200V/400V 电压、最大容量可达 55kW。从电压、电流来看,PIC 可分为三个领域:

(1)低压大电流 PIC,主要用于汽车点火、开关电源和同步发电机等。

(2)高压小电流 PIC,主要用于平板显示、交换机等。

(3)高压大电流 PIC,主要用于交流电机控制、家用电器等。

PIC 是电力半导体技术与微电子技术结合的产物,其根本特征是使动力与信息结合,成为机和电的接口,是机电一体化的基础元件。

一、PIC 技术

将输出的功率器件及其驱动电路、保护电路和接口电路等外围电路集成在一个或几个芯片上,就称为功率集成电路,也称为智能功率集成电路。图 2-49 所示为功率集成电路的典型构成。

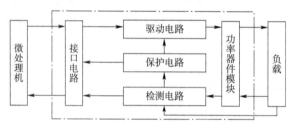

图 2-49 功率集成电路的典型构成

功率集成电路最重要的部分是处理大电流和高电压的功率器件。对于 PIC,有的定义规定至少能流过电流为 1A,或输出电压大于 50V,但大多数定义必须大于 1W(或 2W)。

比起最小功率额定值来,确定 PIC 的智能化比较困难了。所谓"智能化"是指控制功能、接口能力及对故障的诊断、处理或自保护功能。不管是单片电路还是混合电力,都具有一定的自保护功能。另外,由于功率电路都包含在单一的封装中,因此还具有尺寸小、可靠性高、使用方便等优点。

(一)PIC 的分类与发展

如前所述,功率集成电路可以分为智能功率集成电路(SPIC)和高压功率集成电路(HVIC)。通常认为,SPIC 是指一个(或几个)具有纵型结构的功率器件与控制和保护电路的集成。HVIC 是由多个高压器件与低压模拟器件或逻辑电路集成在一个单片之上而成。其功率器件是横向的,电流容量较低。

随着半导体的发展和工艺技术的进步,PIC 发展的动向必然是高压化(100~1200V)和智能化。另外,由于单片 IC 在耗电、散热等方面的限制,将单个的器件组装在一起形成模块。从而驱动大的负载,这种动向也存在。同时,随着芯片制造技术的改进及成本降低,单片化、模块化已成为今后的发展方向。

(二)SPIC 的基本功能

SPIC 的三个基本功能是功率控制、传感/保护和接口。功率控制部分具有处理高电压大电流或两者兼有的能力。其驱动电路一般被设计成能在直流 30V 下工作,这样才能对 MOS 器件的栅极提供足够的电压。另外,驱动电路必须能够使控制信号传递到高压侧。

SPIC 的保护电路一般是通过含有高频双极晶体管的反馈电路来完成。反馈环路的响应时间对于良好的关断是很关键的,由于在发生故障期间系统电流以很快的速度增大,因此这一部分需要由高性能模拟电路实现。

SPIC 的接口功能是通过完成编码操作的逻辑电路来实现。IC 芯片不仅需要对微处理机的信号作出反应,而且也必须能够传送与工作状态或负载监测有关的信息,如过热关断、无负载或环路等。这需要在 SPIC 功率芯片上集成高密度 CMOS 电路。为避免产生闭环现象,SPIC 中 CMOS 电路的设计也比较复杂。

(三)SPIC 的开发和应用

SPIC 的应用正在逐渐扩大,它在电动机控制、工厂自动化、汽车电子学方面都产生了重大的影响。除特殊定制产品外,还产生了通用 SPIC 产品。

(1)美国国家半导体公司的 LM1951、线性技术公司的 LT1188、HARRIS 公司的 SP306、日立公司的 HA13703A,以及西门子公司的 BTS412 和 BTS432 等。这些均属于 SPIC,都具有对短路、过热、过载及对反向电压和欠压状态的自保护功能,大部分具有自诊断功能。其功率器件的电流额定值为 1~12A,采用 5 引线 TO-22 封装,用于汽车高压电子驱动器。

(2)国际整流器公司生产的 IR2110(500V)和 HARRIS 公司生产的 SP606(600V)等。这些 SPIC 是随着由双极工艺发展到将低压双极、CMOS 和高压 DMOS 集成在一起的 BCD 技术而产生的用于功率转换、电动机控制等方面。它们工作在大约 1MHz 的频率下,具有 2A 的峰值电流额定值,有独立的高压侧和低压侧输出通道,各个通道处于图腾柱方式以使交叉传导减到最小。高压侧通道可以驱动耐压 500V 或 600V 功率 MOSFET 或 IGBT;低压侧通道由固定电源驱动,在 10~20V 范围内工作。

(3)SGS-THMOSON 公司生产的 L6280,是一个用于电动机和螺线管控制的单片三通道驱动器系统,如图 2-50 所示。

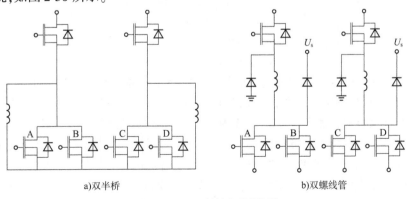

a)双半桥 b)双螺线管

图 2-50 L6280 的输出通道简图

该芯片使用多个功率输出 BCD 技术,将 15 个 VDMOS 功率晶体管和用作控制保护和接口电路的 4000 个晶体管组装在一个芯片上,可以承受 60V 的电压。另外,在这个芯片上,还集成了两个 1A 的电机驱动器、一个 3A 螺线管驱动器、一个 5V/1A 的开关电源和一个微处理机接口。

二、智能功率模块(IPM)

智能功率模块(IPM)又称智能集成电路,是电力集成电路的一种。在电力电子变流电路中,电力电子器件必须有驱动电路(或触发电路)、控制电路和保护电路的配合,才能按人们的要求实现一定的电力控制功能。以往,电力电子器件和配套控制电路是由分离器件构成的电路装置,而今半导体技术达到了可以将电力电子器件及控制电路所需的有源或无源器件集成,比如功率二极管、BJT、IGBT、高低压电容、高阻值多晶硅电阻、低阻值扩散电阻及各器件之间的连接等。这种功率集成电路特别适应电力电子技术高频化发展方向的需要。由于高度集成化,结构十分紧凑,避免了由于分布参数、保护延迟所带来的一系列技术难题。

IPM 是以 IGBT 为基本功率开关元件,构成一相或三相逆变器的专用功能模块,尤其适合于电动机变频调速装置的需要。图 2-51 所示为 IPM 模块内部结构。

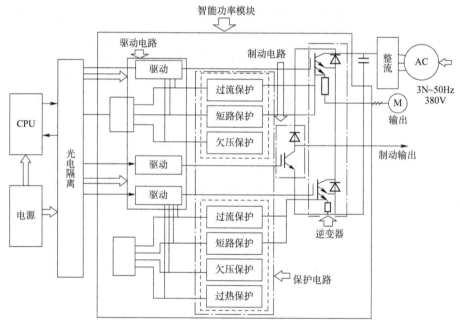

图 2-51 采用 IPM 制作的逆变器框图

IPM 模块的特点是集功率变换、驱动及保护电路于一体。其保护功能主要有过流、控制电源欠压和管芯过热等保护。而在原先 IGBT 模块的使用中,单单这些保护功能,就使电路十分复杂,而且其可靠性也差。使用 IPM 模块,仅需提供各桥臂对应 IGBT 的驱动电源和相应的开关控制信号,从而大大方便了系统设计,并使可靠性大大提高。伴随着功率器件的智能化,富士电机公司于 1989 年成功开发了双极型的智能化功率模块。其后,以进一步降低损耗和提高频率为目标,该公司于 1992 年成功开发了具有低损耗热点 J 系列 IGBT-IPM(J-IPM)。1995 年,该公司又开发了具有低成本、低噪声特点的 N 系列 IGBT-IPM(N-IPM),并实现了产品化。近年来该公司又开发了具有高性能价格比特点的第三代 R 系列 IGBT-IPM(R-IPM)。经过十多年的努力,IPM 已经在中频(小于 20kHz)、中功率范围内取得了应用上的成功。IPM 的应用比较方便,对于其中的每一个 IGBT 器件,只要一个 +15V 的单电源即可。但存在着内部死区时间及过流、短路保护阀值不可由用户调节的缺陷,往往用于定型逆变器类产品。

议一议

PIC 由哪些部分组成? IPM 由哪些部分组成?

比一比

PIC 与 IPM 有何不同之处?

想一想

高速动车组能不能采用 IPM 技术对牵引电机进行控制?

模块学习评估

见学习工作页 2。

模块3 变频调速技术

【知识目标】

认知电压型和电流型交-直-交变频器的基本原理；认知脉宽调制型变频器的基本原理；认知谐振型变频器的基本原理；认知交-交变频器的基本原理和交-交变频器的基本类型。

【能力目标】

能够正确使用变频器。

【素质目标】

具有分析、比较各种变频器基本工作原理的能力。

 建议课时

6课时。

课前引例

现在大部分家庭都用上了空调，而且是变频空调。在空调器中，变频技术是一项新兴的技术，它是通过变频器改变电源频率，从而改变压缩机运转转速的一项技术。

供电频率高，压缩机转速快，空调器制冷(热)量也就大；而当供电频率较低时，空调器制冷(热)量就小。变频空调的核心是它的变频器，变频器是20世纪80年代问世的一种高新技术，它通过对电流的转换来实现电动机运转频率的自动调节，即把50Hz的固定电网频率改为可变的频率。同时，还使电源电压范围达到142~270V，彻底解决了由于电网电压的不稳定而造成空调器不能正常工作的难题。变频空调每次开始使用时，通常是让空调以最大功率、最大风量进行制热或制冷，迅速接近所设定的温度。由于变频空调通过提高压缩机工作频率的方式，增大了在低温时的制热能力，最大制热量可达到同级别空调器的1.5倍，低温下仍能保持良好的制热效果。此外，一般的分体机只有四挡风速可供调节，而变频空调器的室内风机自动运行时，转速会随压缩机的工作频率在12挡风速范围内平滑变化。由于风机的转速与空调器的能力配合较为合理,实现了低噪声的宁静运行。当空调高功率运转,迅速接近所设定的温度后,压缩机便在低转速、低能耗状态运转,仅以所需的功率维持设定的温度。这样不但温度稳定,而且还避免了压缩机频繁启停所造成的对寿命的衰减,而且耗电量大大下降,实现了高效节能。

同学们,你们想知道变频器的工作原理吗?变频器有哪些类型?

单元1 交-直-交变频器的基本电路

学习内容

电压型交-直-交变频器的基本原理;电流型交-直-交变频器的基本原理。

问题引导

电压型交-直-交变频器与电流型交-直-交变频器有何不同?它们的工作原理是什么?

知识学习

交-直-交变频器为交-直-交变频调速系统提供变频电源。交-直-交变频器的基本电路包括整流电路和逆变电路,整流电路将工频交流电整流成直流电,逆变电路再将直流电逆变成频率可调的三相交流电,是整流变换的逆过程。其核心部分为逆变器。

随着微电子技术与电力电子技术的迅速发展,逆变技术也从通过直流电动机–交流发电机的旋转方式逆变技术,发展到20世纪60~70年代的晶闸管逆变技术,而21世纪的逆变技术多数采用了 MOSFET、IGBT、GTO、IGCT、MCT 等多种先进且易于控制的功率器件,控制电路也从模拟集成电路发展到单片机控制甚至采用数字信号处理器(DSP)控制。其应用领域也达到了前所未有的广阔程度,从毫瓦级的液晶背光板逆变电路到百兆瓦级的高压直流输电换流站;从日常生活的变频空调、变频冰箱到航空领域的机载设备;从使用常规化石能源的火力发电设备到使用可再生能源发电的太阳能风力发电设备,都少不了逆变电源。

变频器的分类方法有多种,按照主电路工作方式,可以分为,电压型变频器和电流型变频器;按照开关方式,可以分为,脉幅调制(PAM)控制变频器、脉宽调制(PWM)控制变频器和高载频 PWM 控制变频器;按照工作原理,可以分为,电压/频率(V/f)控制变频器、转差频率控制变频器、矢量控制变频器和直接转矩控制变频器等;按照用途,可以分为,通用变频器、高性能专用变频器、高频变频器、单相变频器和三相变频器等。

一、交-直-交电压型变频器

交-直-交电压型变频器的构成见图3-1。

整流电路(整流器)在电工电子技术课程中已经介绍过,本书只介绍逆变器部分电路工作原理。

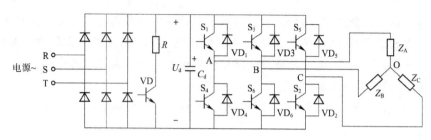

图 3-1　交-直-交电压型变频器主电路

(一)电压型逆变器的基本电路

三相电压型逆变器的基本电路如图 3-2 所示。

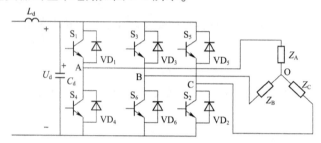

图 3-2　三相电压型逆变器的基本电路

图中,直流电源并联有大容量滤波电容器 C_d。由于这个大电容的存在,直流输出电压具有电压源特性,内阻很小。这使逆变器的交流输出电压被钳位为矩形波,与负载性质无关。交流输出电流的波形与相位则由负载功率因数决定。在异步电动机变频调速系统中,这个大电容同时又是缓冲负载无功功率的贮能元件。直流回路电感 L_d 起限流作用,电感量很小。

三相逆变电路由六只具有单向导电性的功率半导体开关 $S_1 \sim S_6$ 组成。每只功率开关上反并联一只续流二极管,为负载的滞后电流提供一条反馈到电源的通路。开关器件 $S_1 \sim S_6$ 使用开关频率较低时,一般适宜作 $0 \sim 400Hz$ 方波逆变。与其反并联的续流二极管,可采用普通整流二极管。六只功率开关每隔 60°电角度触发导通一只,相邻两相的功率开关触发导

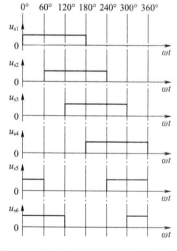

图 3-3　三相电压型方波逆变器驱动波形

通时间互差 120°,一个周期共换相六次,对应六个不同的工作状态(又称六拍)。根据功率开关的导通持续时间不同,可以分为 180°导电型和 120°导电型两种工作方式。

现以 180°导电型为例,说明逆变器的输出电压波形。180°导电型各功率元件驱动脉冲波形如图 3-3 所示。

由图可见,逆变桥中 3 个桥臂上部和下部开关元件以 180°间隔交替开通和关断,每只功率开关导通时间皆为 180°。当按 $S_1 \sim S_6$ 的顺序以 60°的相位差依次开通和关断,每个工作状态下都有三只功率开关同时导通,其中每个桥臂上都有一只导通,形成三相负载同时通电。导通规律如表 3-1 所示。在逆变器输出端形成 A、B、C 三相电压。逆变输出电压波形与电路接法和"导通型"有关,但不受负载影响。

180°导电型逆变器功率开关导通规律　　　　　　　　　　　　表3-1

状　态	S_1	S_2	S_3	S_4	S_5	S_6
状态1(0~60°)	+				+	+
状态2(60°~120°)	+	+				+
状态3(120°~180°)	+	+	+			
状态4(180°~240°)		+	+	+		
状态5(240°~300°)			+	+	+	
状态6(300°~360°)				+	+	+

设负载为星形连接的三相对称负载，即 $Z_A = Z_B = Z_C = Z$，假定逆变器的换相为瞬间完成，并忽略功率开关上的管压降。以状态1为例，此时功率开关 S_1、S_5、S_6 导通，其等效电路如图3-4所示。

由图可求得负载相电压：

$$u_{AO} = u_{CO} = U_d \frac{\dfrac{Z_A Z_C}{Z_A + Z_C}}{Z_B + \dfrac{Z_A Z_C}{Z_A + Z_C}} = \frac{1}{3} U_d$$

$$u_{BO} = -U_d \frac{Z_B}{Z_B + \dfrac{Z_A Z_C}{Z_A + Z_C}} = -\frac{2}{3} U_d$$

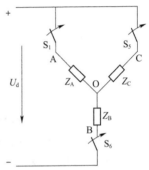

图3-4　状态1的等效电路

同理，可求得其他状态下的等效电路并计算出相应输出电压瞬时值。如表3-2所示。

负载为Y接时各个工作状态下的输出电压　　　　　　　　　　表3-2

输出电压		状态1	状态2	状态3	状态4	状态5	状态6
相电压	u_{AO}	$U_d/3$	$2U_d/3$	$U_d/3$	$-U_d/3$	$-2U_d/3$	$-U_d/3$
	u_{BO}	$-2U_d/3$	$-U_d/3$	$U_d/3$	$2U_d/3$	$U_d/3$	$-U_d/3$
	u_{CO}	$U_d/3$	$-U_d/3$	$-2U_d/3$	$-U_d/3$	$U_d/3$	$2U_d/3$
线电压	u_{AB}	U_d	U_d	0	$-U_d$	$-U_d$	0
	u_{BC}	$-U_d$	0	U_d	U_d	0	$-U_d$
	u_{CA}	0	$-U_d$	$-U_d$	0	U_d	U_d

负载线电压可按下式求得：

$$u_{AB} = u_{AO} - u_{BO}$$
$$u_{BC} = u_{BO} - u_{CO}$$
$$u_{CA} = u_{CO} - u_{AO}$$

将上述各状态下对应的相电压、线电压画出，即可得到180°导电型的三相电压型逆变器的输出电压波形，如图3-5所示。

由波形图可见，逆变器输出为三相交流电压，各相之间互差120°，三相对称，相电压为阶梯波，线电压为方波（矩形波）。输出电压的交变频率取决于逆变器开关元件的切换频率。

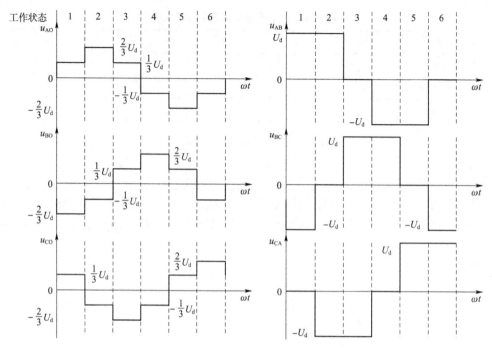

图3-5 三相电压型逆变器的输出电压波形(180°导电型)

选择适当的坐标原点,对输出电压波形进行谐波分析,可以展开成如下的傅氏级数。

对相电压(阶梯波):

$$u_{AO} = \frac{2U_d}{\pi}\left(\sin\omega t + \frac{1}{5}\sin5\omega t + \frac{1}{7}\sin7\omega t + \frac{1}{11}\sin11\omega t + \cdots\right) \quad (3-1)$$

对线电压(矩形波):

$$u_{AB} = \frac{2\sqrt{3}U_d}{\pi}\left(\sin\omega t - \frac{1}{5}\sin5\omega t - \frac{1}{7}\sin7\omega t + \frac{1}{11}\sin11\omega t + \cdots\right) \quad (3-2)$$

线电压基波有效值 U_1 与直流电压 U_d 的关系为:

$$U_1 = \frac{\sqrt{6}}{\pi}U_d$$

上述分析表明:输出线电压和相电压中都存在着 $6k \pm 1$ 次谐波,特别是较大的5次和7次谐波,对负载电动机的运行十分不利。

(二)电压型变频器的再生制动及电压调节方式

1. 电压型变频器的再生制动

最简单的电压型变频器由可控整流器和电压型逆变器组成,用可控整流器调压,逆变器调频,如图3-6所示。

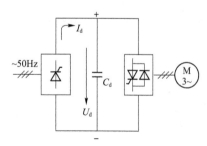

图3-6 无再生制动功能的电压型变频器

图中,逆变电路使用的功率开关为晶闸管。由图可知,因中间直流电路并联着大电容 C_d,直流极性无法改变。这就是说,从可控整流器到 C_d 之间的直流电流 I_d 的方向和直流电压 U_d 的极性不能改变。因此,功率只能从交流电网输送到直流电路,反之不行。这种变频器由于能量只能单方向传送,不能适应再生制动运行,应用场所受到限制。

为适应再生制动运行,可在图 3-6 电路的基础上,增加附加电路。一种方法是,在中间直流电路中设法将再生能量处理掉,即在电容 C_d 的两端并联一条由耗能电阻 R 与功率开关(可以是晶闸管或自关断器件)相串联的电路,如图 3-7 所示。

当再生电能经逆变器的续流二极管反馈到直流电路时,将使电容电压升高,触发导通与耗能电阻串联的功率开关,再生能量便消耗在电阻上。此法适用于小容量系统。

另一种方法是,在整流电路中设置再生反馈通路——反并联一组逆变桥,如图 3-8 所示。

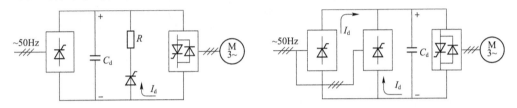

图 3-7　并联耗能电阻的电压型变频器　　　　图 3-8　反并联逆变桥的电压型变频器

此时,U_d 的极性仍然不变,但 I_d 可以借助于反并联三相桥(工作在有源逆变状态)改变方向,使再生电能回馈到交流电网。此法可用于大容量系统。

2. 电压调节方式

为适应变频调速的需要,变频电源必须在变频的同时,实现变压。对于前述输出矩形波的变频器而言,除了在逆变器输出端利用变压器进行调压或移相调节外,在逆变器输入端调节电压主要有两种方式。

一种是采用可控整流器整流,通过对触发脉冲的相位控制直接得到可调直流电压,已如前述,见图 3-6。此法电路简单,但电网侧功率因数低,特别是低电压时,尤为严重。

另一种是采用不控整流器整流,在直流环节增加斩波器,以实现调压,如图 3-9 所示。

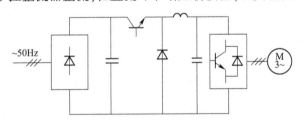

图 3-9　利用斩波器调压的变频器

此法由于使用不可控整流器,电网侧的功率因数得到明显改善。

上述两种方法都是通过调节逆变器输入端的直流电压来改变逆变器输出电压的幅值,又称为脉幅调制(Pulse Amplitude Modulation,PAM)。此时逆变器本身只调节输出电压的交变频率,调压和调频由两个环节分别完成。

(三)串联电感式电压型变频器

按照逆变器的工作原理,表 3-1 所示为功率开关的导通规律。逆变器中的电流必须从一只功率开关准确地转移到另一只功率开关中去,这个过程称为换相。当图 3-3 中的功率开关采用全控型器件时,由于器件本身具有自关断能力,主电路原理图完全同图 3-3 所示基本电路。如果采用晶闸管,由于这种半控型器件不具备自关断能力,用于异步电动机变频调速系统这种感性负载时,必须增加专门的换相电路进行强迫换相,即通过换相电路对晶闸管施加反压使其关断。采用的换相电路不同,逆变器的主电路随之不同,图 3-10 所示为三相串联电感式变频器的主电路。

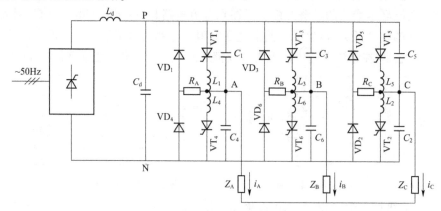

图 3-10　三相串联电感式电压型变频器的主电路

图中 C_d、L_d 构成中间滤波环节,通常 L_d 很小,C_d 很大。晶闸管 $VT_1 \sim VT_6$ 作为功率开关取代了图 3-3 中的 $S_1 \sim S_6$。$L_1 \sim L_6$ 为换相电感,位于同一桥臂上的两个换相电感是紧密耦合的,串联在两个主晶闸管之间,因而称之为串联电感式。$C_1 \sim C_6$ 为换相电容,$R_A \sim R_C$ 为环流衰减电阻。该电路属于 180°导电型,换相是在同一桥臂的两个晶闸管之间进行,采用补换相方式、即触发一个晶闸管去关断同一桥臂上的另一个晶闸管。

假定换相时间远小于逆变周期,认为换相过程中负载电流 i_L 保持不变,并且 L、C 皆为理想元件。不计晶闸管触发导通时间及管压降。各元件上电压、电流正方向如图 3-11a) 所示,以 A 相为例,分析由 VT_1 换相到 VT_4 的过程。

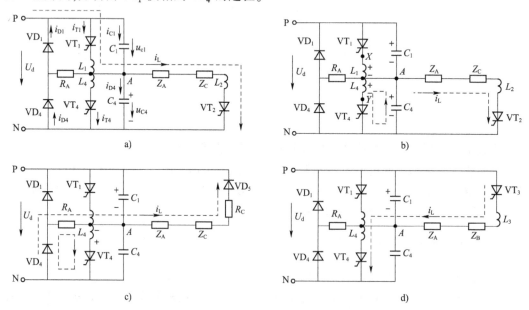

图 3-11　三相串联电感式电压型逆变器的换相过程

1. 换相前的状态（图 3-11a）

VT$_1$ 稳定导通，负载电流 i_L 流经路线如图中虚线箭头所示。换相电容 C_4 充电至直流电源电压 U_d，同时导通的晶闸管为 VT$_1$、VT$_3$、VT$_2$，见图 3-10。

2. 换相阶段（图 3-11b）

触发 VT$_4$，则 C_4 经 L_4 和 VT$_4$ 组成的回路放电，将在 L_4 上感应出电势，两端电压为 U_d，极性：上（+）下（−）。由于 L_1 和 L_4 为紧密耦合，且 $L_1 = L_4$，必然同时在 L_1 上感应出同样大小的电势，因此，$u_{XY} = u_{XN} = 2U_d$，于是 VT$_1$ 承受反向电压 U_d 而关断，C_4 在经 L_4 放电的同时，还通过 A 相、C 相负载放电，维持负载电流 i_L。因 VT$_1$ 关断，C_1 开始充电，C_4 继续放电，并满足 $u_{C1} + u_{CA} = U_d$，至 $u_{C1} + u_{CA} = U_d/2$ 时，X 点电位降至 U_d，VT$_1$ 不再承受反压。只要使 VT$_1$ 承受反压时间 t_0 大于晶闸管的关断时间 t_{off}，就能保证可靠换相。

3. 环流及反馈阶段（图 3-11c）

C_4 放电结束时，$u_{C4} = 0$，此时通过 VT$_4$ 的电流 i_{T4} 达到最大值，然后开始下降，便在 L_4 感应出电势，极性：上（−）下（+），则 VD$_4$ 因承受正向电压而导通，换相电感 L_4 的贮能经 VT$_4$、VD$_4$ 形成环流消耗在 R_A 上。与此同时，感性负载中的滞后电流仍维持原来方向，经由 VD$_4$ 和 VD$_5$ 反馈回电源。因而在一段时期中，环流与负载反馈电流在 VD$_4$ 中并存。当环流衰减至零时，VT$_4$ 将随之关断，VD$_4$ 中仍继续流过负载反馈电流 i_L，直至 i_L 下降至零时，VD$_4$ 关断。

4. 负载电流反向阶段（图 3-11d）

VD$_4$ 关断，负载电流 i_L 过零。只要触发脉冲足够宽（大于 90°电角度），一度关断的 VT$_4$ 将再度导通。一旦 VT$_4$ 导通，负载电流立即反向，流经路线见图中虚线。同时导通的晶闸管为 VT$_3$、VT$_4$、VT$_2$，见图 3-10。整个换相过程结束。

各个阶段中主要元件的电压、电流波形如图 3-12 所示。

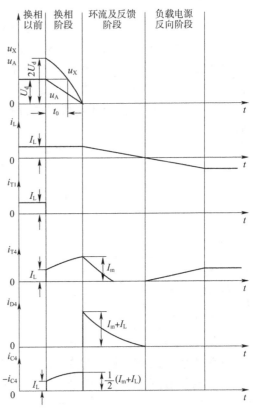

图 3-12 换相时的电压、电流波形

二、交-直-交电流型变频器

电压型变频器，由于再生制动时必须接入附加电路，因此比较麻烦，电流型变频器可以弥补上述不足，而且主电路结构简单、安全可靠。

（一）电流型逆变器的基本电路

三相电流型逆变器的基本电路如图 3-13 所示。

与电压型逆变器不同,直流电源上串联了大电感滤波。由于大电感的稳流作用,为逆变器提供的直流电流波形平直、脉动很小,具有电流源特性。这使逆变器输出的交流电流为矩形波,与负载性质无关,而输出的交流电压波形及相位随负载而变化。对变频调速系统而言,这个大电感同时又是缓冲负载无功能量的贮能元件。

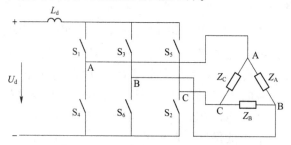

图 3-13 三相电流型逆变器的基本电路

逆变电路仍由六只功率开关 $S_1 \sim S_6$ 组成,但无须反并联续流二极管,因为在电流型变频器中,电流方向无须改变。电流型逆变器一般采用 120°导电型,即每只功率开关导通时间为 120°。每个周期换相六次,共六个工作状态,每个状态都是共阳极组和共阴极组各有一只功率开关导通,换相是在相邻的桥臂中进行。当按 $S_1 \sim S_6$ 的顺序导通时,导通规律如表 3-3 所示。

120°导电型逆变器功率开关导通规律　　　表 3-3

状　态	S_1	S_2	S_3	S_4	S_5	S_6
状态 1(0 ~ 60°)	+					+
状态 2(60° ~ 120°)	+	+				
状态 3(120° ~ 180°)		+	+			
状态 4(180° ~ 240°)			+	+		
状态 5(240° ~ 300°)				+	+	
状态 6(300° ~ 3600°)					+	+

下面分析电流型逆变器的输出电流波形。假定滤波电感 L_d 足够大,直流电流平直。设三相负载为△接,各相阻抗对称 $Z_A = Z_B = Z_C = Z$,功率开关为理想元件。以状态 1 为例,此时 S_1 和 S_6 导通,△接负载的端点 C 悬空,三相负载同时通电。其等效电路如图 3-14 所示。

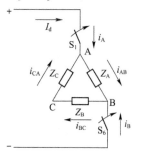

图 3-14 状态 1 的等效电路

相电流为:

$$i_{AB} = \frac{Z_B + Z_C}{Z_A + (Z_B + Z_C)} I_d = \frac{2}{3} I_d \quad (3-3)$$

$$i_{BC} = i_{CA} = -\frac{Z_A}{Z_A + (Z_B + Z_C)} I_d = -\frac{1}{3} I_d \quad (3-4)$$

线电流可直接写出或由相电流求出:

$$i_A = I_d; i_B = -I_d; i_C = 0$$

同理,可求得其他状态下的线电流及相电流,如表 3-4 所示。

负载为△接时各个工作状态下的输出电流　　　　　表3-4

输出电流		状态1	状态2	状态3	状态4	状态5	状态6
线电流	i_{AO}	I_d	I_d	0	$-I_d$	$-I_d$	0
	i_{BO}	$-I_d$	0	I_d	I_d	0	$-I_d$
	i_{CO}	0	$-I_d$	$-I_d$	0	I_d	I_d
相电流	i_{AB}	$2I_d/3$	$I_d/3$	$-I_d/3$	$-2I_d/3$	$-I_d/3$	$I_d/3$
	i_{BC}	$-I_d/3$	$I_d/3$	$2I_d/3$	$I_d/3$	$-I_d/3$	$-2I_d/3$
	i_{CA}	$-I_d/3$	$-2I_d/3$	$-I_d/3$	$I_d/3$	$2I_d/3$	$I_d/3$

按照表3-4可画出负载为△接120°导电型的三相电流型逆变器的输出电流波形,如图3-15所示。

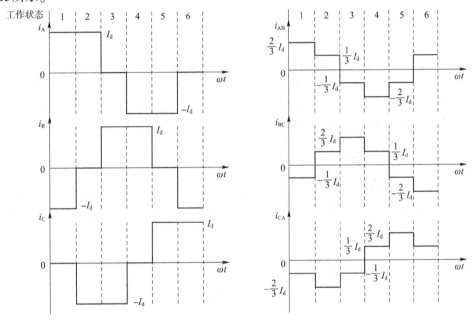

图3-15 三相电流型逆变器的输出电流波形(120°导电型)

由图可知,此时线电流为矩形波。相电流为阶梯波,三相对称。如果负载为丫接法,则相电流亦为矩形波,与线电流完全相同。

对输出电流波形进行谐波分析,展成如下的傅氏级数。

对相电流(阶梯波):

$$i_{AB} = \frac{2I_d}{\pi}\left(\sin\omega t + \frac{1}{5}\sin5\omega t + \frac{1}{7}\sin7\omega t + \frac{1}{11}\sin11\omega t + \cdots\right) \quad (3-5)$$

对线电流(矩形波):

$$i_A = \frac{2\sqrt{3}I_d}{\pi}\left(\sin\omega t - \frac{1}{5}\sin5\omega t - \frac{1}{7}\sin7\omega t + \frac{1}{11}\sin11\omega t + \cdots\right) \quad (3-6)$$

基波分量的有效值为:

$$I_1 = \frac{\sqrt{6}}{\pi}I_d$$

以上分析表明,输出线电流和相电流中都存在$6k \pm 1$次谐波。

(二)电流型变频器的再生制动运行

电流型变频器无须附加任何设备,即可实现负载电动机的四象限运行。当电机处于电动状态时,见图3-16a)。整流器工作于整流状态,逆变器工作于逆变状态。此时,整流器的控制角 $0°<\alpha<90°$、$U_d<0$。流电路的极性为上(+)下(−),电流从整流器的正极流出进入逆变器,能量便从电网输送到电动机。当电机处于再生制动状态时,见图3-16b)。

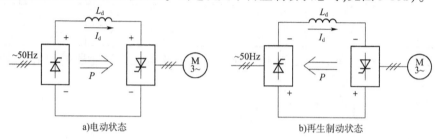

a)电动状态   b)再生制动状态

图3-16　电流型变频器的电动机状态与再生制动状态

可以调节整流器的控制角,使 $0°<\alpha<180°$、$U_d<0$,直流电路的极性立即变为上(−)下(+)。此时,整流器工作在有源逆变状态,逆变器工作在整流状态。由于半导体功率开关的单向导电性,电流 I_d 的方向保持不变,再生电能由电机回馈到交流电网。

(三)串联二极管式电流型变频器

当功率开关采用晶闸管时,必须在图3-13所示的基本电路中增加换相电路。电流型变频器的换相电路也有各种形式,图3-17所示为三相串联二极管式电流型变频器的主电路。

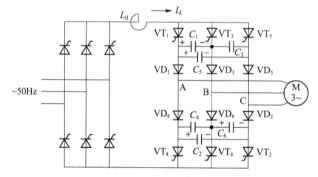

图3-17　三相串联二极管式电流型变频器的主电路

图中,晶闸管 $VT_1 \sim VT_6$ 取代了图3-13中的功率开关 $S_1 \sim S_6$,$C_1 \sim C_6$ 为换相电容,$VD_1 \sim VD_6$ 为隔离二极管,其作用是使换相电容器与负载隔离,防止电容充电电荷的损失,以更为有效地发挥电容的换相能力。该电路为120°导电型,换相在相邻的桥臂中进行。

现以丫接电动机作为负载,忽略电动机铁损耗及定子电阻,假定电动机反电势在换相过程中保持不变,并且直流电流 I_d 恒定,以 VT_1 换相到 VT_3 为例说明换相过程。

1. 换相前的状态

如图3-18a)所示,VT_1 及 VT_2 稳定导通,负载电流 I_d 沿着图中虚线所示路径流通,因电机为丫接,只有 A 相和 C 相绕组通电,而 B 相不通电,即 $i_A=I_d$,$i_B=0$,$i_C=-I_d$。换相电容

C_1 及 C_5 (图 3-17)被充电至最大值 U_{C0},极性都是左(+)右(-),C_3 上电荷为零。实际上,跨接在 VT_1 与 VT_3 之间的电容应为 C_5 与 C_3 串联后再与 C_1 并联的等效电容(在图 3-18 中,等效电容用 C 表示)。

2. 晶闸管换相及恒流充电阶段

如图 3-18b)所示,触发导通 VT_3,则 C 上的电压立即反向加到 VT_1 两端,使 VT_1 瞬间关断。I_d 流经路线以虚线标出,等效电容 C 先放电至零,再恒流充电,极性改变为右(+)左(-)。VT_1 在 VT_3 导通后至 C 放电至零这段时间(t_0)内一直承受反压。只要 t_0 大于晶闸管关断时间 t_{off},就能保证可靠关断。当 C 上的充电电压将要超过负载电压 U_{AB} 时,二极管 VD_3 将承受正向电压而导通,恒流充电结束。

3. 二极管换相阶段

如图 3-18c)所示,VD_3 导通后,开始分流。此时,电流 I_d 逐渐由 VD_1(A 相)向 VD_3(B 相)转移,满足 $i_A + i_B = I_d$,i_A 逐渐减小,i_B 逐渐增加,当 I_d 全部转移到 VD_3 时,VD_1 关断。

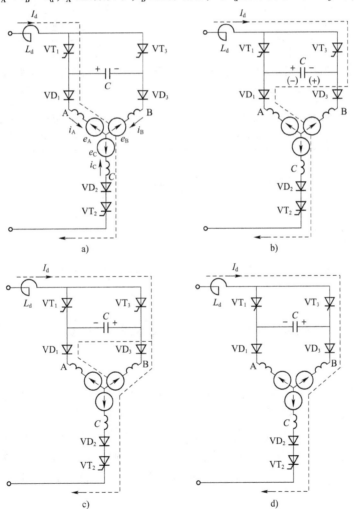

图 3-18 三相串联二极管式电流型逆变器的换相过程

4. 换相后的状态

如图 3-18d)所示。负载电流 I_d 流经路线如图中虚线所示,此时 B 相和 C 相绕组通电,A 相不通电 $i_A=0$、$i_B=I_d$,$i_C=-I_d$。换相电容的极性保持右(+)左(-),为下次换相做好准备。

由上述换相过程可知,当负载电流增加时,换相电容充电电压将随之上升。这使换相能力增加。因此,在电源和负载变化时逆交器工作稳定,但是,由于换相包含了负载的因素,如果控制不好也可能导致不稳定。

电压型变频器和电流型变频器的区别仅在于中间直流环节滤波器的形式不同,但这样,却造成两类变频器在性能上相当大的差异,主要表现见表 3-5。

电压型变频器与电流型变频器的性能比较　　　表 3-5

特点名称	电压型变频器	电流型变频器
储能元件	电容器	电抗器
输出波形的特点	电压波为矩形波; 电流波形为近似正弦波	电流波形为矩形波; 电压波形为近似正弦波
回路构成上的特点	有反馈二极管; 直流电源并联大容量电容(低阻抗电压源); 电动机四象限运转需要再生用变流器	无反馈二极管; 直流电源串联大电感(高阻抗电流源); 电动机四象限运转容易
特性上的特点	负载短路时产生过电流; 开环电动机也可能稳定运转	负载短路时能抑制过电流; 开环电动机运转不稳定,需要反馈控制

单元 2　脉宽调制型变频器

学习内容

脉宽调制(PWM)的思路;脉宽调制(PWM)型变频器的基本原理。

问题引导

什么是脉宽调制(PWM)？PWM 型变频器的基本原理是什么？

知识学习

前述基本逆变器加上可控整流器构成的三相 6 脉波变频器还存在下述不足:①调频由逆变器完成,调压由可控整流器实现,二者之间需要协调配合,而且由于中间直流电路采用大惯性环节滤波,电压调节速度缓慢。②使用可控整流器,对电网产生谐波污染,网侧功率因数降低,电压和频率调得越低,功率因数也越低。③输出波形为矩形波或阶梯波,含有一系列的 $6k±1$ 次谐波。尽管可以通过多重连接来消除部分谐波,但要达到较为理想的波形,线路将相当复杂。

脉宽调制(Pulse Width Modulation,PWM)变频器较好地解决了上述问题。脉宽调制变频的设计思想,源于通信系统中的载波调制技术,1964年由德国科学家Aschonumg等人率先提出并付诸实施。用这种技术构成的变频器基本上解决了常规阶梯波PAM变频器中存在的问题,为近代交流调速开辟了新的发展领域,目前PWM已成为现代变频器产品的主导设计思想。

PWM变频器的主电路如图3-19所示。

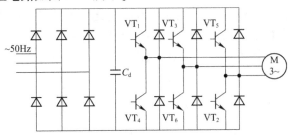

图3-19 PWM型变频器的主电路原理图

由图可知,该变频器的主电路是由整流电路部分和逆变电路部分组成。整流电路将三相交流电转变为直流电。逆变部分再将恒定的直流电转变为电压和频率均可调的三相交流电,以驱动三相异步电动机负载,下面简单介绍PWM型变频器各部分电路工作原理。

一、交-直部分

PWM型变频器的整流部分采用的是不可控整流桥,它的输出电压经电容滤波(附加小电感限流)后形成不可调的恒定的直流电压 u_d,其主电路如图3-20所示。

交-直部分电路的工作原理与普通的三相不可控整流电路的工作原理完全相同,这里就不再赘述。其输出电压的波形如图3-21所示。

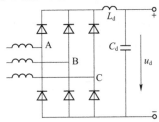 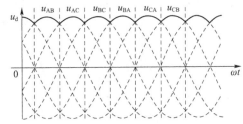

图3-20 PWM型变频器交-直部分主电路　　图3-21 PWM型变频器交-直部分输出电压波形

二、直-交部分

PWM型变频器的直-交部分即是逆变部分,这是PWM型变频器的核心部分。逆变部分的主体是六只功率开关器件构成的基本逆变电路。区别在于PWM控制技术(详见模块四)。当采用PWM方法控制逆变器功率开关的通、断时,即可获得一组等幅而不等宽的矩形脉冲,改变矩形脉冲的宽度可以改变输出电压幅值,改变调制周期可以改变输出频率。这样,调压和调频同在逆变器内部完成,二者始终配合一致。而且与中间直流环节无关,因而加快了调节速度,改善了动态性能;采用PWM逆变器,能够抑制或消除低次谐波,加上使用自关断器件,开关频率的大幅度提高,输出波形可非常逼近正弦波。三相桥式PWM逆变电路的主电路见图3-22。

逆变器部分主要由六个大功率开关 $VT_1 \sim VT_6$ 和六个续流二极管 $VD_1 \sim VD_6$ 组成。$VT_1 \sim VT_6$ 工作于开关状态,其开关模式取决于供给基极的 PWM 控制信号,输出交流电压的幅值和频率通过控制开关脉宽和切换点时间来调节。$VD_1 \sim VD_6$ 用来提供续流回路,以 A 相负载为例:当 VT_1 突然关断时,A 相负载电流靠 VD_2 续流,而当 VT_2 突然关断时,A 相负载又靠 VD_1 续流,A、C 两相续流原理同上。由于整流电源是二极管整流器,能量不能向电网回馈,因此当电动机突然停机时,电动机轴上的机械能将转化为电能,通过 $VD_1 \sim VD_6$ 的整流向电容 C_d 充电,贮存在滤波电 C_d 为了避免由于 C_d 储存能量使泵升电压过高损坏开关器件,一般会在逆变器的主回路中设置泵升电压限制电路。

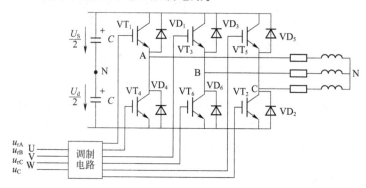

图 3-22 PWM 变频器直-交部分主电路

三相 PWM 逆变器控制公用三角波载波为 $u_\triangle$,三相的调制信号 u_{rA}、u_{rB} 和 u_{rC} 依次相差 120°。

当 $u_{rA} > u_\triangle$ 时,给 VT_1 导通信号,给 VT_4 关断信号,$u_{AN} = U_d/2$。

当 $u_{rA} < u_\triangle$ 时,给 VT_4 导通信号,给 VT_1 关断信号,$u_{AN} = -U_d/2$

同理,可以得到其他两相 u'_{BN}、u'_{CN} 的波形图和输出线电压的波形,如图 3-23 所示。

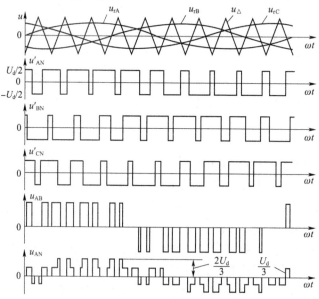

图 3-23 三相桥式 PWM 逆变电路波形

由图 3-23 可知,当给 VT_1(VT_4)加导通信号时,可能是 VT_1(VT_4)导通,也可能是 VD_1(VD_4)导通。u'_{AN}、u'_{BN}、u'_{CN} 的 PWM 波形只有 $\pm U_d/2$ 两种电平。

u_{AB} 波形可由 $u_{AB} = u'_{AN} - u'_{BN}$ 得出,当 VT_1 和 VT_6 通时,$u_{AB} = U_d$,当 VT_3 和 VT_4 通时,$u_{AB} = -U_d$,当 VT_1 和 VT_3 或 VT_4 和 VT_6 通时,$u_{AB} = 0$。

输出线电压 PWM 波由 $\pm U_d$ 和 0 三种电平构成;负载相电压 PWM 波由($\pm 2/3$)U_d、($\pm 1/3$)U_d 和 0 共五种电平组成。

当逆变器输出端需要升高电压时,只要增大正弦波相对三角波的幅度。这时,逆变器输出的处形脉冲电压的幅值不变而宽度相应增大,达到了调压的要求。通常,采用恒幅的三角波,而用改变正弦波幅值的方法,以得到逆变器输出的调压值。因而常称三角波为三角调制波(或称载波),称正弦波为正弦控制波。

当逆变器输出端需要变频时,只要改变正弦控制波的频率就可以了。在实际系统中,由于异步电动机恒转矩控制的需要,在调频时也需要调压。因此,正弦控制波的频率与幅值往往是同时改变的。

目前,PWM 技术被广泛应用于电气传动、不间断电源和有源滤波器等,正在得到越来越深入的研究,已经不限于逆变技术,也覆盖了整流技术。在整流电路中采用自关断器件,进行 PWM 控制,可使电网侧的输入电流接近正弦波,并且功率因数达到 1,有望彻底解决对电网的污染问题。特别值得一提的是,由 PWM 整流器和 PWM 逆变器组成的电压型变频器(也称双 PWM 变流器)无须增加任何附加电路,就可以允许能量双向传送,实现四象限运行。

单元 3 谐振型变频器

学习内容

软开关技术概念;谐振型变频器的基本原理。

问题引导

什么是软开关技术?谐振型变频器的基本原理是什么?

知识学习

PWM 逆变器动态响应快、输出波形好,并将继续向高频化发展。但它毕竟是一种在高电压、大电流状态下进行通、断转换的硬开关,开关损耗将随着频率的增加而迅速增加,特别是在大功率逆变器中,开关损耗已经成为制约开关频率提高的关键因素,并且电磁干扰(EMI)问题也将随着高频化而变得突出。1986 年,美国威斯康星大学 DM. Divan 教授研制的谐振直流环节逆变器解决了上述问题。它是利用谐振原理使 PWM 逆变器的开关元件在零电压或零电流下进行开关状态转换,即软开关技术。这样,器件的开关损耗几乎为零,也有效地防止了电磁干扰,可以大大提高器件的工作频率,减小装置的体积、质量。同时,又保持了 PWM 的优点。

一、谐振直流环节逆变器的基本原理

软开关技术发展很快,电路拓扑结构各式各样,本书只述及适合于电机调速的拓扑形式,三相谐振直流环节逆变器的原理电路如图3-24所示。

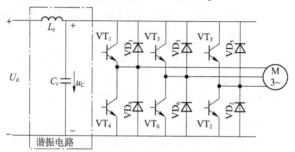

图3-24 三相谐振直流环节逆变器原理图

图中 L_r、C_r 组成串联谐振电路,插在直流输入电压和PWM逆变器之间,为逆变器提供周期性过零电压,使得每一个桥臂上的功率开关都可以在零电压($u_C = 0$)下开通或关断。为便于说明基本概念,将图3-24所示系统在每一个谐振周期中对应的等效电路简化为图3-25所示。

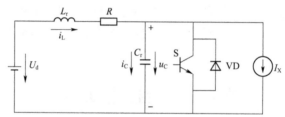

图3-25 每个谐振周期对应的等效电路

图中 L_r、C_r 为谐振电感和谐振电容,R 为电感线圈中的电阻及线路电阻。谐振开关S及其反并联二极管代表一个桥臂上两个开关元件中的任意一个。电路的负载以等效电流源 I_X 表示,I_X 的数值取决于各相电流;在PWM控制方式下,从一个周期转变到下一个周期,I_X 可以发生较大变化,但由于负载电感比谐振电感大得多,在一个谐振周期内,I_X 仍可看作常数。

(1)忽略电路中的损耗,考虑一种理想情况,即令图3-25中的 $R = 0$。

当开关S导通时 u_C 为零,与其反并联的二极管导通并将 u_C 钳位在0V。i_L 线性增长,电感贮能增加。

当 i_L 增至 I_{L0} 时,S在零电压下关断。此时,电路方程为:

$$u_C = U_d - L_r \frac{di_L}{dt} \tag{3-7}$$

$$C_r \frac{du_C}{dt} = i_L - I_X \tag{3-8}$$

以上两式整理得:

$$\frac{d^2 i_L}{dt^2} + \omega_0^2 i_L = \omega_0^2 I_X \tag{3-9}$$

式中：ω_0——LC 电路的谐振角频率。

$$\omega_0 = 2\pi f_0 = \frac{1}{\sqrt{L_r C_r}} \tag{3-10}$$

解之并考虑到初始条件：$t=0$ 时，$i_L = I_{L0}$、$u_C = U_{C0} = 0$。

于是得到：

$$i_L = I_X + (I_{L0} - I_X)\cos\omega_0 t + \frac{U_d}{\omega_0 L_r}\sin\omega_0 t \tag{3-11}$$

$$u_C = U_d - U_d\cos\omega_0 t + \omega_0 L_r(I_{L0} - I_X)\sin\omega_0 t \tag{3-12}$$

如果有 $I_{L0} = I_X$，则有：

$$i_L = I_X + \frac{U_d}{\omega_0 L_r}\sin\omega_0 t \tag{3-13}$$

$$u_C = U_d(1 - \cos\omega_0 t) \tag{3-14}$$

电感电流 i_L 和电容电压 u_C 的波形如图 3-26a) 所示。

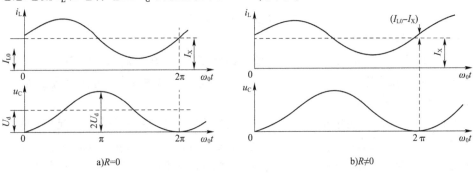

图 3-26 谐振直流环节的电流、电压波形图

由图可知，在这种理想情况下，当 $\omega_0 t = 0$ 时，$i_L = I_X = I_{L0}$、$u_C = 0$，谐振一个周期后，即 $\omega_0 t = 2\pi$ 时，u_C 返回到零，i_L 返回到 I_X。这是因为电路中不存在任何损耗，处于无阻尼状态，一旦振荡开始，即使不再补充电感贮能，谐振也能继续下去。由式(3-14)可知，u_C 的峰值发生在 $\omega_0 t = \pi$ 时，$U_{Cm} = 2U_d$。

(2) 考虑电路中的损耗，即 $R \neq 0$。

当 $i_L = I_{L0}$，S 在零电压下关断时，对应的电路方程为：

$$u_C = U_d - Ri_L - L_r\frac{di_L}{dt} \tag{3-15}$$

$$C_r\frac{du_C}{dt} = i_L - I_X \tag{3-16}$$

将式(3-15)代入式(3-16)，整理得：

$$\frac{d^2 i_L}{dt^2} + \frac{R}{L_r}\cdot\frac{di_L}{dt} + \omega_0^2 i_L = \omega_0^2 I_X \tag{3-17}$$

解之并考虑到初始条件：$t=0$ 时，$i_L = I_{L0}$，$u_C = U_{C0} = 0$。

于是得到：

$$i_L = I_X + e^{-\alpha t}\left[(I_{L0} - I_X)\cos\omega t + \frac{2U_d - R(I_{L0} + I_X)}{2\omega L_r}\sin\omega t\right] \tag{3-18}$$

$$u_C = U_d - I_X R + \left\{ (I_X R - U_d)\cos\omega t + \left[\frac{R}{2\omega L_r}\left(U_d - \frac{R(I_{L0}+I_X)}{2} \right) + \omega L_r(I_{L0} - I_X) \right]\sin\omega t \right\}$$

(3-19)

式中：

$$\alpha = \frac{R}{2L_r} \tag{3-20}$$

$$\omega_0 = \frac{1}{\sqrt{L_r C_r}} \tag{3-21}$$

$$\omega = \sqrt{\omega_0^2 - \alpha^2} \tag{3-22}$$

为减少系统损耗，应使 R 尽可能小。因此，可以假定系统处于高度欠阻尼状态，亦即 $R \ll \omega L_r$，此时式(3-18)及式(3-19)可近似为：

$$i_L = I_X + e^{-\alpha t}\left[(I_{L0} - I_X)\cos\omega t + \frac{U_d}{\omega L_r}\sin\omega t \right] \tag{3-23}$$

$$u_C = U_d + e^{-\alpha t}\left[-U_d\cos\omega t + \omega L_r(I_{L0} - I_X)\sin\omega t \right] \tag{3-24}$$

波形如图3-22b)所示。

由图3-25及图3-26b)可知，如果 u_C 能够回到零，与开关S反并联的二极管导通并将 u_C 钳位至零，可使S在零电压下导通，补充电感贮能，允许 i_L 线性增长，再次上升至 I_{L0} 时，便在零电压下关断S，又进入谐振。

在谐振周期中，u_C 是否能返回到零取决于谐振电感 L_r 中是否贮存了足够的能量。由式(3-24)可知，u_C 的数值与 $(I_{L0} - I_X)$ 的大小有关。当 $i_L > I_X$ 时，可使 u_C 为零。换句话说，开关S应当在电感贮存了足够能量，即 $i_L > I_X$ 时关断，才能确保 u_C 在下一个谐振周期中返回到零，实现开关元件在零电压下通断，见图3-26b)。然而，S导通时间如果太长，即 $(i_L > I_X)$ 的数值过大，由式(3-24)可知，将使谐振电容电压峰值 $U_{Cm} > 2U_d$，且随着 i_L 的增加而增加，这将导致开关元件承受的电压增高。因此，需要有一个适当的控制策略：当S导通时，监视 $(i_L > I_X)$；当 $(i_L > I_X)$ 恰好在所期望的数值时，关断S。

二、谐振直流环节逆变电路举例

上述谐振直流环节逆变器的基本原理电路应用软开关技术解决了硬开关无法解决的问题，几乎将器件开关损耗降低到零，提高了逆变器效率和开关频率，也避免了硬开关关断时的高 $\frac{du}{dt}、\frac{di}{dt}$，因而无须使用缓冲电路，简化了主电路结构。但也存在下述问题：

①逆变器开关元件承受的电压约为直流电源电压的2~3倍，必须使用耐压高的功率开关器件。

②为实现零损耗，开关器件必须在零电压下通断，但这个零电压到来的时刻与PWM控制策略所确定的开关时刻难以一致，造成时间上的误差，导致输出谐波增加。因此，在这个基础上涌现出各种不同的电路拓扑结构，例如：

1. 并联谐振直流环节逆变器

具有并联谐振DC环节逆变器的电路如图3-27a)所示。等效电路如图3-27b)所示。

图中 L_r 为谐振电感、C_r 为谐振电容、$S_1 \sim S_3$ 为开关元件,而 S_4 及其反并联二极管代表逆变器桥臂上的开关器件,I_x 为负载等效电流。工作原理可以通过图 3-28 及图 3-29 来说明。

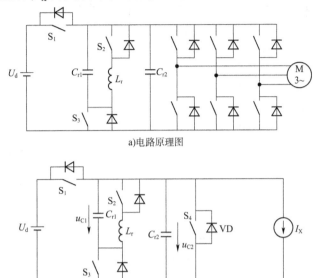

a) 电路原理图

b) 等效电路图

图 3-27 并联谐振 DC 环节逆变器

图 3-28 所示为一个工作周期中电容电压 u_{C1}、u_{C2} 及电感电流 i_L 的波形,对应于波形图中 A、B、C、D、E、F 各个阶段的相应等效电路如图 3-29a) ~ 图 3-29f) 所示。

阶段 A,如图 3-29a) 所示。S_1、S_2、S_3 开通,S_4 关断。此时,直流电源 U_d 经 S_1 向逆变桥供电,C_{r1} 充电至 U_d。电感电流 i_L 上升,贮能增加。

阶段 B,如图 3-29b) 所示。在逆变桥开关元件开通之前的某一时刻,关断 S_1。

由于 C_{r1} 已充电至 $u_{C1} = U_d$,S_1 是在零电压下关断的,电路进入谐振,C_{r1}、C_{r2} 经 L_r 放电,在 u_{C1}、u_{C2} 下降的同时,i_L 增加。

阶段 C,如图 3-29c) 所示。当 C_{r2} 放电至 $u_{C2} = 0$ 时,与 S_4 反并联的二极管导通,将 u_{C2} 钳位至 0V,逆变桥功率开关 S_4 实现零电压下开通。与此同时,当 C_{r1} 放电至零时,将 S_3 在零电压下关断,目的是防止 C_{r1} 上电压 u_{C1} 变负时直流母线电压的极性随之变反。此时的 i_L 达到最大值 i_{Lmax},然后 i_L 下降,能量向 C_{r1} 转移,i_L 降至零时,$u_{C1} = -u_{C1max}$,i_L 再继续下降,能量又向 L_r 转移。

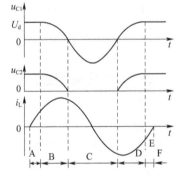

图 3-28 电容电压和电感电流的波形

阶段 D,如图 3-29d) 所示。当 i_L 降至 $-i_{Lmax}$ 时,u_{C1} 返回至零,可将 S_3 在零电压下开通。此时逆变桥功率开关 S_4 在二极管钳位的条件下实现零电压关断。此后 i_L 从负值上升,能量又向 C_{r1}、C_{r2} 转移,u_{C1} 和 u_{C2} 开始上升。

阶段 E,如图 3-29e) 所示。逆变桥功率开关关断之后,当 u_{C1} 上升至 U_d 时,在零电压下开通 S_1,直流电源恢复向逆变桥供电,i_L 继续上升。

阶段 F，如图 3-29f）所示。当 i_L 上升至零时，在零电流下关断 S_2，一个谐振周期结束，并为下一次的逆变桥换相做好准备。

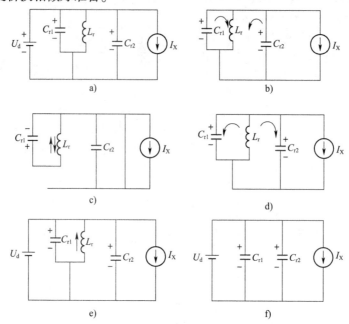

图 3-29 并联谐振 DC 环节逆变器的工作原理

通过上述分析可知，逆变桥功率开关的通断时刻可以完全按照 PWM 控制策略确定，只要在其动作之前，借助开关 S_1、S_2、S_3 的先后动作，使 DC 环节预先谐振到零即可。由图 3-28 可知，该电路限制了过高的谐振电压峰值，逆变器开关元件所承受的最大电压值仅为直流电源电压 U_d。这样，基本原理电路的两个缺点都被克服了。当然，电路结构和控制策略也复杂了。

2. 结实型谐振直流环节逆变器

前述图 3-24 及图 3-27 所示的谐振型逆变电路在整个工作周期中，都存在一个将直流母线短路的操作过程。万一控制电路出现故障，则可能损坏逆变桥的所有功率开关。下面介绍的谐振直流环节逆变器不存在直流母线短路的过程，这也是该电路被称为结实型的原因之一。

结实型谐振直流环节逆变器如图 3-30 所示。

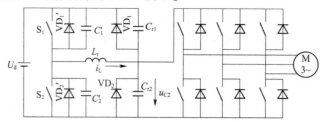

图 3-30 结实型谐振直流环节逆变器

图中 L_r 为谐振电感，C_{r1}、C_{r2} 为谐振电容，S_1、S_2 为开关元件，C'_1、C'_2 是用来延缓 S_1、S_2 关断后器件两端电压上升的速率，以减少关断损耗。工作原理可通过图 3-31 来说明。

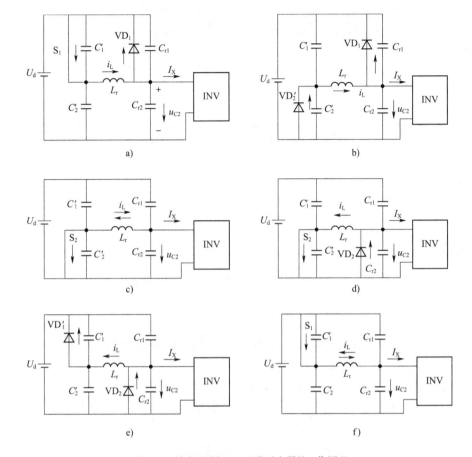

图 3-31 结实型谐振 DC 环节逆变器的工作原理

阶段 A,如图 3-31a)所示。开关 S_1 导通、S_2 关断、二极管 VD_1 导通,直流电源 U_d 经 S_1 向逆变桥 INV 供电,L_r 的压降为零,i_L 达到正向稳定值 $I_{L0} > I_X$,其中 $(i_L - I_X)$ 部分流经 VD_1、S_1,$u_{C2} = U_d$。

阶段 B,如图 3-31b)所示。逆变桥开关动作之前的某一时刻,在 VD_1 导通钳位电压为零的情况下关断 S_1,i_L 向 C_1' 转移。C_1' 充电延缓 S_1 两端电压上升时间,当 C_1' 电压上升到 U_d 时,二极管 VD_2' 导通,i_L 经 VD_2' 和 VD_1 续流向电源返回能量,并为 S_2 导通创造零电压条件。i_L 线性下降至 I_x 时,VD_1 自然关断。

阶段 C,如图 3-31c)所示。L_r 与 C_{r1}、C_{r2} 谐振,i_L 继续下降,u_{C2} 下降,i_L 下降至零并反向变为负值,在此过程中,S_2 在零电压下导通,VD_2' 自然关断。

阶段 D,如图 3-31d)所示。当 u_{C2} 谐振至零时,i_L 达到反向稳定值,二极管 VD_2 导通,将 u_{C2} 钳位至零,逆变桥的功率开关可以实现在零电压下切换。此时 I_X 由 VD_2 续流,i_L 流经 S_2、VD_2。

阶段 E,如图 3-31e)所示。逆变桥开关动作完成后,S_2 在 VD_2 导通钳位电压为零时关断。C_2' 逐渐充电,当 C_2' 电压上升至 U_d 时,VD_1' 导通,i_L 经 VD_1' 续流,并为 S_1 导通创造零电压条件,i_L 线性上升。

阶段 F,如图 3-31f)所示。在 i_L 从负值增长至零变为正向的过程中,S_1 在零电压下导通,

VD_1' 关断。当 i_L 继续上升至 I_X 时，VD_2 关断。L_r 与 C_{r1}、C_{r2} 再次谐振，当 u_{C2} 再上升至 U_d 时，VD_1 导通，u_{C2} 被钳位至 U_d，i_L 又达正向稳定值，一个工作周期结束，并为下一次的逆变桥换相做好准备。

由上述分析可知，该电路既可限制路振电压峰值为 U_d，又可按 PWM 控制策略选择通断时间。

单元4 交-交变频器的基本原理和基本类型

学习内容

交-交变频器的基本原理；交-交变频器的基本类型。

问题引导

交-交变频器的基本原理是什么？交-交变频器有哪几种基本类型？

知识学习

交-交变频器是指无直流中间环节、直接将较高固定频率(f_i)的电压变换为频率(f_0)较低而可变的输出电压的变换器。其特点为：

(1)因为是直接变换，故比一般的变频器有更高的效率。

(2)由于其交流输出电压是直接由交流输入电压波的某些部分包络所构成，因而其输出频率比输入交流电源的频率低得多的时候，输出波形较好。

(3)变频器按电网电压过零自然换相，可采用普通晶闸管。

(4)因电路构成方式的特点，所用晶闸管元件数量较多。

(5)功率因数较低，特别在低速运行时更低，需要适当补偿。

鉴于以上特点，交-交变频器特别适合于大容量的低速传动，在轧钢、水泥、牵引等方面有着广阔的应用前景。

一、交-交变频器的工作原理

将两组极性相反的相控整流器并联，并在直流侧有两种电压极性和两个电流方向的电路称为反并联变换器。如果对反并联变换器的触发角连续进行交变的相位调制，可使反并联变换器的输出端产生一个连续变化的平均电压，它直接将输入电源较高频率(f_i)的输入电压变换为频率(f_0)可变的电压输出，该反并联变换器称为交-交变频器。交-交变频器的工作原理，如图 3-32 所示。由图 3-32 可见，交流输出的正半周电流由正组整流器提供，负半周电流则由负组整流器提供。为了使输出电压的谐波减到最小，正、负两组整流器的触发延迟角可按余弦规律进行控制。图 3-32 所示的波形为采用无环流工作方式时的情况(电流连续)，输出电压是由输入电压波形上截取的片段所组成。显然，交-交变频器完成变频过程必须有两种换流形式：换流过程和换组(桥)过程。前者是利用电网换相，后者是利用输出电流过零信号进行。

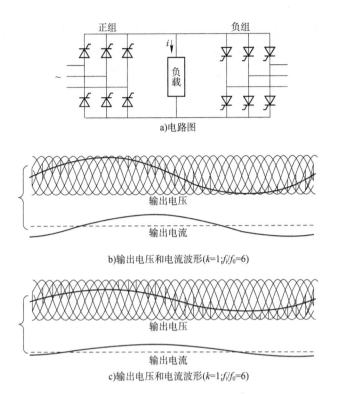

图 3-32 单相输出交-交变频器电路及输出波形

如图中给出的输出电压的基波为正弦 $u_1 = U_{1m}\sin\omega_1 t$,则可以使正、负组的触发延迟角 α_p 和 α_n 按下列规律变化:

$$U_{d0}\cos\alpha_p = -U_{d0}\cos\alpha_n = U_{1m}\sin\omega_1 t$$

$$\alpha_p = \pi - \alpha_n$$

或简化为:

$$\cos\alpha_p = \frac{U_{1m}}{U_{d0}}\sin\omega_1 t = k\sin\omega_1 t$$

$$\alpha_p = \arccos(k\sin\omega_1 t) \qquad 0 < \alpha_p < \pi; 0 < k < 1$$

式中: ω_1——输出电压基波的角频率;

U_{1m}——输出电压基波的幅值;

U_{d0}——正、负组整流器的理想空载直流电压;

k——调制系数, $k = U_{1m}/U_{d0}$。

从上式可见,改变输出电压的频率,只需按要求改变正、负两组整流器触发角变化的调制频率即可。而改变输出电压值,只需改变调制系数是值即可实现。当 $k=1$ 时,输出电压为最大;当 $k=0$ 时,输出电压为零。

为了说明正、负两组整流器在交流输出的一个周期内的工作状态,可用图 3-33 中忽略输出电压高次谐波后的理想化电压和电流的关系来表示。从图 3-33 中的关系可见,决定由哪组整流器导通和该组输出电压的极性无关,而是由电流方向所决定。至于导通的那一组是处于整流状态还是逆变状态,必须根据该组电压和电流的极性来决定。

在实际整流器的工作中,虽然可以使 $\alpha_p + \alpha_n = \pi$,以保证两组输出的平均电压始终相等,但仍有瞬时值不同而引起的环流问题的情况。而且如采用环流抑制电抗器,则在交-交变频器中还会产生在可逆直流整流器中所不存在的自感环流现象。

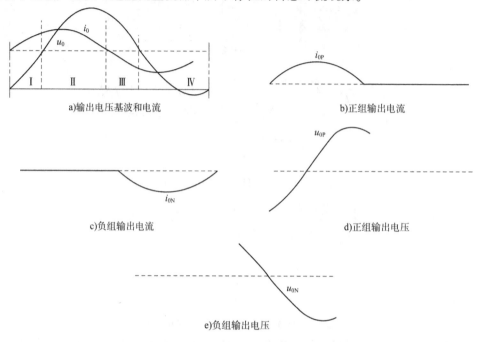

图 3-33　交-交变频器正、负组的工作状态

Ⅰ-正组逆变;Ⅱ-正组整流;Ⅲ-负组逆变;Ⅳ-负组整流;i_0-变频器输入电流;u_0-变频器输入电压;i_{0P}-正组输出电流;i_{0N}-负组输出电流;u_{0P}-正组输出电压;u_{0N}-负组输出电压

二、交-交变频器的运行方式

(一)无环流运行方式

由于现代控制技术的进步以及在直流电动机上采用无环流反并联所取得大量经验,无环流反并联交-交变频器(图 4-34)得到广泛应用。采用这种运行方式的优点是系统简单,成本较低。但缺点也很明显,即不允许两组整流器同时获得触发脉冲而形成环流,因为环流的出现将造成电源短路。由于这一原因,必须等到一组整流器的电流完全消失后,另一组整流器才允许导通。切换延时是必不可少的,而且延时较长。一般情况下,这种结构能提供的输出电压的最高频率只是电网频率的三分之一或更低。

图 3-34 中,正桥 P 提供交流电流 I_a 的正半波,负桥 N 提供 I_a 的负半波。在进行换桥时,由于普通晶闸管在触发脉冲消失且正向电流完全停止后,还需要 10~50μs 的时间才能够恢复正向阻断能力,所以在测得 I_a 真正等于零后,还需要延时 500~1500μs 才允许另一组晶闸管触发导通。因此,这种变频器提供的交流电流在过零时必然存在着一小段死区,延时时间愈长,产生环流的可能性愈小,系统愈可靠,这种死区也愈长。在死区期间,电流等于零,这段时间是无效时间。

无环流控制的重要套间条件是准确而且迅速地检测出电流过零信号。不管主回路的工作电流是大是小,零电流检测环节都必须能对主回路的电流作出正确的响应。过去的零电流检测在输入侧使用交流电流互感器,在输出侧使用直流电流互感器,它们都既能保证电流检测的准确性,又能使主回路和控制回路之间得到可靠的隔离。近几年,由于光隔离器的发展和广泛应用,已有几种由光电隔离器组成的零电流检测器被研制出来。这种新式零电流检测器具有很好的性能,比较流行。

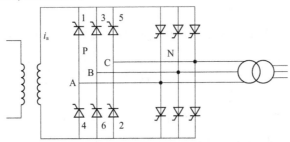

图 3-34 无环流反并联交-交变频器

(二)自然环流运行方式

和直流可逆调速系统一样,同时对两组整流器施加触发脉冲,且保持 $\alpha_p + \alpha_n = \pi$,这种控制方式称为自然环流运行方式。为了限制环流,在正、负组间接有抑制环流的电抗器。但是与直流可逆整流器不同,这种运行方式的交-交变频器,除有因纹波电压瞬时值不同而引起的环流外,还存在着环流电抗器在交流输出电流作用下引起的"自感应环流",如图 3-35 所示(图中忽略了因纹波电压引起的环流)。产生自感应环流的根本原因是:交-交变频器的输出电流是交流,其上升和下降在环流电抗器上引起自感应电压,使两组的输出电压产生不平衡,从而构成两倍电流输出频率的低次谐波脉动环流。

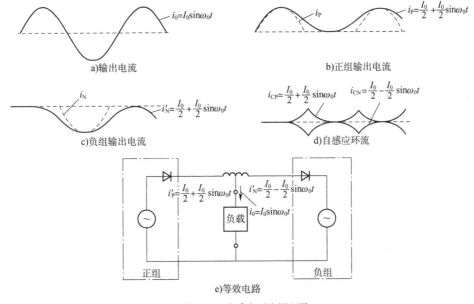

图 3-35 自感应环流原理图

根据分析可知,自感应环流的平均值可达总电流平均值的57%,这显然加重了整流器负担。因此,完全不加控制的自然环流运行方式只能用于特定时场合。由图3-35可知,自感应环流在交流输出电流靠近零点时出现最大值,这对保持电流连续是有利的。另外,在有环流运行方式中,负载电压为环流电抗器的中点的电压。由于两组输出电压瞬时值中一些谐波分量抵消了,故输出电压的波形较好。

(三)局部环流运行方式

将无环流运行方式和有环流方式相结合,即在负载电流有可能不连续时以有环流方式工作,而在负载电流连续时以无环流方式工作。这样的运行方式既可使控制简化、运行稳定、改善输出电压波形的畸变,又不致使环流过大,这就是局部环流运行方式的优点。

图3-36是局部环流运行方式的控制方案简单原理图。在负载电流大于某一规定值时,只允许一组整流器工作,即无环流运行,而在负载电流小于某一规定值时(临界连续电流),则使两组整流器同时工作,即有环流运行。

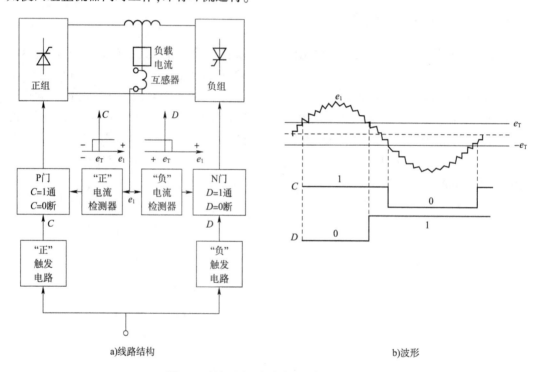

图3-36 局部环流运行方式的控制系统结构图

三、主电路形式

本节所列的交-交变频器的主电路形式(图3-37~图3-42)主要是三相输出的电路。这是因为大容量交流电动机调速应用中,几乎没有采用单相电路的。为了便于对比各电路的特点,表3-6列出了相应的定量数据。所有电路中的环流电抗器有时可以省去,这取决于控制方式及使用要求。

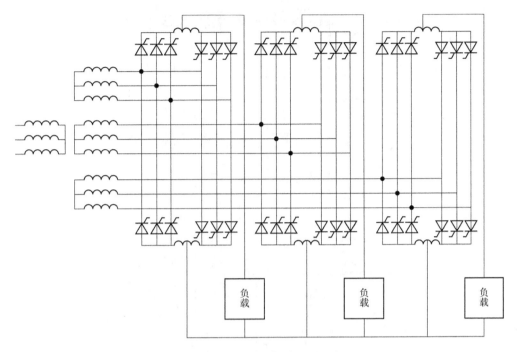

图 3-37 6 脉波非分离负载桥式电路

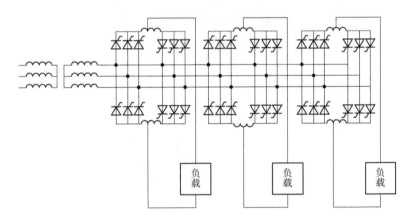

图 3-38 6 脉波分离负载桥式电路

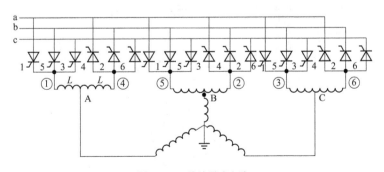

图 3-39 3 脉波零式电路

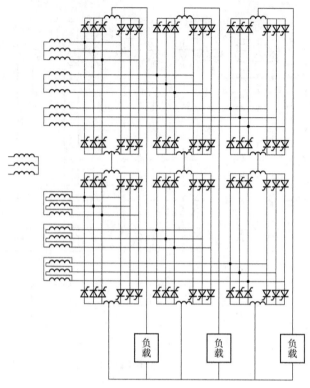

图3-40 3脉波带中点三角形负载电路

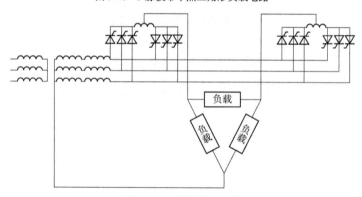

图3-41 12脉波桥式电路

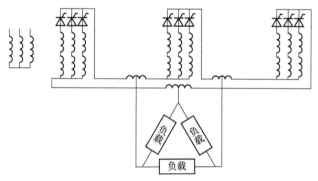

图3-42 3脉波环行电路

各种电路形式的三相输出交-交变频器容量及输入位移因数　　　　　表 3-6

（负载输入位移为 1、3 相，总输出功率为 P_0）

电路形式	调制系数 K	输入位移因数	电网输入容量	变压器容量(V·A)	
				电网侧绕组	整流侧绕组
3 脉波零式电路	1.0	0.843	1.32P_0	1.32P_0	1.32P_0
	0.1	0.078	1.32P_0	1.32P_0	1.32P_0
6 脉波分离负载桥式电路	1.0	0.843	1.21P_0	1.21P_0	1.21P_0
	0.1	0.078	1.32P_0	1.32P_0	1.32P_0
6 脉波非分离负载桥式电路	1.0	0.843	1.21P_0	1.21P_0	1.48P_0
	0.1	0.078	1.32P_0	1.32P_0	1.48P_0
12 脉波桥式电路	1.0	0.843	1.19P_0	1.19P_0	1.48P_0
	0.1	0.078	1.29P_0	1.29P_0	1.48P_0
3 脉波带中点三角形负载电路	1.0	0.770	2.20P_0	2.20P_0	2.60P_0
3 脉波环行电路	1.0	0.688	1.75P_0	1.75P_0	3.76P_0

四、触发控制方式

为了使交-交变频器的平均输出电压按正弦规律变化，必须对各组晶闸管的触发延迟角 α 进行调制。本节介绍几种常用的控制方法。

（一）余弦交点法

电网换相交-交变频器的交流输出电压是由其各相输入电压波形的各个片段组合而成的。理想的调制方法应能使输出电压的瞬时值与正弦波形的差值保持最小。设要求输出电压（理想波形）为 $u = U_m \sin\omega_0 t$，输出的三相交流电压波形 u_1、u_2、…、u_6，如图 3-43 所示。只要原先导通相 u_1 比相继导通相 u_2 更接近要求输出的理想电压，即 $(u-u_1) < (u_2-u)$ 或 $u < (u_1+u_2)/2$，则 u_1 应继续出现在输出端。$(u-u_1) < (u_2-u)$ 或 $u < (u_1+u_2)/2$ 时，则由 u_1 转换到 u_2。因此，对于 6 脉波的交-交变频器，以各晶闸管触发延迟角 $\alpha = 0$ 为起点的一系列余弦同步电压 [$u_{T1} = (u_1+u_2)/2$, $u_{T2} = (u_2+u_3)/2$, …, $u_{T6} = (u_6+u_1)/2$] 与理想输出电压 u 的交点为触发点，即可满足输出电压波形与正弦电励目差最小的要求。可见，理想输出电压 u 与触发延迟角 α 之间保持余弦关系，即 $\cos\alpha = u/U_{d0}$（U_{d0} 为整流器组的理想空载直流电压），就可达到最理想的波形。

按照余弦交点法控制的 6 脉波交-交变频器在负载功率因数不同时的波形如图 3-44 所示（无环流运行，T_0 为换组间隙）。其中，两分图的上图为输出电压和一组可能有的瞬时输出电压；下图为余弦触发波、控制信号和假设的负载电流。

应用余弦交点法的触发脉冲发生器框图及波形如图 3-45 所示。图中，基准电压 u_R 是与理想输出电压 u 成比例且频率、相位相同的给定电压信号。显然，u_R 为正弦波时，输出电压为正弦波；u_R 为其他波形时，则输出相应的电压波形。余弦交点法的缺点是容易因干扰产生误脉冲；在开环控制时因控制电路的不完善，特别是在电流不连续时，会引起电流的畸变。

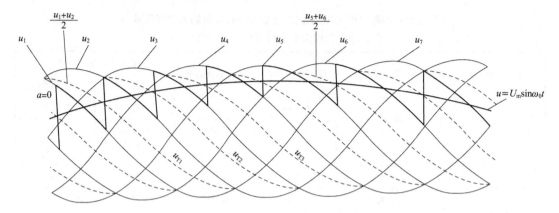

图 3-43 余弦交点法的同步和触发关系

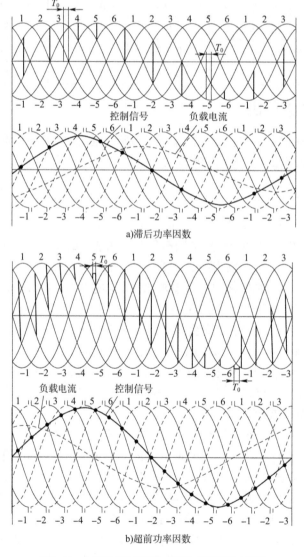

a) 滞后功率因数

b) 超前功率因数

图 3-44 余弦交点法控制的 6 脉波变频器输出波形

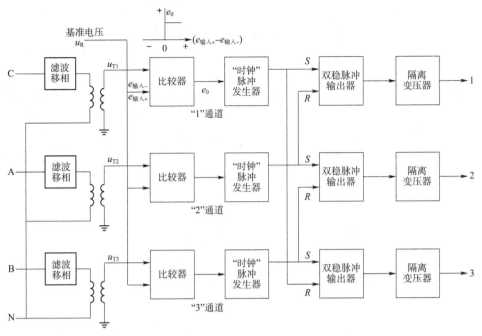

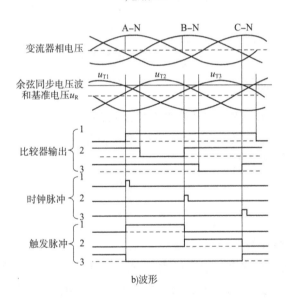

图 3-45 余弦交点法触发脉冲发生器

(二)锁相控制法

利用反馈的方法,使触发脉冲的频率和相位与所需的输出相适应,这就是在变频器控制中常采用的锁相控制法。图 3-46 所示为 3 脉波交-交变频器的触发脉冲发生电路。

锁相控制电路一般含有积分环节,因而产生误脉冲的概率较小,也容易引入闭环控制,是比较常用的方法。

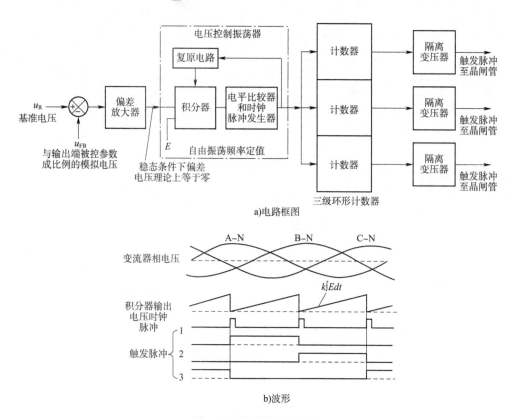

图 3-46 锁相控制法原理图

五、最高输出频率

交-交变频器最高输出频率与输入电源频率之比的允许上限值与电路脉冲数、调制系数及负载允许的畸变量有关。理论上,对于三相输入和输出的变频器,要实现输入和输出电流、电压的全波对称,最高极限为:

$$f_o/f_i = p/6$$

式中:f_o——输出频率;

f_i——输入电源频率;

p——变频器的脉冲数。

实际上,变频器输出频率接近上述极限时,输出电压波形畸变显著增大,往往达到无法实际应用的程度。因此,实际允许的输出频率上限受输出电压畸变的限制。定量的研究表明,在输出最高电压且负载功率因素 $\cos\varphi = 1$ 时,输出谐波不超过2.5%的条件下,其允许的最高输出频率与输入频率之比为:

$$(f_o/f_i)_{max} = 0.33 \qquad p = 3$$
$$(f_o/f_i)_{max} = 0.5 \qquad p = 6$$
$$(f_o/f_i)_{max} = 0.75 \qquad p = 12$$

如果负载的谐波含量较大,则输出频率还可以增加。以上给出的不同脉波数下的最高输出和输入频率比值,至少可以说明各种不同脉波数的电路工作极限性能的相对差别。

六、交-交变频器的基本类型

(一)矩形电压波交-交变频器

1. 工作原理

图3-39所示为由18个晶闸管组成的三相变三相有环流、三相零式交-交变频器。这是一种比较简单的三相交-交变频器,每一相由两个三相零式整流器组成,提供正相电流的是共阴极组①、③和⑤;提供负相电流的是共阳极组②、④和⑥。为了限制环流,采用了限环流电感 L。

为了便于说明,假定负载是纯电阻。由于采用了零线,各相互相独立。采用纯电阻负载,使电流波形和电压波形完全一致,因此可以只分析输出电压波形。现以A相为例进行分析,其他两相只和A相相位上互差120°,其他情况基本相同。

假定三相电源电压 u_A、u_B 和 u_C 完全对称。当给定一个恒定的触发角 α 时,例如 $\alpha = 90°$,得正组①的输出电压波形如图3-47所示。

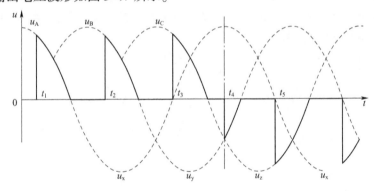

图3-47 输出电压为方波时的波形

在 $t = 0$ 时,正组①获得工作指令,它的三个晶闸管同时获得触发角等于90°的工作指令。

在 $t = t_1$ 时,A相满足导通条件,晶闸管1导通,u_A 输出。晶闸管1导电角60°,u_A 过零,晶闸管1关闭。

在 $t = t_2$ 时,B相满足导通条件,晶闸管5导通,u_B 输出。晶闸管5导电角60°,u_B 过零,晶闸管5关闭。

在 $t = t_3$ 时,C相满足导通条件,晶闸管3导通,u_C 输出。晶闸管3导电角60°,u_C 过零,晶闸管3关闭。

在 $t = t_4$ 时,发出换相指令,组④的三个晶闸管同时获得触发角为90°的工作指令,组①的触发脉冲被封锁,退出工作状态。假定触发脉冲是脉冲列或者说触发脉冲的宽度是120°,则 $t = t_4$ 时,晶闸管2符合导通条件,负载上出现导电角为30°的 u_y 片段。当 $t = t_5$ 时,晶闸管6导通,输出60°的 u_z 片段,依此类推。

这就是所谓的组触发,即每组3个晶闸管同时获得触发角等于 α 的工作指令。根据相电压的同步作用,谁符合导通条件,谁就被触发导通。晶闸管的关断靠电压自然过零。换组指令按给定的输出频率发生,不去考虑其他因素。

2. 换相过程和换组过程

假定电流是连续的,而且不考虑重叠角。令 $t=0$ 时,组①的三个晶闸管同时获得 $\alpha=60°$ 的工作指令。晶闸管 1 符合导通条件,负载上出现从最大值到 0.5 的一段 u_A 值,延续时间是 120°。当 $\omega t=120°$ 时,晶闸管 5 符合导通条件,输出的电压片段为 u_B。当晶闸管 5 被触发导通后,晶闸管 1 受到线电压 u_{BA} 的封锁作用,阴极电位高于阳极电位,晶闸管 1 被关断。这就是电源侧的自然换组。所以交-交变频器的换相过程就是普通整流器的换相过程。

当 $\omega t=300°$ 时,假定根据输出频率的要求,$\omega_0 t$ 此时正好等于 180°,需要发出换桥(组)指令。当采用限环流电感时,可以将换桥指令的内容规定为:封锁发往组①的触发脉冲;开放发往组④的触发脉冲。

于是,在 $\omega t=300°$ 时,晶闸管 3 继续导通,晶闸管 2 获得触发脉冲列。在线电压 u_{CB} 的作用下,晶闸管 2 导通,形成环流。图 3-48 所示为组①和组④输出的电压波形。当 $\omega t=300°$ 时,组①输出的电压片段为 u_C,组④输出的电压片段为 u_y。图 3-50 所示为这时的等值电路。在 $300°\leqslant \omega t\leqslant 360°$ 的区间里 $u_{CB}>0$,晶闸管 3 处于正向偏置,电流 i_3 一直存在,也就是环流一直存在。当 $\omega t>360°$ 时,$u_{CB}<0$,$u_y>0$,故晶闸管 3 被关断,晶闸管 2 继续导通,且 $i_z=i_x$,完成从组①到组④的换组过程。

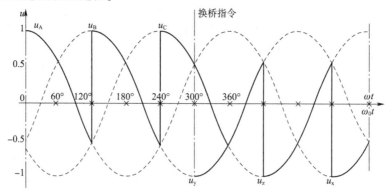

图 3-48 电流连续时组触发得到的输出电压波形

电网角频率 ω 是固定的,但输出电压的角频率 ω_0 是任意值,所以换相时间是随比值 ω/ω_0 变化的。由图 3-49 看出,如果在 $\omega t=240°$ 时发出换组指令,换组时间将延续 120° 电角度,此值为最长。当比值 ω/ω_0 不是整数,例如等于 1.83 时,从负组换到正组的换组时间是 60°,而从正组换到负组的换组时间才 30°,时间相差一倍。电网电压和输出电压之间并无同步关系,所以换组指令何时出现是随机的。例如在图 3-49 中,换组指令是从 $\omega t=0$ 开始的,但这个开始点是随机的,在 0°~120° 的广大区域内,从任何一点开始都是可能的。图 3-39 的线路也可以不采用限环流电感 L,在这种情况下,换组指令的内容应当这样去约定:将正在工作的一组推入逆变,把触发角增大为 150°;等待零电流检测环节发回主电路电流过零的信号。

在图 3-50 中,仍在 $\omega t=300°$ 时发出换组指令,组①的触发角推迟到 150°,输出电压沿着 u_C 的片段一直移动。假定在电感电势的作用下,直到 $\omega t=390°$ 时,正向电流 i_A 才真正等于零,则晶闸管 3 关断,组①退出工作状态。在 $\omega t=390°$ 时,由零电流检测环节发出电流过零指令,过零指令包括下列内容:关闭发往组①的触发脉冲,并解除将组①推入逆变的信号;延时 1ms 或更长时间后,开放发往组④的触发脉冲。

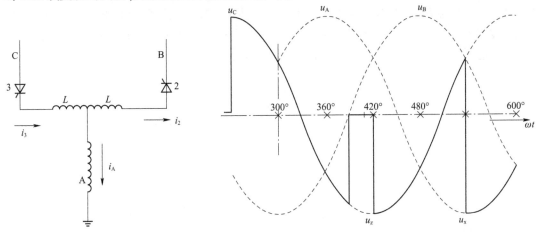

图 3-49　换组时的等值电路　　　　图 3-50　无环流控制时组触发得到的输出电压波形

在图 3-50 中,从 $\omega t = 390°$ 到 $\omega t = 420°$ 是电流死区,组①和组④全部关闭,负载端子 A 处于悬空状态,端子 A 的电位仅取决于电机的内生电势。图 3-51 中没有考虑这种电势,只给出从电网电压中截取的各个电压片段。在 410°时开放发往组④的触发脉冲,给定的触发角为 60°。当 $\omega t = 420°$ 时,晶闸管 6 获得触发脉冲开始导通,组④进入工作状态,换组过程结束。在图 3-50 中,从换组过程开始($\omega t = 300°$)到换组结束一共用去了 120°,相当于 5.66ms 的时间。当负载的功率因素发生变化时,换组时间将跟着变化。

(二)正弦电压波交-交变频器

在图 3-43 中已经讨论过余弦交点法求取触发角的给定信号和同步信号。从理论上说,这种余弦交点法控制的交-交变频器输出的电压平均值是正弦函数,输出电流比较接近正弦,具有较好的性能,所以广泛用于大型交-交变频器中。余弦交点法需要三个互差 120° 严格对称的给定信号,这种幅值和频率都需要调节的三相正弦给定信号用模拟方法产生是相当困难的。进入 20 世纪 80 年代后,微处理器的迅猛发展使它在电力拖动中的应用由可能变为现实。近几年,正弦波交-交变频器已多半采用微处理器去产生这种给定信号。

理论和实验都证明,余弦交点法并不能提供完全正弦的输出电流,特别是当输出频率超过电网频率的一半时还会产生危害很大的次谐波。事实上,进行精确求解并不重要,重要的是保持输出电流的对称性和消除次谐波。

图 3-51 所示为图 3-34 的三相全控桥反并联采用余弦交点法控制时得到的输出电压波形,这是一种理论曲线。

在 t_0 时,输出电压的平均值等于零,从 t_0 到 t_3 是输出电压的正半周,从 t_3 到 t_6 是输出电压的负半周。假定是感性负载,输出电流滞后于输出电压。电压型输出电压的平均值是按照给定的正弦函数连续变化的,但三相全控桥输出的电流却只能是一个方向,于是输出电流为正的区域是正组 P 的工作区,反之是负组 N 的工作区。在 $t_0 \sim t_1$ 区间负组 N 在工作,但输出电压为正,输出电流为负,电压和电流反向,负载处于再生发电状态。按习惯把 $t_0 \sim t_1$ 区间定为第四象限区间。$t_1 \sim t_2$ 区间,$i_A = 0$,属于工作死区,是负桥刚刚关闭、正桥还未导通的换桥死区,输出电压等于零。在 $t_2 \sim t_3$ 区间,电压和电流都为正,正组 P 处于整流状态,能量从电网流向负载,负载是电动状态,定为第一象限。到达 J_3 时输出电压平均值跟随给定信号下降到零,输出电压完成正半周,相当于 $\omega_0 t = \pi$,$t_3 \sim t_4$ 区间,电流为正,电压为负,正组 P 进入逆变状态,能量由负载流入电网,负载是再生发电状态,定为第二象限。

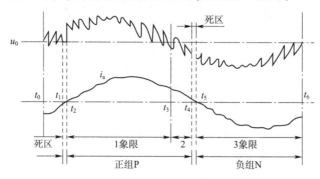

图 3-51 余弦交点法的输出电压和电流波形

在图 3-51 中,$t_0 \sim t_1$ 基本上代表负载的功率因数角。电压型给定信号只控制电压波形,功率因数的大小由负载本身的工作状态决定,所以死区的出现时间由负载工作状态决定。对于异步电机,从电动状态到再生发电状态,功率因数角的变化范围在 0°～180°之间;对于同步电机,由于功率因数可以超前,功率因数角的变化范围达到 360°。但只要负载是稳定的,当输出频率较低时,负载电流的正半周和负半周还是比较对称的,即使选取较大的死区也不会发生困难。

在图 3-51 中,负载的功率因数角小于 90°,第一象限大于第二象限,电能由电网送入负载的多于负载送回电网的,所以总的效果是电网向负载输送电能,电机处于电动状态。当功率因数角大于 90°时,第一象限的时间小于第二象限的时间,总的效果是从负载送往电网的电能多于从电网返回的电能,所以电机处于再生发电状态。可见这种控制方法可以用于电动机的四象限运行。对异步电机,当功率因数角小于 90°时电机处于电动状态,当功率因数角大于 90°时电机进入再生发电状态。

当输出频率较高时情况就有所不同,图 3-52 所示为 50Hz 的电网频率输出 45Hz 时的情况。u_0 是给定信号,由于 $\omega_0/\omega = 0.9$,半个周期内能够截取到的电网电压片段最多也只 5 段,而且正负半波严重不对称,所以负载电流 i_A 远非正弦,而且由于正负半波不对称产生危害性很大的次谐波。

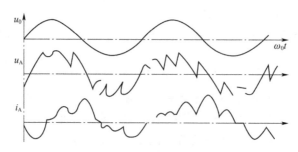

图 3-52 输出频率 45 周时余弦交点法得出的输出电压波形

不难理解,为了提高交-交变频器的输出频率,一个方法是提高电网电压的频率,例如电力机车中将电网电压的频率升为 200Hz;另一方法是增多每个输出电压周期里截取的电网电压片段数,或者说增加整流器输出的波头数。三相零式是 3 个波头输出,三相桥是 6 个波头输出。为了改善高频下的输出电压波形,提高可以使用的最高输出频率,也有采用 6 相 12 个波头或者 9 相 18 个波头。

(三)正弦电流交-交变频器

对于大型设备,为了获得优良的性能,近几年都采用矢量变换控制。交-交变频器供电的电力拖动的矢量变换控制,控制变量多半是频率和幅值都需要变化的三相且对称的正弦电流,这就是目前广为流行的电流控制型。

对于晶闸管交-交变频器这样的复杂控制系统,采用电压控制型给交流电动机供电,电机的功率因数变化很大,电流过零点变化无常,而交-交变频器的换桥又必须严格掌握电流过零点。因此,虽然原定目标是控制输出电压的幅值及波形,但在电力拖动系统中,真正起作用的是电机的电流幅值及波形,于是最终仍不得不严格控制和掌握电流的大小和过零点,这就使控制问题复杂化了。既然输出电流的幅值及波形才是交流电动机变频调速时需要控制的主要参数,不难理解,由于电流控制型把交-交变频器的输出电流作为主要控制目标,放弃了对输出电压的要求,集中精力去控制输出电流的幅值及波形,所以不但简化了线路,降低了成本,而且工作可靠性也大力提高。

目前采用的电流控制型都是闭环控制方式,即依靠传统的电流负反馈进行闭环调节,三相全控桥加上 PI 电流调节器使输出电流按给定函数变化。如果电流调节器的调节功能达到最佳,全控桥的输出电流就可以跟踪电流调节器的给定值进行变化。问题就转化为如何产生电流调节器给定值 i_R。对于图 3-34 所示电路,可以只用一个电流调节器。

令:

$$i_R = I_R \sin\omega_0 t \qquad 0 \leqslant \omega_0 t \leqslant \pi$$

在 $0 \leqslant \omega_0 t \leqslant \pi$ 的区间内,给定电流 i_R 为正,允许正组 P 的 6 个晶闸管得到触发脉冲。正组 P 跟踪电流给定值,输出交流电流的正半周:

$$i_p = I_m \sin\omega_0 t \qquad 0 \leqslant \omega_0 t \leqslant \pi$$

当 $\omega_0 t = \pi$ 时,一方面发出指令让正组全控桥推入逆变,迫使主回路电流快速下降到零,另一方面检测主回路电流。当电流检测回路发出零电流信号后,为了验证晶闸管恢复正向阻断能力,需要延时 $500 \sim 1500 \mu s$,等到正组确实退出工作后才发出下面两个信息:一是让负组立即获得触发脉冲,跟踪电流给定值 i_R,输出交流电流的负半周:

$$i_n = I_m \sin\omega_0 t \qquad \pi \leqslant \omega_0 t \leqslant 2\pi$$

另一信息是撤销正组的推入逆变信号,让正组重新受到电流调节器的控制。但发往正组的触发脉冲必须立即被封锁住,以便满足无环流反并联所规定的两组不得同时获得触发脉冲的条件。当 $\omega_0 t = 2\pi$ 时,应当关闭负组 N,投入正组 P。

采用电流控制型后,只要全控桥的电压调节裕度是足够的,在一定的调节精度下输出电流总能够跟踪给定电流变化,而不必考虑负载的性质。不管负载的功率因数如何变化,不管负载是电动状态还是发电状态,全控桥均有足够的调节能力,总能够通过其输出电压的相应变化去迫使输出电流按规定的轨迹变化。

在电流控制型中,电流给定值等于零的瞬间也就是将全控桥推入逆变的瞬间,且此时主回路的电流已经下降到零值附近。从电流给定值等于零到零电流检测发出换桥信号这段时间不会太长。对于电压控制型,情况就不是这样。给定信号是电压,当电压过零时由于负载功率因数的随机性,主回路电流有可能仍然很大。因此电压控制型也只能依靠零电流检测去掌管换桥过程。由于无法采用强行推入逆变去控制换桥过程,电压控制型输出的交流波正负两半波更容易不等。换句话说,电压控制型含有更大的次谐波,输出电流的对称性往往不如电流控制型。

电流控制型是在全控桥的电流调节器前输入给定电流 i_R,当然电流给定值也不一定非是正弦波不可。有时为了简化电路和降低成本,也可以采用其他波形,例如矩形波等。但电流波形的偏离正弦将会产生谐波损耗和寄生转矩,电机的性能将变坏。

议一议

交-直-交电压型和电流型变频器在电路、导通规律、输出波形等方面的异同是什么?

比一比

交-直-交变频器与交-交变频器的主要特点。

想一想

高速动车组为什么采用交-直-交电压型变频器,而不采用交-直-交电流型变频器?

知识拓展

变频器在我国的应用

变频器主要用于交流电动机(异步电机或同步电机)转速的调节,除了具有卓越的调速性能之外,变频器还有显著的节能作用,是企业技术改造和产品更新换代的理想调速装置。自20世纪80年代被引进中国以来,变频器作为节能应用与速度工艺控制中越来越重要的自动化设备,得到了快速发展和广泛的应用。

1. 变频器与节能

变频器的最初用途是速度控制,但目前在国内应用较多的是节能。中国是能耗大国,能源利用率很低,而能源储备不足。在2003年的中国电力消耗中,60%~70%为动力电,而在总容量为5.8亿kW的电动机总容量中,只有不到2000万kW的电动机是带变频控制的。据分析,在中国,带变动负载、具有节能潜力的电机至少有1.8亿kW。因此国家大力提倡使用节能措施,并着重推荐变频调速技术。应用变频调速,可以大大提高电机转速的控制精度,使电机在最节能的转速下运行。以风机水泵为例,根据流体力学原理,轴功率与转速的三次方成正比。当所需风量减少,风机转速降低时,其功率按转速的三次方下降。因此,精确调速的节电效果非常可观。与此类似,许多变动负载电机一般按最大需求来生产电动机的容量,故设计裕量偏大。而在实际运行中,轻载运行的时间所占比例却非常高。如采用变频调速,可大大提高轻载运行时的工作效率。因此,变动负载的节能潜力巨大。作为节能目的,变频器广泛应用于各行业。

2. 变频器与工艺控制（速度控制）

目前，中国的设备控制水平与发达国家相比还比较低，制造工艺和效率都不高，因此提高设备控制水平至关重要。由于变频调速具有调速范围广、调速精度高、动态响应好等优点，在许多需要精确速度控制的应用中，变频器正在发挥着提升工艺质量和生产效率的显著作用。

3. 变频家电

除了工业相关行业，在普通家庭中，节约电费、提高家电性能、保护环境等受到越来越多的关注，变频家电成为变频器的另一个广阔市场和应用趋势。带有变频控制的冰箱、洗衣机、家用空调等，在节电、减小电压冲击、降低噪声、提高控制精度等方面有很大的优势。

国内变频技术的现状和发展前景

国内已经有较多的变频器生产厂，但大部分的产品都是 V/f 控制和电压空间矢量控制变频器，使用在调速精度和动态性能要求不高的负载上没有问题。工业应用中绝大部分都是这种负载，变频器在这种场合应用最重要的要求是可靠性，国产变频器占国内市场份额不高的主要原因是产品品质不过硬。V/f 控制和电压空间矢量控制变频器比矢量控制变频器从技术上来看要简单得多，由于国内厂家大部分都是手工作坊式的生产，工艺欠佳，检测手段有限，品质的一致性和稳定性难以保证。同样是 V/f 控制的变频器，国外的产品比国内的产品品质要好。差距最大的是半导体功率器件的制造业，这至今在国内这仍是一个空白。变频器技术的另外一个层面是应用技术。多年来，国家有关部门致力于变频器技术的开发及推广应用，在技术开发及技术改造方面给予了重点扶持，组织了变频调速技术的评测推荐工作，并把推广应用变频调速技术作为风机、水泵节能技改专项的重点投资方向，同时鼓励单位开展同贷同还方式，抓开发、抓示范工程、抓推广应用，还处理了风机、水泵节能中心，开展信息咨询和培训。1995—1997 年，我国风机、水泵变频调速技术改造投入资金 3.5 亿元，改造总容量达 100 万 kW，可年节电 7kW·h，平均投资回收期约 2 年。据有关资料表明，我国变频调速技术应用已经取得了相当大的成绩，每年有数十亿元的销售额，说明我国变频器的应用范围已非常广泛。从简单的手动控制到基于 RS-485 网络的多机控制，与计算机和 PLC 联网组成复杂的控制系统。在大型综合自动化系统，先进控制与优化技术，大型成套专用系统，如连铸连轧生产线、高速造纸生产线、电缆光纤生产线、化纤生产线、建材生产线等，变频器的作用是电气传动控制，其控制的复杂性、控制精度和动态响应都有很高的要求，已经完全取代了直流调速技术。近年来，变频器在功能上，利用先进的控制理论，开发出了诸如卷取、提升、主从等控制功能，使应用系统的构成更加方便和容易，使变频器的应用技术提高到一个新的水平。

模块学习评估

见学习工作页 3。

模块4 脉宽调制(PWM)控制技术

【知识目标】

认知 PWM 型变频器的基本控制方式、工作原理、单极性和双极性 SPWM 原理；认知 PWM 调制方法、控制模式及其实现；认知 SPWM 控制模式优化方法；认知电流跟踪型 PWM 逆变器的控制方法。

【能力目标】

能够利用脉宽调制控制技术对逆变器输出电压(或电流)波形进行优化，使波形接近正弦。

【素质目标】

具有发现问题、分析问题、解决问题的能力。

 建议课时

6 课时。

 知识导航

脉冲宽度调制是利用微处理器的数字输出来对模拟电路进行控制的一种非常有效的技术，广泛应用在从测量、通信到功率控制与变换的许多领域中。

随着电子技术的发展，出现了多种 PWM 技术，其中包括：相电压控制 PWM、脉宽 PWM 法、随机 PWM、SPWM 法、线电压控制 PWM 等，而在镍氢电池智能充电器中采用的脉宽 PWM 法，是把每一脉冲宽度均相等的脉冲列作为 PWM 波形，通过改变脉冲列的周期可以调频，改变脉冲的宽度或占空比可以调压，采用适当控制方法即可使电压与频率协调变化。可以通过调整 PWM 的周期、PWM 的占空比而达到控制充电电流的目的。

模拟信号的值可以连续变化，其时间和幅度的分辨率都没有限制。9V 电池就是一种模拟器件，因为它的输出电压并不精确地等于 9V，而是随时间发生变化，并可取任何实数值。与此类似，从电池吸收的电流也不限定在一组可能的取值范围之内。模拟信号与数字信号的区别在于后者的取值通常只能属于预先确定的可能取值集合之内,例如在{0V,5V}这一集合中取值。

模拟电压和电流可直接用来进行控制,如对汽车收音机的音量进行控制。在简单的模拟收音机中,音量旋钮被连接到一个可变电阻。拧动旋钮时,电阻值变大或变小;流经这个电阻的电流也随之增大或减小,从而改变了驱动扬声器的电流值,使音量相应变大或变小。与收音机一样,模拟电路的输出与输入成线性比例。

尽管模拟控制看起来可能直观而简单,但它并不总是非常经济或可行的。其中一点就是,模拟电路容易随时间漂移,因而难以调节。能够解决这个问题的精密模拟电路可能非常庞大、笨重(如老式的家庭立体声设备)和昂贵。模拟电路还有可能严重发热,其功耗相对于工作元件两端电压与电流的乘积成正比。模拟电路还可能对噪声很敏感,任何扰动或噪声都肯定会改变电流值的大小。

通过以数字方式控制模拟电路,可以大幅度降低系统的成本和功耗。此外,许多微控制器和DSP已经在芯片上包含了PWM控制器,这使数字控制的实现变得更加容易了。

同学们,你们想知道PWM控制技术吗?想知道PWM基本原理及其控制方法吗?

单元1 PWM型变频器的工作原理

学习内容

PWM型变频器的基本控制方式;PWM型变频器工作原理;单极性SPWM原理;双极性SPWM原理。

问题引导

什么是三角波调制法?其原理是什么?单极性和双极性SPWM原理是什么?

知识学习

脉宽调制是用脉冲宽度不等的一系列矩形脉冲去逼近一个所需要的电压或电流信号。

一、PWM型变频器的基本控制方式

如图4-1所示,三角波调制法利用三角波电压与参考电压(通常为正弦波)相比较,以确定各分段矩形脉冲的宽度,从而得到所需要的PWM脉冲。

△波调制法的电路原理如图4-1a)所示,在电压比较器A的两输入端分别输入正弦波参考电压u_R和三角波电压$u_\triangle$,在A的输出端便得到PWM调制电压脉冲。

PWM脉冲宽度的确定可由图4-1b)看出。由于$u_\triangle$和u_R分别接至电压比较器A的"−"和"+"输入端,显然当$u_\triangle < u_R$时,A的输出为高电平,反之,$u_\triangle > u_R$时,输出为低电平。图4-1b)中u_R与$u_\triangle$的交点之间的距离随参考电压u_R的大小而变,而该交点之间的距离决定了电压比较器输出电压脉冲的宽度,因而可得到幅值相等而脉冲宽度不等的PWM电压信号u_P。

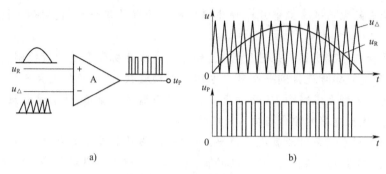

图 4-1　△波调制法原理

从三角波电压与参考电压的频率来看，PWM 控制方式可分为同步式、异步式和分段同步式。

1. 同步控制方式

三角波电压的频率 $f_\triangle$ 与参考电压的频率 f_R（即逆变器的输出频率）之比 $f_\triangle/f_R$ = 常数时称为同步控制方式。

同步控制方式在逆变器输出电压每个周期内所采用的三角波电压数目是固定的，因而所产生的脉冲数是一定的。其优点是在逆变器输出频率变化的整个范围内，皆可保持输出波形的正、负半波完全对称，只有奇次谐波存在。而且能严格保证逆变器输出三相波形之间具有 120° 相位移的对称关系。然而，同步控制方式的一个严重缺点是：当逆变器低频输出时，每个周期内的 PWM 脉冲数过少，低次谐波分量较大，使负载电动机产生转矩脉动和噪声。

2. 异步控制方式

与同步控制方式不同，异步控制方式采用的是固定不变的三角载波频率。低速运行时，逆变器输出电压每个周期内的脉冲数相应增多，因而可减少负载电动机的转矩脉动和噪声，使调速系统具有良好的低频特性。然而，异步控制方式也有其缺点：由于三角波调制频率 $f_\triangle$ 为定值，当参考电压频率 f_R 连续变化时，则难以保证 $f_\triangle/f_R$ 为一整数，特别是能被 3 整除的数，因而不能保证逆变器输出正、负半波以及三相之间的严格对称关系，将会导致负载电动机运行的不够平稳。

3. 分段同步控制方式

实际应用中，多采用分段同步控制方式，它集同步和异步控制方式之长，而克服了两者的不足。在低频运行时，使三角载波与参考波的频率比 $f_\triangle/f_R$ 有级地增大，在有级地改变逆变器输出电压半波内 PWM 脉冲数目的同时，仍保持其半波和三角对称关系，从而改善了系统的低频运行特性，并可消除由于逆变器输出电压波形不对称所产生的不良影响。

采用分段同步控制方式，需要增加调制脉冲切换电路，从而增加了控制电路的复杂性。

二、简单的 PWM 型变频器工作原理

单相逆变器的主电路及其波形见图 4-2、图 4-3。

PWM 控制方式通过改变电力晶体管 VT_1、VT_4 和 VT_2、VT_3 交替导通的时间来改变逆变器输出波形的频率；改变每半周期内 VT_1、VT_4 或 VT_2、VT_3 开关器件的通、断时间比，即通过改变脉冲宽度来改变逆变器输出电压幅值的大小。如果使开关器件在半个周期内反复通断多

次,并使每个输出矩形脉冲波电压下的面积接近于对应正弦波电压下的面积,则逆变器输出电压就将很接近基波电压,高次谐波电压将大大减小。若采用快速开关电器,使逆变器输出脉冲数增多,即使输出低频时,输出波形也是比较好的。所以 PWM 型逆变器特别适用于异步电动机变频调速的供电电源,可实现平滑启动、停车和高效率宽范围调速。

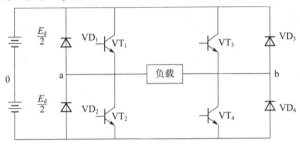

图 4-2 单相逆变器(0 为直流电源的理论中心点)

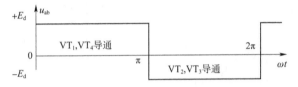

a)180°通电型输出方波电压波形

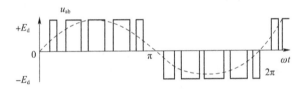

b)脉宽调制(PWM)型逆变器输出波形

图 4-3 电路的波形

三、单极性 PWM 原理

从调制脉冲的极性看,PWM 又可分为单极性与双极性控制模式两种。

产生单极性 PWM 模式的基本原理如图 4-4 所示。首先由同极性的三角波调制电压 $u_\triangle$ 与参考电压 u_R 比较(图 4-4a),产生单极性的 PWM 脉冲(图 4-4b);然后将单极性的 PWM 脉冲信号与图 4-4c)所示的倒相信号 u_I 相乘,从而得到正负半波对称的 PWM 脉冲信号 u_P,如图 4-4d)所示。

四、双极性 PWM 原理

双极性 PWM 控制模式采用的是正负交变的双极性三角载波 $u_\triangle$ 与参考波 u_R,如图 4-5 所示,可通过 $u_\triangle$ 与 u_R 的比较,直接得到双极性的 PWM 脉冲 u_P,而不需要倒相电路。

与单极性模式相比,双极性 PWM 模式控制电路和主电路比较简单,然后对比图 4-4 与图 4-5 可看出,单极性 PWM 模式要比双极性 PWM 模式输出电压中高次谐波分量小得多,这是单极性模式的一个优点。

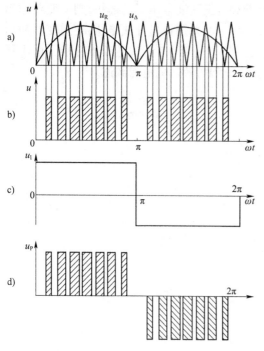

图 4-4 单极性 PWM 模式(单相)　　图 4-5 双极性 PWM 模式调制原理

比一比

单极性 PWM 模式与双极性 PWM 模式各有何优缺点?

想一想

除了三角波调制法外,还可以用其他波形进行调制吗?

单元 2　PWM 的控制模式及实现

学习内容

SPWM 逆变器调制方法;SPWM 模式及其实现方法。

问题引导

什么是 SPWM? SPWM 模式有哪几种? 如何实现 SPWM 模式?

知识学习

为了减小谐波影响提高电机的运行性能,要求采用对称的三相正弦波电源为三相交流电电动机供电,因此,PWM 逆变器采用正弦波作为参考信号。这种正弦波脉宽调制型逆变器称为 SPWM 逆变器。目前广泛应用的 PWM 型逆变器皆为 SPWM 逆变器。

一、SPWM 逆变器的同步调制和异步调制

定义载波的频率 $f_\triangle$ 与调制波频率 f_R 之比为载波比 N，即 $N = f_\triangle/f_R$。视载波比的变换与否有同步调制与异步调制之分。

1. 同步调制

在同步调制方式中，N = 常数，变频时三角载波的频率与正弦调制波的频率同步变化，因而逆变器输出电压半波内的矩形脉冲数是固定不变的。如果取 N 等于 3 的倍数，则同步调制能够保证逆变器输出波形的正、负半波始终保持对称，且能严格保证三相输出波形间具有互差120°的对称关系。当输出频率很低时，由于相邻两脉冲间的间距增大，谐波会显著增大，使负载电机产生较大的脉动转矩和较强的噪声，这是同步调制方式的主要缺点。

2. 异步调制

为了消除上述同步调制的缺点，可以异步调制方式。顾名思义，异步调制中，在逆变器的整个变频范围内，载波比 N 是不等于常数的。一般在改变参考信号频率 f_r 时保持三角载波频率 f_c 不变，因而提高了低频时的载波比。这样，逆变器输出电压半波内的矩形脉冲数可随输出频率的降低而增加，相应地可以减少负载电机的转矩脉冲与噪声，改善了低频工作的特性。

但是异步调制在改善低频工作的同时，又会失去同步调制的优点。当载波比随着输出频率的降低而连续变化时，势必使逆变器输出电压的波形及其相位都发生变化，很难保持三相输出间的对称关系，因而引起电动机工作的不平稳。为了扬长避短，可将同步和异步两种调制方式结合起来，因而就有了另一种分段调制方式的出现。

3. 分段同步调制

在一定频率范围内，采用同步调制，保持输出波形对称的优点。当频率降低较多时，使载波比分段有级地增加，又采纳了异步调制的长处。这就是分段同步调制方式。具体来说，把逆变器整个变频范围分成若干频段，在每个频段内都维持载波比 N 的恒定，对不同的频段取不同的 N 值，频率低时 N 取大一些，一般按等级比数安排。

二、SPWM 的控制模式及其实现

SPWM 的控制方式有三类：一是采用模拟电路，二是采用数字电路，三是采用模拟与数字电路相结合的控制方式。

采用模拟电路元件实现 SPWM 控制的原理示意图，如图 4-4a) 所示，首先由模拟元件构成的三角波和正弦波发生器分别产生三角载波信号 $u_\triangle$ 和正弦波参考信号 u_R，然后送入电压比较器，产生 SPWM 脉冲序列。这种采用模拟电路调制方式的优点是完成 $u_\triangle$ 与 u_R 信号的比较和确定脉冲宽度所用的时间短，几乎是瞬间完成的，不像数字电路采用软件计算需要一定的时间。然而，这种方法的缺点是所需硬件较多，而且不够灵活，改变参数和调试比较麻烦。

采用数字电路的 SPWM 逆变器，可采用以软件为基础的控制模式。其优点是所需硬件少，灵活性好和智能性强；缺点是需要通过计算确定 SPWM 的脉冲宽度，有一定的延时和响

应时间。然而,随着高速度/高精度多功能微处理器/微控制器和SPWM专用芯片的发展,采用微机控制的数字化SPWM技术已占当今PWM逆变器的主导地位。

微机控制的SPWM控制模式有多种,常用的有以下两种:

1. 自然取样法

该法与采用模拟电路由硬件自然确定SPWM脉冲宽度的方法相类似,故称自然取样法。然而微机是采用计算的办法寻找三角载波$u_\triangle$与参考正弦波u_R的交点从而确定SPWM脉冲宽度的。

由图4-6看出,只要通过对$u_\triangle$和u_R的数字表达式联立求解,找出其交点对应的时刻t_0、t_1、t_2、t_3、t_4等,便可确定相应SPWM的脉冲宽度。虽然微机具有复杂的运算功能,但需要一定的时间,而SPWM逆变器的输出需要适时控制,因此没有充分的时间联立求解方程准确计算$u_\triangle$和u_R的交点。一般实际采用的方法是,先将在参考正弦四分之一周期内各时刻的$u_\triangle$和u_R值算好,以表格形式存在计算机内,以后需要计算某时刻的$u_\triangle$和u_R值时,不用临时计算,而是采用查表的方法。由于波形对称,仅需知道参考正弦波四分之一周期的$u_\triangle$和u_R值就可以了,在一个周期内其他时刻的值可由对称关系求得。$u_\triangle$和u_R波形的交点求法可采用逐次逼近的数值解法,即规定一个允许误差ε,通过修改t_i值,当满足$|u_\triangle(t_i)-u_R(t_i)|\leq\varepsilon$时,则认为找到了$u_\triangle$和$u_R$波形的一个交点。根据求得的$t_0$、$t_1$、$t_2$、…值便可确定SPWM的脉冲宽度。

采用上述方式,虽然可以较准确地确定$u_\triangle$和u_R的交点,但计算工作量较大,特别是当变频范围较大时,需要事先对各种频率下的$u_\triangle$和u_R值计算列表,将占用大量的内存空间。因而只有在某一变化不大的范围内变频调速时,采用此法才较为可行。为了简化计算工作量,可采用下述规则取样法。

2. 对称规则取样法

如图4-7所示,按自然取样法求得的$u_\triangle$和u_R的交点为A'和B',对应的SPWM脉宽为t_2'。为了简化计算,采用近似的求$u_\triangle$和u_R交点的方法。通过两个三角波峰之间中线与u_R的交点M作水平与两个三角波分别交于A和B点。由交点A和B确定SPWM脉宽为t_2,显然,t_2与t_2'数值相近。只是两脉冲相差了一个很小的Δt时间。

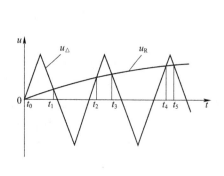

图4-6 自然取样法SPWM模式计算

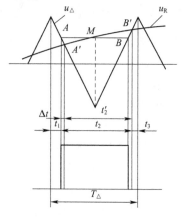

图4-7 对称规则取样法PWM调制模式

对称规则取样法就是用 $u_\triangle$ 和 u_R 近似交点 A 和 B 代替实际的交点 A' 和 B'，用以确定 SPWM 脉冲信号。这种方法虽然有一定的误差，但却大大减小了计算工作量。由图 4-7 可很容易地求出规则取样法的计算公式。

设三角波和正弦波的幅值分别为 $u_{\triangle m}$ 和 u_{sm}，周期分别为 $T_\triangle$ 和 T_s，脉宽 t_2 和间隙时间 t_1 及 t_3 可由下列公式计算：

$$t_2 = \frac{T_\triangle}{2} + \frac{T_\triangle}{2} \frac{U_{sm}}{U_{\triangle m}} \sin\left(\frac{2\pi}{T_s}t\right) \tag{4-1}$$

$$t_1 = t_3 = \frac{1}{2}(T_\triangle - t_2) = \frac{1}{2}\left[\frac{T_\triangle}{2} + \frac{T_\triangle}{2} \frac{U_{sm}}{U_{\triangle m}} \sin\left(\frac{2\pi}{T_s}t\right)\right] \tag{4-2}$$

由式(4-1)和式(4-2)可很快地求出 t_1 和 t_2 值，进而确定相应的 SPWM 脉冲宽度。具体计算也可采用查表法，仅需对 $\frac{T_\triangle}{2} \frac{U_{sm}}{U_{\triangle m}} \sin\left(\frac{2\pi}{T_s}t\right)$ 值列表存放即可。

另外，还有非对称规则取样法（又称阶梯法），其原理可参阅有关资料。

议一议

模拟电路控制与数字电路控制各有何特点？

比一比

自然取样法与对称规则取样法相比，各有何优缺点？

想一想

非对称规则取样法原理是什么？

单元3 具有消除谐波功能的 SPWM 控制模式的优化

学习内容

两电平 PWM 逆变器消除谐波的方法；三电平 PWM 逆变器消除谐波的方法。

问题引导

如何消除两电平 PWM 逆变器的某次谐波？如何消除三电平 PWM 逆变器的某次谐波？

知识学习

SPWM 逆变器中采用正弦波作为参考波，虽然在逆变器的输出电压和电流中基波占有主要成分，但仍存在一系列高次谐波分量。如果不使其含有次数较低的谐波分量，则需要提高三角波的频率。然而，载波频率的提高将增加功率元件的开关次数和开关损耗，提高了对功率元件和控制电路的要求。最好的办法是在不增加载波频率的情况下消除所不希望的谐波分量。所谓 PWM 控制模式的优化就是指可消除谐波分量的 PWM 控制方式。近几十年来,人们对各种优化方法做了大量的工作。在此仅对 PWM 控制模式优化的基本思路作一简单介绍。

一、两电平 PWM 逆变器消除谐波的一般方法

多相 PWM 逆变器是由单相 PWM 逆变器构成的,其 PWM 控制模式的机理是相同的。为了简单明了,下面以单相 PWM 逆变器为例,说明通过 PWM 控制模式优化消除给定次数谐波分量的方法。

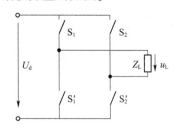

图 4-8 单相 PWM 逆变器原理接线图

单相 PWM 逆变器的原理示意图如图 4-8 所示,其中功率开关元件用开关 S_1、S_1'、S_2 和 S_2' 表示。为了防止电源短路,显然不允许 S_1 与 S_1' 或 S_2 与 S_2' 同时接通,而需要采用互补控制,因此仅分析 S_1 和 S_2 的通断状态即可。

如果用以 1 和 0 分别表示一个开关的接通和断开状态,则 S_1、S_2 的可能操作方式为 00、01、10 和 11。可实际采用的只有两种 PWM 控制模式:

(1) S_1、S_2 采用 10 和 01 控制方式构成两电平 PWM 逆变器,由图可看出,S_1、S_2 为 10 时负载电压 $u_L = U_d$,而 S_1、S_2 为 01 时 $u_L = -U_d$,仅有两种电平。

(2) S_1、S_2 采用 10、00、01 三种控制方式时,构成三电平 PWM 逆变器,因为除了 10 和 01 对应的两电平外,还多出了一个 00 状态对应的零电平。

由于两电平和三电平 PWM 逆变器输出电压波形不同,含有的谐波分量有所不同。故需要分别分析。下面先分析两电平 PWM 逆变器的谐波消除方法。

如图 4-9 所示,假定两电平 PWM 逆变器输出电压波形具有基波四分之一周期对称关系,显然,如将该 PWM 脉冲电压序列展成傅氏级数,则仅含奇次谐波分量。负载电压 u_L 可表示各次谐波电压之和,即:

$$u_L = \sum_{v=1}^{\infty} U_v \sin v\omega t$$

$$U_v = \frac{4U_d}{\pi v}\left[1 + 2\sum_{k=1}^{N}(-1)^k \cos v\alpha_K\right] \tag{4-3}$$

式中:U_v——v 次谐波电压幅值;

α_K——电压脉冲前沿或后沿与 ωt 坐标的交点,以电角度表示;

N——在 90°范围内 α_K 的个数。

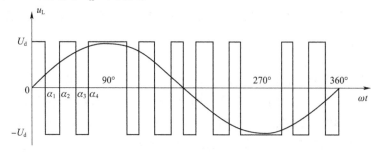

图 4-9 两电平 PWM 逆变器的输出电压波形

理论上讲,欲想消除第 v 次谐波分量,只要令式(4-3)中的 $U_v=0$,从而解出相应的 α_K 值即可。然而,由式(4-3)可看出,未知数 α_K 的个数有 N 个,需要有 N 个方程联立求解。为此,可同时令 N 个谐波次数的电压为0,通过优化值 α_K 消除 N 个谐波分量。显然,如果想消除的谐波次数少一些,则选取的 N 值也可少一些。反之,要想消除的谐波次数多一些,则必须选取PWM脉冲的个数也要多一些。下面举例说明 α_K 值的具体求解方法。

1. 消除5次和7次谐波

一般采用星形接线的三相对称电源供电的交流电机,相电流中不包含3的倍数次谐波。故在PWM与调制是可不必考虑消除3次谐波。如前所述,对电机调速性能影响最大的是5次和7次谐波,因此应列为需要首先消除的谐波。如仅想消除5次和7次谐波,可选用 $N=2$,仅需求解两个联立方程。令 U_5 和 U_7 为0,可得下述联立方程:

$$\begin{cases} U_5 = \dfrac{4U_d}{5\pi}[1-2\cos5\alpha_1+2\cos5\alpha_2]=0 \\ U_7 = \dfrac{4U_d}{7\pi}[1-2\cos7\alpha_1+2\cos7\alpha_2]=0 \end{cases} \quad (4\text{-}4)$$

由于是超越方程,直接联立求解有一定的困难,可采用数值解法,设定 α_1 值,分别由式(4-4)和式(4-5)计算出函数关系 $\alpha_2=f_1(\alpha_1)$ 和 $\alpha_2'=f_2(\alpha_1)$,然后根据 $f_1(\alpha_1)$ 和 $f_2(\alpha_1)$ 曲线的交点,可求得 α_1 和 α_2 值,如图4-10所示。由上述方式求得的值为 $\alpha_1=16.247°$、$\alpha_2=22.068°$,相应的PWM逆变器的输出波形如图4-11所示。

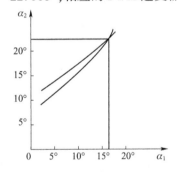

图4-10 α_1 和 α_2 的数值解法

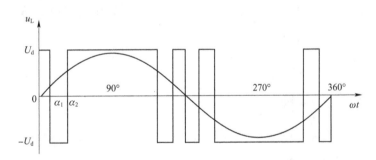

图4-11 可消除5次、7次谐波分量的PWM调制模式

2. 消除5、7、11和13次谐波

除了5、7次谐波外,11、13次谐波对调速性能的影响也较大,故也希望尽可能与5、7次谐波同时消除。如在基波的1/4周期(90°)范围内增加一个脉冲,即有四个未知 α_k 值($k=4$),则可同时消除5、7、11和13次谐波。令 U_5、U_7、U_{11} 和 U_{13} 皆为0,由式(4-3)可得下述联立方程:

$$\begin{cases} 1-2\cos5\alpha_1+2\cos5\alpha_2-2\cos5\alpha_3+2\cos5\alpha_4=0 \\ 1-2\cos7\alpha_1+2\cos7\alpha_2-2\cos7\alpha_3+2\cos7\alpha_4=0 \\ 1-2\cos11\alpha_1+2\cos11\alpha_2-2\cos11\alpha_3+2\cos11\alpha_4=0 \\ 1-2\cos13\alpha_1+2\cos13\alpha_2-2\cos13\alpha_3+2\cos13\alpha_4=0 \end{cases} \quad (4\text{-}5)$$

解上述四个超越联立方程比较困难,一般需采用数值法求解值法求解,首先假定 α_1、α_2、α_3 和 α_4 值,代入上述方程,如不满足对 $\alpha_1 \sim \alpha_4$ 进行修正,通过迭代逐渐逼近真值。

二、三电平 PWM 逆变器消除谐波的方法

图 4-8 所示 PWM 逆变器,当 S_1、S_2 采用 10、00、01 开关模式时,则逆变器输出电压具有三种电平,其输出 PWM 波形如图 4-12 所示。

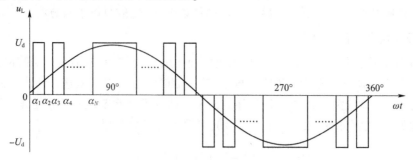

图 4-12 三电平 PWM 逆变器的输出电压波形

将图 4-12 所示电压波形展开傅氏级数,显然也仅包含奇次谐波的电压幅值为:

$$U_v = \frac{4U_d}{\pi v} \sum_{k=1}^{N} (-1)^{k+1} \cos v\alpha_k \tag{4-6}$$

式中:N——在 1/4 周期(90°)内脉冲前沿和后沿数;

α_k——脉冲前沿或后沿在 ωt 轴上的坐标。

为消除 v 次谐波,可令 $U_v = 0$,求解式(4-6)可得优化的 α_k 值。如想同时消除 5、7 和 11 次谐波,则可取 $N=3$,通过设 U_5、U_7 和 U_{11} 为 0,则可由式(4-6)求得 α_1、α_2 和 α_3。

议一议

N 值如何确定?

比一比

两电平 PWM 逆变器与三电平 PWM 逆变器谐波消除方法有何不同?

想一想

三电平 PWM 逆变器谐波消除方法中,N 值能不能取 4?为什么?

单元 4　电流跟踪型 PWM 逆变器的控制技术

学习内容

电流跟踪型 PWM 逆变器运行原理;开关频率恒定的电流跟踪型 PWM 控制技术。

问题引导

滞环电流跟踪型 PWM 逆变器运行原理是什么?PWM 脉冲频率 f_T 是变量,与哪些因素有关?如何使 PWM 脉冲频率 f_T 保持恒定?

知识学习

一、电流跟踪型 PWM 逆变器运行原理

电流跟踪型 PWM 又称电流控制型电源 PWM 逆变器(CRPWM),它兼有电压型和电流型逆变器的优点:结构简单、工作可靠、响应快、谐波小,采用电流控制,可实现对电机定子相电流的在线自适应控制,特别适用于高性能的矢量变换控制系统。其中,滞环电流跟踪型 PWM 逆变器除上述特点外,还因其电流动态响应快,系统不受负载参数的影响、实现方便,而得到广泛的应用。

滞环电流跟踪型 SPWM 逆变器的单相结构示意图如图 4-13 所示。

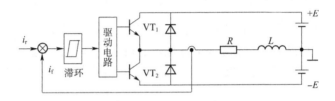

图 4-13 滞环电流跟踪型 PWM 单相结构示意图

i_r 为给定参考电流,是电流跟踪目标,当实际负载电流反馈值 i_f 与 i_r 之差达到滞环上限值 Δ 时,即 $i_f - i_r \geq \Delta$,使 VT_2 导通,VT_1 截止,负载电压为 $-E$,负载电流 i_f 下降。当 i_f 与 i_r 之差达到滞环下限值 Δ 时,即 $i_f - i_r \leq -\Delta$,使 VT_1 导通,VT_2 截止,负载电压为 $+E$,负载电流 i_f 上升。这样通过 VT_1、VT_2 的交替通断,使 $|i_f - i_r| \leq \Delta$,实现 i_f 对 i_r 的自动跟踪。如 i_r 为正弦电流,则 i_f 也近似为一正弦电流。

图 4-14 是滞环电流跟踪型逆变器通过反馈电流 i_f 与给定电流 i_r 相比较产生输出 PWM 电压信号的波形图。可以看出,PWM 脉冲频率(即功率管的开关频率)f_T 是变量,与下列因素有关:

(1) f_T 与滞环宽 Δ 成反比,滞环越宽,f_T 越低。

(2) 逆变器电源电压 E 越大,负载电流上升(或下降)的速度越快,i_f 到达滞环上限(或下限)的时间越短,因而 f_T 随值 E 增大而增大。

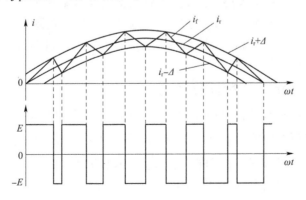

图 4-14 电压 SPWM 波形的产生

(3)负载电感值 L 越大,电流的变化率 di_f/dt 越小,i_f 到达滞环上限(或下限)的时间越长,因而 f_T 越小。

(4)f_T 与参考电流 i_r 的变化率 di_r/dt 有关,di_r/dt 越大,f_T 越小,这可由图 4-14 看出,越接近 i_r 的峰值,di_r/dt 越小,而 PWM 脉宽越小,即 f_T 越大。

由以上分析可以看出,这种具有固定滞环宽度的电流跟踪型 PWM 逆变器存在一个问题,即在给定参考电流的一个周期内 PWM 脉冲频率差别很大,显然,在频率低的一段,电流的跟踪性差于频率高的一段。而参考电流的变化率接近于 0 时,功率开关管的工作频率增高,加剧了开关损耗,甚至超出功率器件的安全工作区。相反,PWM 脉冲的频率过低也不好,因为会产生低次谐波,进而影响电机的性能。

二、开关频率恒定的电流跟踪型 PWM 控制技术

如上所述,有固定滞环宽度的电流跟踪型 PWM 逆变器,功率元件的开关频率变化过大,不仅会降低电流跟踪精度和产生谐波影响,而且不利于功率管的安全工作。最好能使逆变器的开关频率基本保持一定,这样便可以减小跟踪误差,降低谐波电流影响和提高逆变器的性能。

由前面的分析可知,保持在参考电流 i_r 的一个周期内功率元件开关频率 f_T 恒定,唯一的办法是随着 di_r/dt 的变化调整滞宽 Δ。改变滞宽使 f_T 恒定,可以采用不同的控制方式。

1. 随着 di_r/dt 变化调整滞环宽度 Δ 使 f_T 不变

一种用模拟元件由 di_r/dt 计算滞宽的电路示意图如图 4-15 所示。

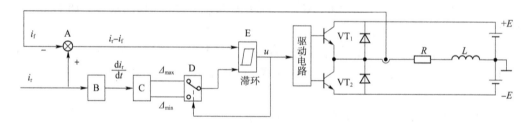

图 4-15 使用 di_r/dt 改变滞宽保持 f_T 恒定的原理电路图

参考电流经微分电路 B 求得 di_r/dt。然后根据电路参数由 C 计算响应的滞宽 Δ_{max} 和 Δ_{min},再由两选一电路 D 将 Δ_{max} 或 Δ_{min} 与 i_r-i_f 一起送入滞环比较器 E。两选一电路的控制可由滞环比较器输出电平自动选取。通过适当的选取电路参数,可实现滞环比较器输出 PWM 脉冲的频率基本不变。

2. 在电流闭环中增设频率闭环使 f_T 不变

在常用的电流滞环中增加频率闭环使 f_T 恒定的原理框图如图 4-16 所示。根据功率器件的类型、特性和逆变器的性能指标,可以确定最佳开关频率的给定信号 f_T^*。右电流滞环输出测量的 PWM 脉冲信号频率经电压频率变换器 f/V 转换成电压信号 f_T^*,将 $f_T^*-f_T$ 送入非线性开关调节器,调节器实时给出电流滞环宽度。当 $f_T^*>f_T$ 时,给出滞环宽 Δ_{min},使 f_T 提高;反之,当 $f_T^*<f_T$ 时,给出滞环宽 Δ_{max},使 f_T 下降。

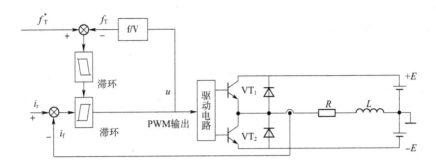

图 4-16 使用频率闭环使 f_T 恒定的原理电路图

议一议

PWM 脉冲频率 f_T 是变量,与哪些因素有关?有什么样的关系?

比一比

本单元介绍了两种保持 PWM 脉冲频率 f_T 不变的方法,各有何优点?

知识拓展

PWM 控制方法

采样控制理论中有一个重要结论:冲量相等而形状不同的窄脉冲加在具有惯性的环节上时,其效果基本相同。PWM 控制技术就是以该结论为理论基础,对半导体开关器件的导通和关断进行控制,使输出端得到一系列幅值相等而宽度不相等的脉冲,用这些脉冲来代替正弦波或其他所需要的波形。按一定的规则对各脉冲的宽度进行调制,既可改变逆变电路输出电压的大小,也可改变输出频率。

PWM 控制的基本原理很早就已经提出,但是受电力电子器件发展水平的制约,在 20 世纪 80 年代以前一直未能实现。直到进入 20 世纪 80 年代,随着全控型电力电子器件的出现和迅速发展,PWM 控制技术才真正得到应用。随着电力电子技术、微电子技术和自动控制技术的发展以及各种新的理论方法,如现代控制理论、非线性系统控制思想的应用,PWM 控制技术获得了空前的发展。到目前为止,已出现了多种 PWM 控制技术,根据 PWM 控制技术的特点,介绍以下三种方法。

1. 等脉宽 PWM 法

变压变频调速(Variable Voltage Variable Frequency,VVVF)装置在早期是采用脉冲调幅(Pulse Amplitude Modulation,PAM)控制技术来实现的,其逆变器部分只能输出频率可调的方波电压而不能调压。等脉宽 PWM 法正是为了克服 PAM 法的这个缺点发展而来的,是 PWM 法中最为简单的一种。它是把每一脉冲的宽度均相等的脉冲列作为 PWM 波,通过改变其周期,达到调频的效果。改变脉冲的宽度或占空比可以调压,采用适当控制方法即可使电压与频率协调变化。相对于 PAM 法,该方法的优点是简化了电路结构,提高了输入端的功率因数,但同时也存在输出电压中除基波外,还包含较大的谐波分量。

2. 随机PWM

在20世纪70年代开始至20世纪80年代初，由于当时大功率晶体管主要为双极性达林顿三极管，载波频率一般不超过5kHz，电机绕组的电磁噪声及谐波造成的振动引起了人们的关注。为求得改善，随机PWM方法应运而生。其原理是随机改变开关频率使电机电磁噪声近似为限带白噪声（在线性频率坐标系中，各频率能量分布是均匀的），尽管噪声的总分贝数未变，但以固定开关频率为特征的有色噪声强度大大削弱。正因为如此，即使在IGBT已被广泛应用的今天，对于载波频率必须限制在较低频率的场合，随机PWM仍然有其特殊的价值；另一方面则说明了消除机械和电磁噪声的最佳方法不是盲目地提高工作频率，随机PWM技术正是提供了一个分析，解决这种问题的全新思路。

3. SPWM法

SPWM(Sinusoidal PWM)法是一种比较成熟的，如今使用较广泛的PWM法。前面提到的采样控制理论中的一个重要结论：冲量相等而形状不同的窄脉冲加在具有惯性的环节上时，其效果基本相同的。SPWM法就是以该结论为理论基础，用脉冲宽度按正弦规律变化而和正弦波等效的PWM波形即SPWM波形控制逆变电路中开关器件的通断，使其输出的脉冲电压的面积与所希望输出的正弦波在相应区间内的面积相等，通过改变调制波的频率和幅值则可调节逆变电路输出电压的频率和幅值。该方法的实现有以下几种方案：

(1) 等面积法

该方案实际上就是SPWM法原理的直接阐释，用同样数量的等幅而不等宽的矩形脉冲序列代替正弦波，然后计算各脉冲的宽度和间隔，并把这些数据存于微机中，通过查表的方式生成PWM信号控制开关器件的通断，以达到预期的目的。由于此方法是以SPWM控制的基本原理为出发点，可以准确地计算出各开关器件的通断时刻，其所得的波形很接近正弦波，但其存在计算烦琐、数据占用内存大、不能实时控制的缺点。

(2) 硬件调制法

硬件调制法是为解决等面积法计算烦琐的缺点而提出的，其原理就是把所希望的波形作为调制信号，把接受调制的信号作为载波，通过对载波的调制得到所期望的PWM波形。通常采用等腰三角波作为载波，当调制信号波为正弦波时，所得到的就是SPWM波形。其实现方法简单，可以用模拟电路构成三角波载波和正弦调制波发生电路，用比较器来确定它们的交点，在交点时刻对开关器件的通断进行控制，就可以生成SPWM波。但是，这种模拟电路结构复杂，难以实现精确控制。

(3) 软件生成法

由于微机技术的发展，使得用软件生成SPWM波形变得比较容易。因此，软件生成法也就应运而生。软件生成法其实就是用软件来实现调制的方法，有两种基本算法，即自然采样法和规则采样法。

 模块学习评估

见学习工作页4。

模块5 转差频率控制技术

【知识目标】

认知转差频率控制的基本思路、Φ_m恒定对定子电流的要求;认知转差频率控制变频调速系统的基本原理以及系统各环节的作用与原理。

【能力目标】

能够认知转差频率控制变频调速系统的基本原理以及系统各环节的作用。

【素质目标】

具有分析问题、解决问题能力。

 建议课时

6课时。

 知识导航

1. 转差频率控制变频调速系统特点

(1) 稳定电动机转速

该反馈闭环系统,如果电动机带有转速编码器,反馈信号取自电动机的转速,编码器信号反映电动机的转速,则该系统使电动机的转速与给定的目标转速相同,其控制目的是稳定电动机的转速,提高电动机转速控制精度。

(2) 稳定电动机控制的间接量

如果反馈信号取自电动机控制的间接量,则系统可使电动机控制的间接量稳定。如电动机带动水泵供水,根据工作需要,水管中压力要保持恒定,则反馈信号就取自水管中的压力。通过压力传感器,将水管中压力转换为电信号,加到变频器的反馈输入端。此时,变频器的给定目标信号是水管中要求的压力信号,当反馈信号低于给定信号时,变频器升速,水管中压力上升;当反馈信号高于给定信号时,变频器降速,水管中压力下降;当反馈信号等于给定信号时,变频器恒速运行,水管中压力保持恒定。即反馈信号取自电动机控制的间接量,就使间接量得到稳定。

2. 转差频率控制变频器

转差频率控制变频器是过程控制变频器,适合于恒压供水、恒压供气、恒温控制等场合。转差频率控制是一个学术名词,在变频器的使用说明书中并不提及,而是给出变频器的 PID 控制功能。具有 PID 控制功能的变频器就是转差频率控制变频器。

3. 转差频率控制与基本 V/f 控制的区别

转差频率控制在工程上或厂家的说明书中也称为 V/f 闭环控制变频器。基本 V/f 控制和转差频率控制的主要区别是:基本 V/f 控制为开环控制,变频器内部未设 PID 控制功能,未设反馈输入端子。转差频率控制其内部设有 PID 控制功能,设有反馈输入端子,当进行 PID 闭环控制时,原来设定的加减速功能不起作用,其加减速时间由变频器设定的 PID 参数进行控制。如果基本 V/f 控制变频器要想进行闭环控制,则必须在变频器之外另加 PID 控制板。

同学们,你们想知道什么是转差频率控制技术吗?转差频率控制的思路是什么?有什么特殊要求?

单元1 转差频率控制的基本思路与控制要求

学习内容

转差频率控制的基本思路;Φ_m 恒定对定子电流的要求。

问题引导

转差频率控制的思路是什么?有什么特殊要求?

知识学习

采用转速闭环可以改善系统性能,但要改善动态性能,关键还在于如何实现转矩控制,转差频率控制提供了这样一种转矩控制方法。

一、转差频率控制的基本思路

转速开环、电压或电流闭环的变频调速系统只能用于调速精度不太高的一般平滑调速场合,要继续提高系统的静、动态性能,就必须进行转速闭环控制。由于异步电动机的电磁转矩与气隙磁通、转子电流、转子功率因数均有关,其中的主要参变量——转差率又难以直接测量,增加了对异步电动机变频调速系统进行闭环控制来进一步提高系统动态性能的难度。

本节论述的转差频率控制系统是一种模拟控制拖动转矩,近似保持控制过程中磁通恒定的转速闭环变频调速方案,理论上可以获得与直流电动机闭环调速系统相似的调速性能。

三相异步电动机的电磁转矩可以表示为:

$$T = C'_m \Phi_m I'_2 \cos\varphi_2 \tag{5-1}$$

式中:$C'_m = \frac{1}{\sqrt{2}} m_1 N_1 K_{N1} p_N$;

p_N——极对数；

m_1——定子绕组相数；

N_1——每相绕组串联匝数；

K_{N1}——绕组系数；

Φ_m——每极气隙磁通；

I_2'——转子相电流（折算到定子侧）；

$\cos\varphi_2$——转子电路功率因数。

可见，异步电动机的转矩与气隙磁通、转子电流以及转子电路功率因数都有关系，而且这些量又不是独立变量，都和转速有关，因此，转矩控制要比直流电动机困难得多。

忽略铁损耗时，三相异步电动机的稳态等效电路见图 5-1。

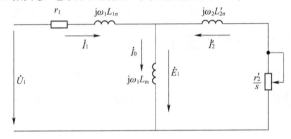

图 5-1　忽略铁损耗的异步电动机稳态等效电路

由图可知，折算到定子侧的转子相电流：

$$I_2' = \frac{E_1}{\sqrt{\left(\frac{r_2'}{s}\right)^2 + (\omega_1 L_{2\sigma}')^2}} = \frac{sE_1}{\sqrt{r_2'^2 + (s\omega_1 L_{2\sigma}')^2}} \tag{5-2}$$

而定子每相感应电动势：

$$E_1 = \sqrt{2}\pi f_1 N_1 K_{N1} \Phi_m = \frac{1}{\sqrt{2}}\omega_1 N_1 K_{N1} \Phi_m \tag{5-3}$$

根据异步电动机相量图，可知：

$$\cos\varphi_2 = \frac{\dfrac{r_2'}{s}}{\sqrt{\left(\dfrac{r_2'}{s}\right)^2 + (\omega_1 L_{2\sigma}')^2}} = \frac{r_2'}{\sqrt{r_2'^2 + (s\omega_1 L_{2\sigma}')^2}} \tag{5-4}$$

将上式代入式(5-1)，经整理，并且定义转差角频率 $\omega_s = s\omega_1$，得：

$$T = K_m \Phi_m^2 \frac{\omega_s r_2'}{r_2'^2 + (\omega_s L_{2\sigma}')^2} \tag{5-5}$$

式中：$K_m = \dfrac{1}{2} m_1 N_1^2 K_{N1}^2 p_N$。

由式(5-5)可知，当气隙磁通 Φ_m 为常数，且电机参数一定时。电磁转矩 T 是转差角频率 ω_s 的函数。按照式(5-5)画出的 $T = f(\omega_s)$ 曲线如图 5-2 所示。

令 $dT/d\omega_s = 0$，可求得对应于最大转矩 T_m 的转差角频率：

$$\omega_{sm} = \frac{r_2'}{L_{2\sigma}'} = \frac{r_2}{L_{2\sigma}} \tag{5-6}$$

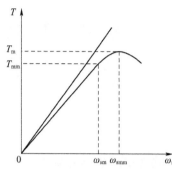

图 5-2 恒磁通时的 $T=f(\omega_s)$ 曲线

相应的最大转矩为:

$$T_m = \frac{K_m \Phi_m^2}{2L'_{2\sigma}} \quad (5\text{-}7)$$

稳态运行时,s 很小,ω_s 也很小,$(\omega_s L'_{2\sigma})^2$ 项可以忽略,式(5-5)可近似为:

$$T \approx K_m \Phi_m^2 \frac{\omega_s}{r'_2} \quad (5\text{-}8)$$

这是一条过原点的直线,如图 5-2 中的直线所示。

由此可见,当 s 很小时,如能保持气隙磁通 Φ_m 不变,电磁转矩 T 基本上与转差角频率 ω_s 成正比,如同他励直流电动机的电磁转矩与电枢电流成正比一样。因此,可以通过控制转差角频率从而控制异步电动机的电磁转矩。

二、Φ_m 恒定对定子电流的控制要求

要实现上述转矩控制方法,必须满足气隙磁通 Φ_m 恒定的条件。当忽略铁损耗且不计饱和时,气隙磁通 Φ_m 与励磁电流 I_0 有正比关系。因此,可以通过控制定子电流 I_1 来保持 I_0(即 Φ_m)恒定。

由图 5-1 可知:

$$\dot{I}_1 = \dot{I}_0 - \dot{I}'_2 \quad (5\text{-}9)$$

$$\dot{I}_0 = \frac{-\dot{E}_1}{j\omega_1 L_m}$$

$$-\dot{I}'_2 = \frac{-\dot{E}_1}{\dfrac{r'_2}{s} + j\omega_1 L'_{2\sigma}}$$

消去 $\dot{I}'_2$,得到:

$$\dot{I}_1 = \dot{I}_0 \frac{r'_2 + j\omega_s(L_m + L'_{2\sigma})}{r'_2 + j\omega_s L'_{2\sigma}}$$

于是:

$$I_1 = I_0 \sqrt{\frac{r'^2_2 + \omega_s^2 (L_m + L'_{2\sigma})^2}{r'^2_2 + \omega_s^2 L'^2_{2\sigma}}} \quad (5\text{-}10)$$

在式(5-10)中,不计磁路饱和,则励磁电感 L_m 为常数,保持 Φ_m 恒定即保持 I_0 恒定。当 I_0 恒定且参数不变时,$I_1=f(\omega_s)$ 函数曲线如图 5-3 所示。

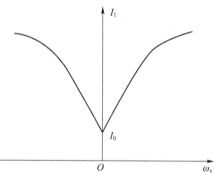

图 5-3 满足 Φ_m 恒定条件的 $I_1=f(\omega_s)$ 函数

显然,只要按照图 5-3 的函数关系控制定子电流 I_1,就能保持气隙磁通 Φ_m 恒定。

想一想

为什么只要按照定子电流与转差频率之间的变化关系控制定子电流,就能保持气隙磁通 Φ_m 恒定?

单元 2　转差频率控制变频调速系统基本原理

学习内容

转差频率控制变频调速系统的基本原理；转差频率控制变频调速系统各环节的作用与原理。

问题引导

转差频率控制变频调速系统由哪些主要环节组成？各起什么作用？

知识学习

一、转差频率控制变频调速系统基本原理

图 5-4 为转差频率控制的转速闭环电流型变频调速系统结构原理图。

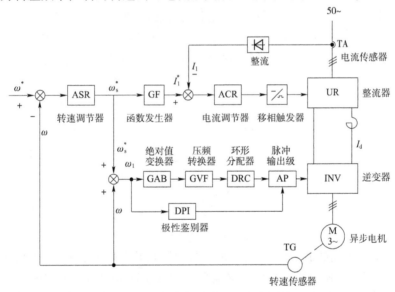

图 5-4　转差频率控制的转速闭环电流型变频调速系统结构原理图

ASR-转速调节器；GF-函数发生器；ACR-电流调节器；GAB-绝对值变换器；GVF-电压频率变换器；DRC-环行分配器；AP-脉冲输出级；DPI-极性鉴别器

该系统主电路由可控整流器和电流型逆变器组成，逆变电路采用 120°导电型。负载为 Y 接三相异步电动机。

控制系统由转速外环和电流内环组成。转速调节器的输出即为转差频率给定值 ω_s^*。由式(5-8)可知，它也代表了转矩给定值。ω_s^* 分为两路：一路输入 $I_1 = f(\omega_s)$ 函数发生器 GF，其输出作为电流调节器的给定值 I_1^*，通过电流调节器作用到可控硅整流器上，去控制定子电流 I_1，使 I_1 始终跟随给定值 I_1^*，从而保持气隙磁通 Φ_m 恒定。另一路则与转速正反馈信号 ω 合成定子频率给定信号 $\omega_1 = \omega_s^* + \omega$，经过电压频率变换器、环形分配器、脉冲放大器去控制电流型

逆变器的输出频率。这样,一方面使电流、频率控制得以协调;另一方面又通过转差频率 ω_s 将定子频率给定信号 ω_1 与电机实际转速 ω 联系起来,这种包含实际转速在内的定子频率给定信号,和前文中仅由恒压频比确定而与转速无关的定子频率给定信号相比,性能要优越得多。

为使该系统实现可逆传动,在频率控制部分增加了两个环节:绝对值变换器 GAB 和极性鉴别器 DPI。这是因为,在可逆传动中,转速给定信号 ω^* 可正可负,相应地 ω_1 也是可正可负,而在决定频率大小时,并不需要这种正、负极性,故用绝对值变换器将其变换为绝对值表示的频率给定信号;但是,在控制电机转向时,又必须检测出 ω_1 的极性,故用极性鉴别器的输出来决定环形分配器的输出相序,以实现正、反转。

为了确保电磁转矩 T 与转差角频率 ω_s 的正比关系,应使电机运行于 $T=f(\omega_s)$ 曲线的近似直线段。为此,设置转速调节器的限幅值 $\omega_{smm} < \omega_{sm}$(图5-2),以保证 T 与 ω_s 基本上成正比。

二、转差频率控制变频调速系统主要环节介绍

主要介绍变频调速系统中主要控制环节的实现电路。各种控制环节的实现电路都不是唯一的,具体应用时可以根据实际情况灵活选择。

1. 给定积分器

给定积分器的原理如图5-5所示。给定积分器由两级集成运算放大电路组成,第一级接成高倍数的比例器,给定信号由运算放大器的同名端输入;第二级接成积分器,由运算放大器的异名端输入,第二级输出信号经电阻反馈至第一级输入端,为负反馈。

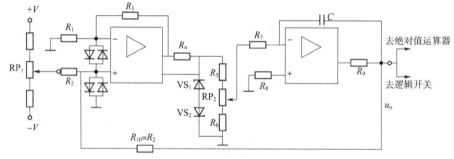

图5-5 给定积分器的原理图

由于第一级比例器的放大倍数很高,所以只要同名端有极小的输入,该级比例器就会达到限幅输出值(正或负向稳压值),第二级运算放大器就在该稳压值上取一部分分压进行积分,只改变 RP_2 的分压比,就可以改变软启动器的积分时间常数,即改变加减速时间的长短。第一级输出在稳态时由于向第一级输入的负反馈作用将被迫与给定值相等,否则第一运算放大器仍会有限幅输出,使第二运放继续积分,直至两者相等。可见,软启动器并不改变给定的大小,而仅仅改变加减速时上升、下降沿的斜率,避免了电动机的直接启动冲击与减速冲击,节省了整流逆变装置的容量。

给定积分器电路的输入输出信号关系如图5-6所示,输出与输入极性相反,可以留给系统设计时统一考虑。给定积分器在瞬态过程中的输出表达式为:

$$u_o = -\frac{1}{T}\int_0^t \rho u_{vs} dt \tag{5-11}$$

式中:ρ——电位器 RP_2 的滑动端分压比;

u_{vs}——稳压管的稳压值；

T——积分时间常数 R_7C。

2. 绝对值运算器

绝对值运算器电路如图 5-7 所示，它能去掉给定积分器输入的信号符号，只反映输入信号的绝对值。图 5-7 所示电路将输入信号分为两路，如输入为正，则经二极管 VD_1，直接输出；如输入为负，则 VD_1 截止，信号送至集成运放反相器再经 VD_2 输出，这样输出的信号就只取了输入的绝对值。

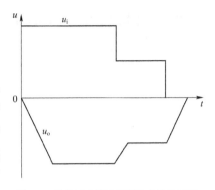

图 5-6 给定积分器的实际输入输出波形

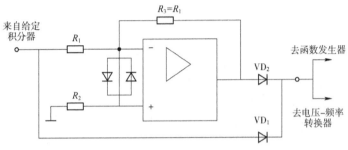

图 5-7 绝对值运算器原理图

3. 电压-频率(V/f)转换器

V/f 转换器的种类很多，有单结晶体管压控振荡器、555 时基电路构成的压控振荡器，还有各种专用集成压控振荡器构成的电路。图 5-8 所示即为一种专用 LM331 V/f 转换集成块所构成的 V/f 转换器电路。

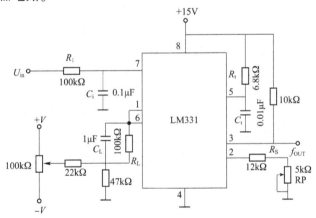

图 5-8 电压-频率转换器原理图

如 LM331 的 7 脚的电压较高，则其输出 3 脚的振荡信号频率就较快；如输入 7 脚的电压降低，则 3 脚的振荡信号频率就变慢。给定信号可以通过这个环节控制逆变器的交流电输出频率。LM331 的 V/f 值可以通过调节 2 脚的外接电位器进行调整。

4. 环形分配器

图 5-9 所示为采用一个 6D 触发器和一个三输入或非门构成的环形分配器电路。该电

路的输入输出波形如图 5-10a)、b) 所示。

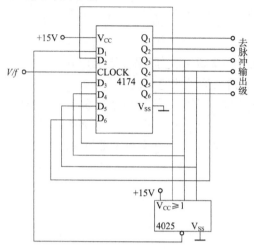

图 5-9 环形分配器原理图

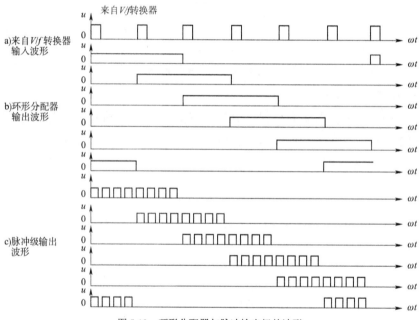

图 5-10 环形分配器与脉冲输出级的波形

5. 脉冲输出级

脉冲输出级的原理图如图 5-11 所示。

脉冲输出级的正反相序改变靠图 5-11 中 1、2、3、4、5、6、7、8 各点所接的正反向二极管来实现。K_1 与 K_2 为来自逻辑开关的正反转控制信号,当需要电动机正转时,$K_1=1$,$K_2=0$;当需要电动机反转时,$K_1=0$,$K_2=1$;当需要电动机停转时,$K_1=K_2=0$。参照图 5-11,如 $K_2=0$,电路中有 2、4、6、8 四个点被钳在零位,输入信号不能通过,于是 Q_1 去 VT_1,Q_2 经 1 点去 VT_2,Q_3 经 3 点去 VT_3,Q_4 去 VT_4……,这就是正相序触发,电动机会正转。如 $K_1=0$,则电路中的 1、3、5、7 四个点被钳位于零电位,输入信号不能通过,于是 Q_1 去 VT_1,Q_2 经 8 点去 VT_6,

Q_3 经 6 点去 VT_5，Q_4 去 VT_4……，这就是反相序触发，电动机会反转。当 $K_1 = K_2 = 0$ 时，则正反相序均封锁，电动机停转。

脉冲输出级获得的 120°宽的触发脉冲信号，要与脉冲列发生器所发出的高频脉冲列经 $D_1 \sim D_6$ 六个与门分别进行脉冲列调制，使宽脉冲变成脉冲列，再去晶体管 $V_1 \sim V_6$ 进行功率放大，最后才由脉冲变压器 $T_1 \sim T_6$ 隔离输入至逆变器 6 个功率开关的门极。其输出波形如图 5-10c) 所示。

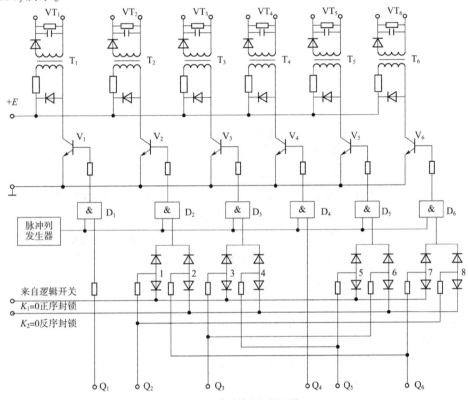

图 5-11 脉冲输出级原理图

6. 函数发生器

函数发生器电路如图 5-12 所示。其工作原理分析如下：

当输入电压 $\omega_s = 0$ 时，VD_1、VD_2 都截止，$u_A = 0$，$VT_1 \sim VT_5$ 处于截止状态，$-E$ 通过电位器 RP_1、R_6 向集成运算放大器的异名端提供负电流输入，于是集成运算放大器有一定的正输出，确定 A 点，即 $i_1 = i_0$。

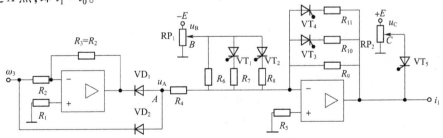

图 5-12 函数发生器原理图

当 $\omega_{s1} > \omega_s > 0$ 时，VD_2 截止，VD_1 导通，$u_A = -\omega_s$，$VT_1 \sim VT_5$ 处于截止状态，$-E$ 通过电位器 RP_1、R_6 向运算放大器的异名端提供负电流输入，同时 u_A 也通过电位器 RP_1、R_6 向运算放大器的异名端提供负电流输入，这段输入输出特性如图 5-13 中的 AB 段所示。

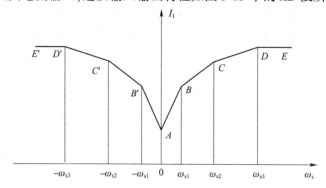

图 5-13　函数发生器的实际输入输出特性

当 $\omega_{s2} > \omega_s > \omega_{s1}$ 时，VD_2 截止，VD_1 导通，$u_A = -\omega_s$，VT_1、VT_3 导通，VT_2、VT_4、VT_5 处于截止状态，这段输入输出特性如图 5-13 中的 BC 段所示。

当 $\omega_{s3} > \omega_s > \omega_{s2}$ 时，VD_2 截止，VD_1 导通，$u_A = -\omega_s$，VT_1、VT_2、VT_3、VT_4 导通，VT_5 处于截止状态，这段输入输出特性如图 5-13 中的 CD 段所示。

当 $\omega_s > \omega_{s3}$ 时，VD_2 截止，VD_1 导通，$u_A = -\omega_s$，$VT_1 \sim VT_5$ 导通，E 通过电位器 RP_2、VT_5 向运放的异名端提供正电流输入，这段输入输出特性如图 5-13 中的 DE 段所示。

当 $0 > \omega_s > -\omega_{s1}$ 时，VD_2 导通，VD_1 截止，$u_A = \omega_s$，$VT_1 \sim VT_5$ 处于截止状态，这段输入输出特性如图 5-13 中的 AB' 段所示。

当 $-\omega_{s1} > \omega_s > -\omega_{s2}$ 时，VD_2 导通，VD_1 截止，$u_A = \omega_s$，VT_1、VT_3 导通，VT_2、VT_4、VT_5 处于截止状态，这段输入输出特性如图 5-13 中的 $B'C'$ 段所示。

当 $-\omega_{s2} > \omega_s > -\omega_{s3}$ 时，VD_2 导通，VD_1 截止，$u_A = \omega_s$，VT_1、VT_2、VT_3、VT_4 导通，VT_5 处于截止状态，这段输入输出特性如图 5-13 中的 $C'D'$ 段所示。

当 $-\omega_{s3} > \omega_s$ 时，VD_2 导通，VD_1 截止，$u_A = \omega_s$，$VT_1 \sim VT_5$ 导通，E 通过电位器 RP_2、VT_5 向运算放大器的异名端提供正电流输入，这段输入输出特性如图 5-13 中的 $D'E'$ 段所示。

函数发生器的输入信号取自给定积分器（绝对值运算器不影响其大小），因此与频率信号成正比，相当于频率信号，经过该环节后，就给出了与频率相应的补偿电压，系统只要按函数发生器的要求进行闭环电压调节，就能实现恒磁通调速。调节电位器 RP_1、RP_2，能使系统实现不同的电压补偿曲线，从而获得不同的机械特性。

7. 逻辑开关

逻辑开关电路主要用来识别给定积分器信号的正负，提供给脉冲输出级两个相应的开关信号 K_1、K_2，去控制电动机的转向。图 5-14 为其中一种逻辑开关的原理图。

如给定积分器送来的信号为正，且有一定的数值（$f_{1\min}$ 以上，大于电位器 RP_1 调定的比较电压）时，比较器 1 输出高电平 $K_1 = 1$，其余情况下 $K_1 = 0$；如给定积分器送来的信号为负，且有一定负值（$-f_{1\min}$ 以下，低于电位器 RP_2 调定的比较电压）时，比较器 2 输出高电平 $K_2 = 1$，其余情况下 $K_2 = 0$。这就保证了正转时 $K_1 = 1$、$K_2 = 0$，反转时 $K_1 = 0$、$K_2 = 1$，死区

之内 $K_1=0$、$K_2=0$，给脉冲输出级提供了合适的逻辑信号。

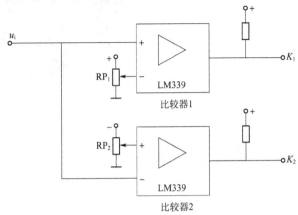

图5-14 一种逻辑开关原理图

想一想

早期地铁动车组采用了转差频率控制的变频调速系统，但现代地铁动车组为什么不再采用了？

知识拓展

自动控制技术

自动控制分闭环控制和开环控制两种。闭环控制也就是（负）反馈控制，原理与人和动物的目的性行为相似，系统组成包括传感器（相当于感官），控制装置（相当于脑和神经），执行机构（相当于手腿和肌肉）。传感器检测被控对象的状态信息（输出量），并将其转变成物理（电）信号传给控制装置。控制装置比较被控对象当前状态（输出量）对希望状态（给定量）的偏差，产生一个控制信号，通过执行机构驱动被控对象运动，使其运动状态接近希望状态。在实际中，闭环（反馈）控制的方法多种多样，应用于不同领域和各个方面。当前广泛应用并快速发展的有：最优控制、自适应控制、专家控制（即以专家知识库为基础建立控制规则和程序）、模糊控制、容错控制、智能控制等。

开环控制也叫程序控制，这是按照事先确定好的程序，依次发出信号去控制对象。按信号产生的条件，开环控制有时限控制、次序控制、条件控制。20世纪80年代以来，用微电子技术生产的可编程序控制器在工业控制（电梯、多工步机床、自来水厂）中得到广泛应用。当然，一些复杂系统或过程常常综合运用多种控制类型和多类控制程序。

随着电子计算机技术和其他高新技术的发展，自动控制技术的水平越来越高，应用越来越广泛，作用越来越重要。尤其是在生产过程的自动化、工厂自动化、机器人技术、综合管理工程、航天工程、军事技术等领域，自动控制技术起到了关键作用。

模块学习评估

见学习工作页5。

模块6 矢量控制技术

学习目标

【知识目标】

认知三相异步电动机与直流电动机磁场差异、矢量变换控制的基本思路与实现、矢量控制系统的构想；认知异步电动机动态数学模型的性质、三相异步电动机的多变量非线性数学模型、各种坐标系之间的坐标变换、三相异步电动机在各种两相坐标系的数学模型；认知电流模型法、电压模型法和电流变换器；认知磁链开环转差控制的矢量控制系统、转速磁链闭环控制的电流滞环型 PWM 变频调速系统的基本原理。

【能力目标】

能够认知矢量控制的基本思路；能够对异步电动机进行建模；能够应用间接法进行矢量控制。

【素质目标】

具有分析问题、解决问题能力。

建议课时

6 课时。

知识导航

异步电机的动态数学模型是一个高阶、非线性、强耦合的多变量系统，20 世纪 60 年代末由达姆斯塔特工业大学（TU Darmstadt）的 K. Hasse 提出。在 20 世纪 70 年代初由西门子工程师 F. Blaschke 在不伦瑞克工业大学（TU Braunschweig）发表的博士论文中提出三相电机磁场定向控制方法，通过异步电机矢量控制理论来解决交流电机转矩控制问题。矢量控制实现的基本原理是通过测量和控制异步电动机定子电流矢量，根据磁场定向原理分别对异步电动机的励磁电流和转矩电流进行控制，从而达到控制异步电动机转矩的目的。

同学们,你们想知道矢量控制技术的基本思路是什么吗?如何对三相异步电动机进行建模?什么是坐标变换?有些参数无法检测,怎么办?

单元1 旋转矢量控制的概念与原理

学习内容

三相异步电动机与直流电动机磁场差异;矢量控制的基本思路;矢量控制的实现;矢量控制系统的构想。

问题引导

矢量控制的基本思路是什么?如何实现?

知识学习

一、三相笼型异步电动机与直流电动机的比较

三相笼型异步电动机,由于坚固耐用、便于维护、价格便宜,在工业上得到广泛的应用,但长期以来在调速性能上却远不如直流电动机。直流电动机的原理如图6-1所示,其优异的调速性能是因为具备了如下三个条件:

(1)磁极固定在定子机座上,在空间能产生一个稳定直流磁场,即主磁场。

(2)电枢绕组是固定在转子铁芯槽里,在空间能产生一个稳定的电枢磁势,并且电枢磁势总是能保持与主磁场相垂直,产生转矩最有效。电枢磁势与主磁场保持垂直主要靠换向器作用使电枢电流在N极和S极下方发生变化,并采用补偿绕组防止电枢反应使磁场扭曲,保证电刷位置安装的正确。

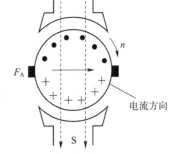

图6-1 直流电动机原理图

(3)励磁电流和电枢电流在各自回路中分别可控、可调。

下面分析三相异步电动机的情况:

(1)定子通三相正弦对称交流电时,产生一个随时间和空间都在变化的旋转磁场。

(2)转子磁势和旋转磁场间不存在垂直关系。

(3)异步电动机转子是短路的,只能在定子方面调节电流。组成定子电流的两个成分——励磁电流和工作电流都在变化,因为存在非线性关系,因此对这两部分电流不可能分别调节和控制。

可见,之所以异步电动机调速性能差,就是因为它不具备直流电动机优异调速性能的三个条件。

二、矢量控制的基本思路

三相异步电动机在空间上产生的是旋转磁场,如果要模拟直流电动机的电枢磁势与磁

场垂直,并且电枢磁势大小和磁场强弱分别可调,可设想如图6-2所示的异步电动机 M、T 两相绕组模型。

该模型有两个互相垂直的绕组:M 绕组和 T 绕组且以角频率 ω_1 在空间旋转。T、M 绕组分别通以直流电流 i_T、i_M。i_M 在 M 绕组轴线方向产生磁场,i_M 称励磁电流。调节 i_M 大小可以调节磁场强弱。i_T 在 T 绕组轴线方向上产生磁势,这个磁势总是与磁场同步旋转,而且总是与磁场方向垂直,调节 i_T 大小可以在磁场不变时改变转矩大小,i_T 称转矩电流。i_T、i_M 分属于 T、M 绕组,因此分别可调,可控。

异步电动机如果按照 M、T 两相绕组模型运行就可以满足直流电动机优异调速性能的三条件。

实际上,三相异步电动机定子三相绕组嵌在定于铁芯槽中,在空间上相互差 120°电角度,固定不动。根据电机学原理知道,三相绕组的作用完全可以用在空间上互相垂直的两个静止的 α、β 绕组代替,三相绕组的电流和两相静止 α、β 绕组电流有固定的变换关系。

现在还要找到两相静止 α、β 绕组的电流与两相旋转的 M、T 绕组电流的关系。现将 M、T、α、β 绕组电流 i_M、i_T、i_α、i_β 都用矢量表示,如图6-3所示为 α、β 坐标系与 M、T 坐标系统。

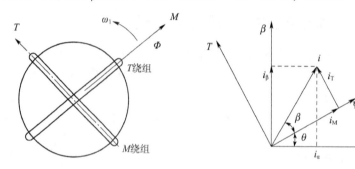

图6-2 异步电动机 M、T 两相绕组模型　　图6-3 α、β 坐标系与 M、T 坐标系

这样,调节磁场确定 i_M 值、调节转矩确定 i_T 值,通过变换运算就知道三相电流 i_a、i_b、i_c 大小,控制 i_a、i_b、i_c 也就达到预想目的,达到控制转矩(i_T)、磁场(i_M)的目的。

三、矢量控制的实现

把三相异步电动机等效于两相 α、β 静止系统模型。再经过旋转坐标变换为磁场方向与 M 轴方向一致的同步旋转的两相 M、T 模型,如图6-4所示。电流矢量 i 是一个空间矢量,因为它实际上代表电动机三相产生的合成磁势,是沿空间作正弦分布的量,不同于在电路中电流随时间按正弦变化的时间相量。电流矢量分解为与 M 轴平行的产生磁场的分量——励磁电流 i_M 和与 T 轴平行的产生转矩分量——转矩电流 i_T。前者可理解为励磁磁势,后者可理解为电枢磁势。通过控制 i_M、i_T 大小也就是电流矢量 i 的幅值和方向(M、T 坐标系统中的 φ 角)去等效地控制三相电流 i_a、i_b、i_c 的瞬时值,从而调节电动机的磁场与转矩,以达到调速的目的。

由于是矢量控制,也就是说不仅控制电流幅值大小,而且考虑了方向,现在 i_M、i_T 分配比例是确定的,这就与以往的调速办法不同。如 VVVF 调速方法属于标量控制,必然要经过较长时间调节才能达到稳定运行。矢量控制主要特点是动态响应快,使交流电动机调速性能有质的提高。

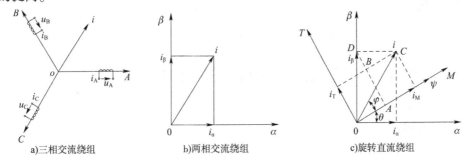

a) 三相交流绕组　　b) 两相交流绕组　　c) 旋转直流绕组

图 6-4　矢量控制的实现

四、矢量控制系统的构想

既然异步电动机经过坐标变换可以等效成直流电动机,那么,模仿直流电动机的控制方法,求得直流电动机的控制量,经过相应的坐标反变换,就能够控制异步电动机了。由于进行坐标变换的是电流(代表磁动势)的中间矢量,所以这样通过坐标变换实现的控制系统就叫作矢量变换控制系统(Transvector Control System)或称矢量控制系统(Vector Control System),所设想的结构如图 6-5 所示。图中给定信号和反馈信号经过类似于直流调速系统所用的控制器,产生励磁电流的给定信号 i_{m1}^* 和电枢电流的给定信号 i_{t1}^*,经过反旋转变换 VR^{-1} 得到 $i_{\alpha 1}^*$ 和 $i_{\beta 1}^*$,再经过 2/3 变换得到 i_A^*、i_B^* 和 i_C^*。把这三个电流控制信号和由控制器直接得到的频率控制信号 ω_1 加到带电流控制的变频器上,就可以输出异步电动机调速所需的三相变频电流。

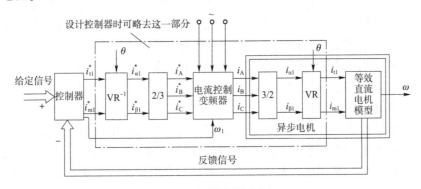

图 6-5　矢量控制系统的构想

在设计矢量控制系统时,可以认为,在控制器后向引入的反旋转变换器 VR^{-1} 与电动机内部的旋转变换环节 VR 抵消,2/3 变换器与电动机内部的 2/3 变换环节抵消,如果再忽略变频器中可能产生的滞后,则图 6-5 中虚线框内的部分可以完全删去,剩下的部分就和直流调速系统非常相似了。可以想象,矢量控制交流变压变频调速系统的静、动态性能应该完全能够与直流调速系统相媲美。

直流电动机与三相异步电动机的调速性能为何一个好一个差?

想一想

矢量控制与转差频率控制最大的不同之处是什么？

单元2　矢量控制的异步电动机数学模型

学习内容

异步电动机动态数学模型的性质；三相异步电动机的多变量非线性数学模型；各种坐标系之间的坐标变换；三相异步电动机在各种两相坐标系的数学模型。

问题引导

什么是坐标变换？如何对三相异步电动机进行建模？

知识学习

一、异步电动机动态数学模型的性质

直流电动机的磁通由励磁绕组产生，可以在事先建立起来而不参与系统的动态过程（弱磁调速时除外），因此它的动态数学模型只有一个输入变量——电枢电压、一个输出变量——转速，在控制对象中含有机电时间常数 T_m 和电枢回路电磁时间常数 T_1，如果把晶闸管可控整流装置也算进去，则还有晶闸管的滞后时间常数 T_S。在工程上能够允许的一些假定条件下，可以描述成单变量（单输入单输出）的三阶线性系统，完全可以应用经典的线性控制理论和由它发展出来的工程设计方法进行分析与设计。

但是，同样的理论和方法用来分析、设计交流调速系统时，就不那么方便了。必须在作出很强的假定后，得到近似的动态结构图，才能沿用。因为交流电动机的数学模型和直流电动机模型相比有着本质上的区别。

（1）异步电动机变压变频调速时需要进行电压（或电流）和频率的协调控制，有电压（电流）和频率两种独立的输入变量，如果考虑电压是三相的，实际的输入变量数目还要多。在输出变量中，除转速外，磁通也得算一个独立的输出变量。因为电动机只有一个三相电源，磁通的建立和转速的变化是同时进行的，但为了获得良好的动态性能，还希望对磁通施加某种控制，使它在动态过程中尽量保持恒定，才能产生较大的转矩。由于这些原因，异步电动机是一个多变量（多输入多输出）系统，而电压（电流）、频率、磁通、转速之间又互相都有影响，所以是强耦合的多变量系统。在没有推导出详细的数学模型以前，可以先用图6-6来表示。

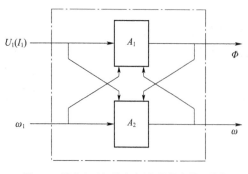

图6-6　异步电动机的多变量、强耦合模型结构

（2）在异步电机中，磁通乘电流产生转矩，

转速乘磁通得到旋转感应电动势,由于它们都是同时变化的,在数学模型中就含有两个变量的乘积项。这样一来,即使不考虑磁饱和等因素,数学模型也是非线性的。

(3)三相异步电动机定子有三个绕组,转子也可等效为三个绕组,每个绕组产生磁通时都有自己的电磁惯性,再加上运动系统的机电惯性,即使不考虑变频装置中的滞后因素,至少也是一个七阶系统。

总体来说,异步电动机的数学模型是一个高阶、非线性、强耦合的多变量系统,以它为对象的变压变频调速系统可以用图6-7所示的多变量系统来表示。

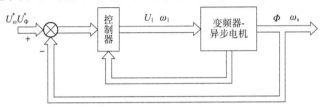

图6-7 多变量的异步电动机变压变频调速系统控制结构图

二、三相异步电动机的多变量非线性数学模型

在研究异步电动机的多变量数学模型时,常作如下的假设:①忽略空间谐波,设三相绕组对称(在空间互差120°电角度),所产生的磁动势沿气隙圆周按正弦规律分布;②忽略磁路饱和,各绕组的自感和互感都是恒定的;③忽略铁芯损耗;④不考虑频率和温度变化对绕组电阻的影响。

无论电动机转子是绕线型还是笼型的,都将它等效成绕线转子,并折算到定子侧,折算后的每相绕组匝数都相等。这样,实际电动机绕组就等效成图6-8所示的三相异步电动机的物理模型。

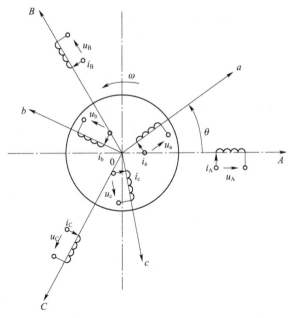

图6-8 三相异步电机的物理模型

在图6-8中,定子三相绕组轴线 A、B、C 在空间是固定的,以 A 轴为参考坐标轴;转子绕组轴线 a、b、c 随转子旋转,转子 a 轴和定子 A 轴间的电角度 θ 为空间角位移变量。规定各绕织电压、电流、磁链的正方向符合电动机惯例和右手螺旋定则。这时,异步电动机的数学模型由下述电压方程、磁链方程、转矩方程和运动方程组成。

1. 电压方程

三相定子绕组电压方程:

$$\begin{cases} u_A = i_A r_1 + \dfrac{\mathrm{d}\psi_A}{\mathrm{d}t} \\[4pt] u_B = i_B r_1 + \dfrac{\mathrm{d}\psi_B}{\mathrm{d}t} \\[4pt] u_C = i_C r_1 + \dfrac{\mathrm{d}\psi_C}{\mathrm{d}t} \end{cases} \tag{6-1}$$

三相转子电压方程:

$$\begin{cases} u_a = i_a r_2 + \dfrac{\mathrm{d}\psi_a}{\mathrm{d}t} \\[4pt] u_b = i_b r_2 + \dfrac{\mathrm{d}\psi_b}{\mathrm{d}t} \\[4pt] u_c = i_c r_2 + \dfrac{\mathrm{d}\psi_c}{\mathrm{d}t} \end{cases} \tag{6-2}$$

式中:u_A、u_B、u_C、u_a、u_b、u_c——定子和转子相电压的瞬时值;

i_A、i_B、i_C、i_a、i_b、i_c——定子和转子相电流的瞬时值;

ψ_A、ψ_B、ψ_C、ψ_a、ψ_b、ψ_c——各项绕组的全磁链;

r_1、r_2——定子和转子绕组电阻。

上述各量均已折算到定子侧,为简单起见,表示折算后的上角标 * 均省略。将电压方程写出矩阵形式,并以微分算子 p 代表微分符号 $\mathrm{d}/\mathrm{d}t$:

$$\begin{bmatrix} u_A \\ u_B \\ u_C \\ u_a \\ u_b \\ u_c \end{bmatrix} = \begin{bmatrix} r_1 & 0 & 0 & 0 & 0 & 0 \\ 0 & r_1 & 0 & 0 & 0 & 0 \\ 0 & 0 & r_1 & 0 & 0 & 0 \\ 0 & 0 & 0 & r_2 & 0 & 0 \\ 0 & 0 & 0 & 0 & r_2 & 0 \\ 0 & 0 & 0 & 0 & 0 & r_2 \end{bmatrix} \times \begin{bmatrix} i_A \\ i_B \\ i_C \\ i_a \\ i_b \\ i_c \end{bmatrix} + p \begin{bmatrix} \psi_A \\ \psi_B \\ \psi_C \\ \psi_a \\ \psi_b \\ \psi_c \end{bmatrix} \tag{6-3}$$

或写成

$$\vec{u} = r\,\vec{i} + \dfrac{\mathrm{d}\vec{\psi}}{\mathrm{d}t} \tag{6-4}$$

2. 磁链方程

每个绕组的磁链是它自身的自感磁链和其他绕组对他的互感磁链之和。因此,六个绕组的磁链可表示为：

$$\begin{bmatrix} \psi_A \\ \psi_B \\ \psi_C \\ \psi_a \\ \psi_b \\ \psi_c \end{bmatrix} = \begin{bmatrix} L_{AA} & L_{AB} & L_{AC} & L_{Aa} & L_{Ab} & L_{Ac} \\ L_{BA} & L_{BB} & L_{BC} & L_{Ba} & L_{Bb} & L_{Bc} \\ L_{CA} & L_{CB} & L_{CC} & L_{Ca} & L_{Cb} & L_{Cc} \\ L_{aA} & L_{aB} & L_{aC} & L_{aa} & L_{ab} & L_{ac} \\ L_{bA} & L_{bB} & L_{bC} & L_{ba} & L_{bb} & L_{bc} \\ L_{cA} & L_{cB} & L_{cC} & L_{ca} & L_{cb} & L_{cc} \end{bmatrix} \times \begin{bmatrix} i_A \\ i_B \\ i_C \\ i_a \\ i_b \\ i_c \end{bmatrix} \quad (6\text{-}5a)$$

式中：L_{AA}、L_{BB}、L_{CC}、L_{aa}、L_{bb}、L_{cc}——各绕组的自感系数，其余各项则为绕组间的互感系数。

或写成：

$$\vec{\psi} = \vec{L}\vec{i} \quad (6\text{-}5b)$$

实际上，与电动机绕组交链的磁通主要有两类：一类是只与某一相绕组交链而不穿过气隙的漏磁通；另一类是穿过气隙的相间互感磁通，后者是主要的。定子各相漏磁通所对应的电感称作定广漏感 L_{l1}，由于各相的对称性，各相漏感值均相等；同样，转子各相漏磁通则对应于转子漏感 L_{l2}。与定子一相绕组交链的最大互感磁通对应于定子互感 L_{m1}，与转子一相绕组交链的最大互感磁通对应于转子互感 L_{m2}，由于折算后定、转子绕组匝数相等，且各绕组间互感磁通都通过气隙，磁阻相同，故可认为 $L_{m1} = L_{m2}$。

对于每一相绕组来说，它所交链的磁通是互感磁通与漏感磁通之和，因此，定子各项自感为：

$$L_{AA} = L_{BB} = L_{CC} = L_{m1} + L_{l1} \quad (6\text{-}6)$$

转子各项自感为：

$$L_{aa} = L_{bb} = L_{cc} = L_{m1} + L_{l2} \quad (6\text{-}7)$$

两相绕组之间只有互感。互感又分两类：①定子三相彼此之间和转子三相彼此之间位置都是固定的，故互感为常数；②定子任一相与转子任一相间的位置是变化的，互感是角位移 θ 的函数，现在先讨论第一类，由于三相绕组的轴线在空间的相位差是 ±120°。在假定气隙磁通为正弦分布的条件下，互感值为：

$$L_{m1}\cos 120° = L_{m1}\cos(-120°) = -\frac{1}{2}L_{m1} \quad (6\text{-}8)$$

于是

$$L_{AB} = L_{BC} = L_{CA} = L_{BA} = L_{CB} = L_{AC} = -\frac{1}{2}L_{m1} \quad (6\text{-}9)$$

$$L_{ab} = L_{bc} = L_{ca} = L_{ba} = L_{cb} = L_{ac} = -\frac{1}{2}L_{m1} \quad (6\text{-}10)$$

至于第二类定子、转子绕组间的互感，由于相互位置不同，分别为：

$$L_{Aa} = L_{aA} = L_{Bb} = L_{bB} = L_{Cc} = L_{cC} = L_{m1}\cos\theta \quad (6\text{-}11)$$

$$L_{Ab} = L_{Ba} = L_{Bc} = L_{cB} = L_{Ca} = L_{aC} = L_{m1}\cos(\theta + 120°) \quad (6\text{-}12)$$

$$L_{Ac} = L_{cA} = L_{Ba} = L_{aB} = L_{Cb} = L_{bC} = L_{m1}\cos(\theta - 120°) \quad (6\text{-}13)$$

当定子、转子两相轴线一致时，两者之间的互感值最大，此互感就是每相最大互感 L_{m1}。

将式(6-6)~式(6-13)都代入式(6-5)，即得完整的磁链方程，显然这个矩阵方程是很庞

大的。为了方便起见,可以将它写成分块矩阵的形式:

$$\begin{bmatrix} \psi_S \\ \psi_r \end{bmatrix} = \begin{bmatrix} L_{SS} & L_{Sr} \\ L_{rS} & L_{rr} \end{bmatrix} \times \begin{bmatrix} i_S \\ i_r \end{bmatrix} \quad (6\text{-}14)$$

式中:$\psi_S = [\psi_A \quad \psi_B \quad \psi_C]^T$;

$\psi_r = [\psi_a \quad \psi_b \quad \psi_c]^T$;

$i_S = [i_A \quad i_B \quad i_C]^T$;

$i_r = [i_a \quad i_b \quad i_c]^T$。

$$L_{SS} = \begin{bmatrix} L_{m1} + L_{l1} & -\frac{1}{2}L_{m1} & -\frac{1}{2}L_{m1} \\ -\frac{1}{2}L_{m1} & L_{m1} + L_{l1} & -\frac{1}{2}L_{m1} \\ -\frac{1}{2}L_{m1} & -\frac{1}{2}L_{m1} & L_{m1} + L_{l1} \end{bmatrix} \quad (6\text{-}15)$$

$$L_{rr} = \begin{bmatrix} L_{m1} + L_{l2} & -\frac{1}{2}L_{m1} & -\frac{1}{2}L_{m1} \\ -\frac{1}{2}L_{m1} & L_{m1} + L_{l2} & -\frac{1}{2}L_{m1} \\ -\frac{1}{2}L_{m1} & -\frac{1}{2}L_{m1} & L_{m1} + L_{l2} \end{bmatrix} \quad (6\text{-}16)$$

$$L_{rS} = L_{Sr}^T = L_{m1} \begin{bmatrix} \cos\theta & \cos(\theta - 120°) & \cos(\theta + 120°) \\ \cos(\theta + 120°) & \cos\theta & \cos(\theta - 120°) \\ \cos(\theta - 120°) & \cos(\theta + 120°) & \cos\theta \end{bmatrix} \quad (6\text{-}17)$$

值得注意的是,L_{rS}和L_{Sr}两个分块矩阵互为转置,且与转子位置θ有关,它们的元素是变参数,这是系统非线性的一个根源。为了把变参数转换成常参数须利用坐标变换。

如果把磁链方程[式(6-5b)]代入电压方程[式(6-3)],则得展开后的电压方程:

$$u = Ri + p(Li) = Ri + L \cdot \frac{di}{dt} + \frac{dL}{dt}i = Ri + L \cdot \frac{di}{dt} + \frac{dL}{d\theta}\omega i \quad (6\text{-}18)$$

式中:$L \cdot \dfrac{di}{dt}$——电磁感应电动势中的脉变电动势(或称变压器电动势);

$\dfrac{dL}{d\theta}\omega i$——电磁感应电动势中与转速$\omega$成正比的旋转电动势。

3. 转矩方程

$$T = -p_N M_{12} \left[(i_A i_a + i_B i_b + i_C i_c)\sin\theta + (i_A i_b + i_B i_c + i_C i_a)\sin\left(\theta + \frac{2\pi}{3}\right) + \right.$$

$$\left. (i_A i_c + i_B i_a + i_C i_b)\sin\left(\theta + \frac{4\pi}{3}\right) \right] \quad (6\text{-}19)$$

式中:p_N——电机极对数。

上式是在磁路为线性、磁动势在空间按正弦分布的假定条件下得出的,但对定子、转子电流的波形未做任何假定,式中的i都是瞬时值。因此,此电磁转矩公式同样适用于由变压变频器供电的三相异步电动机调速系统。

4. 运动方程

对于恒转矩负载：

$$T = T_L + \frac{J}{p_N}\frac{d\omega}{dt} \tag{6-20}$$

式中：ω——转子角频率，$\omega = d\theta/dt$；
T_L——负载转矩；
J——机组转动惯量。

5. 三相异步电动机的数学模型

将前述式(6-18)、式(6-20)归纳起来，便构成在恒转矩负载下三相异步电动机的多变量非线性数学模型。

$$u = Ri + L\frac{di}{dt} + \frac{dL}{d\theta}\omega i \tag{6-21}$$

$$T = T_L + \frac{J}{p_N}\frac{d\omega}{dt} \tag{6-22}$$

$$\omega = \frac{d\theta}{dt} \tag{6-23}$$

三、坐标变换

1. 3/2 变换与 2/3 变换

(1) 3/2 变换：三相 A、B、C 坐标变换到两相 α、β 坐标。

$$\begin{cases} i_\alpha = \sqrt{\frac{2}{3}}\left(i_A - \frac{1}{2}i_B - \frac{1}{2}i_C\right) \\ i_\beta = \sqrt{\frac{2}{3}}\left(\frac{\sqrt{3}}{2}i_B - \frac{\sqrt{3}}{2}i_C\right) \end{cases} \tag{6-24}$$

(2) 2/3 变换：两相 α、β 坐标变换到三相 A、B、C 坐标。

$$\begin{cases} i_A = \sqrt{\frac{2}{3}}i_\alpha \\ i_B = \sqrt{\frac{2}{3}}\left(-\frac{1}{2}i_\alpha + \frac{\sqrt{3}}{2}i_\beta\right) \\ i_C = \sqrt{\frac{2}{3}}\left(-\frac{1}{2}i_\alpha - \frac{\sqrt{3}}{2}i_\beta\right) \end{cases} \tag{6-25}$$

式(6-24)和式(6-25)为三相绕组Y形接法时，带中性线；如果不带中性线，$i_C = -i_A - i_B$，则按下式计算：

$$\begin{cases} i_\alpha = \sqrt{\frac{3}{2}}i_A \\ i_\beta = \frac{\sqrt{2}}{2}i_A + \sqrt{2}i_B \end{cases} \quad 和 \quad \begin{cases} i_A = \sqrt{\frac{2}{3}}i_\alpha \\ i_B = \sqrt{\frac{2}{3}}\left(-\frac{1}{2}i_\alpha + \frac{\sqrt{3}}{2}i_\beta\right) \end{cases}$$

3/2 变换与 2/3 变换示意图如图 6-9 所示。

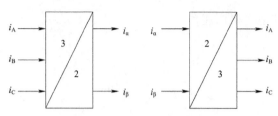

图 6-9　3/2 变换与 2/3 变换示意图

2. 旋转变换(VR)与反旋转变换(VR^{-1})

(1) 旋转变换(VR)

α、β 坐标换算到以 ω_1 角频率旋转的 M、T 坐标。

$$\begin{cases} i_M = i_\alpha \cos\theta + i_\beta \sin\theta \\ i_T = i_\beta \cos\theta - i_\alpha \sin\theta \end{cases} \tag{6-26}$$

式中：θ——M、T 坐标相对于 α、β 坐标旋转的角度，如图 6-3 所示

(2) 反旋转变换(VR^{-1})

以 ω_1 角频率旋转的 M、T 坐标换算到 α、β 坐标。

$$\begin{cases} i_\alpha = i_M \cos\theta - i_T \sin\theta \\ i_\beta = i_T \cos\theta + i_M \sin\theta \end{cases} \tag{6-27}$$

旋转变换与反旋转变换示意图如图 6-10 所示。

3. 直角坐标与极坐标的变换(K/P)与极坐标与直角坐标的变换(P/K)

(1) 直角坐标与极坐标的变换(K/P)(图 6-11)

α、β 坐标系：

$$i_1 = \sqrt{i_\alpha^2 + i_\beta^2},\ \varphi = \tan^{-1}\frac{i_\beta}{i_\alpha} \tag{6-28}$$

M、T 坐标系：

$$i_1 = \sqrt{i_M^2 + i_T^2},\ \theta = \tan^{-1}\frac{i_T}{i_M} \tag{6-29}$$

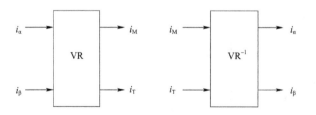

图 6-10　VR 变换与 VR^{-1} 变换示意图

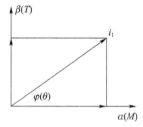

图 6-11　直角坐标与极坐标变换

(2) 极坐标与直角坐标的变换(P/K)

α、β 坐标系：

$$i_\alpha = i_1 \cos\varphi,\ i_\beta = i_1 \sin\varphi \tag{6-30}$$

M、T 坐标系：

$$i_M = i_1 \cos\varphi,\ i_T = i_1 \sin\varphi \tag{6-31}$$

直角坐标与极坐标之间变换示意图如图 6-12 所示。

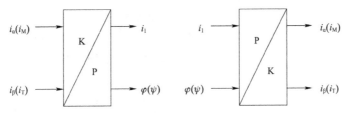

图 6-12 直角坐标与极坐标变换示意图

注意：以上坐标变换都是以电流为例进行说明，对电压、磁链等同样适用。

四、三相异步电动机在两相坐标系上的数学模型

前文已指出，异步电动机的数学模型比较复杂，通过坐标变换可以简化数学模型。式(6-22)的异步电机数学模型是建立在三相静止的 A、B、C 坐标系上的，如果把它变换到两相坐标系上，由于两相坐标轴互相垂直，两相绕组之间没有磁的耦合，仅此一点，就会使数学模型简单了许多。

（一）异步电动机在两相任意旋转坐标系（d、q 坐标系）上的数学模型

两相坐标系可以是静止的，也可以是旋转的，其中以任意转速旋转的坐标系是最一般的情况，有了这种情况下的数学模型，要求出某一具体两相坐标系上的模型就比较容易了。

设两相坐标 d 轴与三相坐标 A 轴的夹角为 θ，而 $p\theta = \omega_{11}$ 为 d、q 坐标系相对于定子的角转速，ω_{12} 为 d、q 坐标系相对于转子的角转速。要把三相静止坐标系上的电压方程[式(6-3)]、磁链方程[式(6-5)]和转矩方程[式(6-19)]都变换到两相旋转坐标系上来，可以先利用 3/2 变换将方程式中定子和转子的电压、电流、磁链和转矩都变换到两相静止坐标系 α、β 上，然后再用旋转变换矩阵将这些变量都变换到两相旋转坐标系 d、q 上。具体的变换过程比较复杂，本书从略。

变换后得到的数学模型如下：

(1) 电压方程

$$\begin{bmatrix} u_{d1} \\ u_{q1} \\ u_{d2} \\ u_{q2} \end{bmatrix} = \begin{bmatrix} r_1 + pL_S & -\omega_{11}L_S & pL_m & -\omega_{11}L_m \\ \omega_{11}L_S & r_1 + pL_S & \omega_{11}L_m & L_m p \\ L_m p & -L_m \omega_{12} & r_2 + pL_r & -\omega_{12}L_r \\ \omega_{12}L_m & L_m p & \omega_{12}L_r & r_2 + pL_r \end{bmatrix} \times \begin{bmatrix} i_{d1} \\ i_{q1} \\ i_{d2} \\ i_{q2} \end{bmatrix} \quad (6\text{-}32)$$

式中：定子各量均用下角标 1 表示，转子各量用 2 表示；

L_m——d、q 坐标系定子与转子同轴等效绕组间的互感，$L_m = \frac{3}{2}L_{m1}$；

L_S——d、q 坐标系定子等效绕组的自感，$L_S = L_m + L_{l1}$；

L_r——d、q 坐标系转子等效绕组的自感，$L_r = L_m + L_{l2}$。

应该注意，两相绕组互感 L_m 是原三相绕组中任意两相间最大互感（当轴线重合时）L_{m1} 的 3/2 倍，这是因为用两相取代了三相的缘故。

对比式(6-32)和式(6-3)可知，两相坐标系上的电压方程是 4 维的，它比三相坐标系上的 6 维电压方程降低了 2 维。

(2) 磁链方程

数学模型简化的根本原因可从磁链方程和图6-13所示的 d、q 坐标系物理模型上看出。

$$\begin{bmatrix} \psi_{d1} \\ \psi_{q1} \\ \psi_{d2} \\ \psi_{q2} \end{bmatrix} = \begin{bmatrix} L_S & 0 & L_m & 0 \\ 0 & L_S & 0 & L_m \\ L_m & 0 & L_r & 0 \\ 0 & L_m & 0 & L_r \end{bmatrix} \times \begin{bmatrix} i_{d1} \\ i_{q1} \\ i_{d2} \\ i_{q2} \end{bmatrix} \quad (6\text{-}33)$$

或写成：

$$\begin{cases} \psi_{d1} = L_S i_{d1} + L_m i_{d2} \\ \psi_{q1} = L_S i_{q1} + L_m i_{q2} \\ \psi_{d2} = L_m i_{d1} + L_r i_{d2} \\ \psi_{q2} = L_m i_{q1} + L_r i_{q2} \end{cases} \quad (6\text{-}34)$$

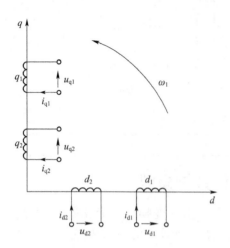

图6-13　d、q 坐标系物理模型

由于变换到 d、q 坐标系上以后，定子和转子等效绕组都落在两根轴上，而且两轴互相垂直，它们之间没有互感的耦合关系，互感磁链只在同轴绕组之间存在，所以式中的每个磁链分量1只剩下两项了，可是，由于定、转子绕组与坐标轴之间都有相对运动，它们都属于为静止绕组。每轴磁通在与之垂直的绕组中还要产生旋转电动势，这些电动势项都与相对转速 ω_{11} 或 ω_{12} 成正比，可以在式(6-32)所示的电压方程中找到。

(3) 转矩和运动方程

$$T = p_N L_m (i_{q1} i_{d2} - i_{d1} i_{q2}) = T_L + \frac{J}{p_N} \frac{d\omega}{dt} \quad (6\text{-}35)$$

式中：ω——电机转子的角速度，$\omega = \omega_{11} - \omega_{12}$。

式(6-32)~式(6-35)就是异步电动机在 d、q 坐标系上的数学模型、显然，它们比 A、B、C 坐标系上的模型简单得多，阶次也降低。但是，它的非线性、多变量、强耦合性质并未改变。

在电压方程式(6-32)等号右侧的系数矩阵中，含 r 项表示电阻压降，含 L_p 项表示电感压降(即脉变电动势)，含 ω 项表示旋转电动势。为了使物理概念更清楚，可以把它们分开来写，并考虑到式(6-33)的磁链方程，即得：

$$\begin{bmatrix} u_{d1} \\ u_{q1} \\ u_{d2} \\ u_{q2} \end{bmatrix} = \begin{bmatrix} r_1 & 0 & 0 & 0 \\ 0 & r_1 & 0 & 0 \\ 0 & 0 & r_2 & 0 \\ 0 & 0 & 0 & r_2 \end{bmatrix} \times \begin{bmatrix} i_{d1} \\ i_{q1} \\ i_{d2} \\ i_{q2} \end{bmatrix} + \begin{bmatrix} L_S p & 0 & L_m p & 0 \\ 0 & L_S p & 0 & L_m p \\ L_m p & 0 & L_r p & 0 \\ 0 & L_m p & 0 & L_r p \end{bmatrix} \times \begin{bmatrix} i_{d1} \\ i_{q1} \\ i_{d2} \\ i_{q2} \end{bmatrix} +$$

$$\begin{bmatrix} 0 & -\omega_{11} & 0 & 0 \\ \omega_{11} & 0 & 0 & 0 \\ 0 & 0 & 0 & -\omega_{12} \\ 0 & 0 & \omega_{12} & 0 \end{bmatrix} \times \begin{bmatrix} \psi_{d1} \\ \psi_{q1} \\ \psi_{d2} \\ \psi_{q2} \end{bmatrix} \quad (6\text{-}36)$$

令

$$u = \begin{bmatrix} u_{d1} & u_{q1} & u_{d2} & u_{q2} \end{bmatrix}^T$$
$$i = \begin{bmatrix} i_{d1} & i_{q1} & i_{d2} & i_{q2} \end{bmatrix}^T$$

$$\psi = \begin{bmatrix} \psi_{d1} & \psi_{q1} & \psi_{d2} & \psi_{q2} \end{bmatrix}^T$$

$$r = \begin{bmatrix} r_1 & 0 & 0 & 0 \\ 0 & r_1 & 0 & 0 \\ 0 & 0 & r_2 & 0 \\ 0 & 0 & 0 & r_2 \end{bmatrix}$$

$$L = \begin{bmatrix} L_S & 0 & L_m & 0 \\ 0 & L_S & 0 & L_m \\ L_m & 0 & L_r & 0 \\ 0 & L_m & 0 & L_r \end{bmatrix}$$

旋转电动势矢量：

$$e_r = \begin{bmatrix} 0 & -\omega_{11} & 0 & 0 \\ \omega_{11} & 0 & 0 & 0 \\ 0 & 0 & 0 & -\omega_{12} \\ 0 & 0 & \omega_{12} & 0 \end{bmatrix} \times \begin{bmatrix} \psi_{d1} \\ \psi_{q1} \\ \psi_{d2} \\ \psi_{q2} \end{bmatrix} = \begin{bmatrix} -\omega_{11}\psi_{q1} \\ \omega_{11}\psi_{d1} \\ -\omega_{12}\psi_{q2} \\ \omega_{12}\psi_{d2} \end{bmatrix}$$

则式(6-36)变成：

$$\vec{u} = r\vec{i} + p\vec{L}\vec{i} + \vec{e}_r \tag{6-37}$$

将式(6-36)变成式(6-33)、式(6-35)形式,画出多变量系统动态结构图,如图6-14所示,其中$\phi_1(*)$表示e_r表达式的非线性函数矩阵,$\phi_2(*)$表示T_e表达式的非线性函数。

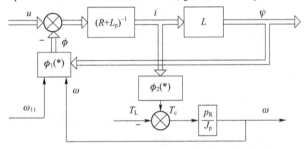

图6-14 异步电动机的多变量、强耦合动态结构图

图6-14所示为是本节开始时提到的异步电动机多变量控制结构的具体体现,它表明异步电动机的数学模型具有以下性质：

(1)异步电动机可以看作一个双输入双输出系统,输入量是电压矢量u和定子与d、q坐标轴的相对角转速ω_{11}(当d、q轴以同步转速旋转时,ω_{11}就等于定子输入角频率ω_{11}),输出量是磁链矢量ψ和转子角转速ω。电流矢量可以看作状态变量,它和磁链矢量之间有由式(6-33)确定的关系。

(2)非线性因素存在于$\phi_1(*)$和$\phi_2(*)$中,即存在于产生旋转电动势和电磁转矩的两个环节上。除此以外,系统的其他部分部是线性关系,这和直流电动机弱磁控制的情况相似。

(3)多变量之间的耦合关系主要体现在旋转电动势上。如果忽略旋转电动势的影响,系统便容易简化成单变量系统了。

将式(6-32)中的 d、q 轴电压方程绘成动态等效电路,如图 6-15 所示。其中,图 6-15a)是 d 轴电路,图 6-15b)是 q 轴电路,它们之间靠旋转电动势 $\omega_{11}\psi_{q1}$、$\omega_{12}\psi_{q2}$、$\omega_{12}\psi_{d2}$ 互相耦合,这再次说明了上述第三条性质。图中所有表示电压或电动势的箭头都是按电压降的方向绘出来的。

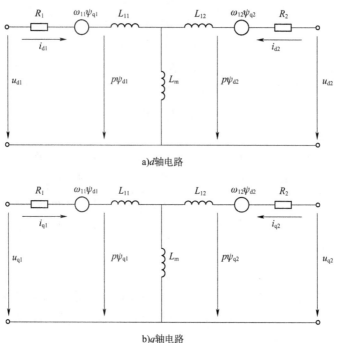

图 6-15 异步电动机在 d、q 坐标上的动态等效电路

(二)异步电动机在两相静止 α、β 坐标系上的数学模型

在静止坐标系 α、β 的数学模型是任意旋转坐标系 d、q 上数学模型的一个特例,只要在旋转坐标模型中令 $\omega_{11} = 0$ 即可。这时 $\omega_{12} = -\omega$,即电动机转子角转速的负值,下角标中的 d、q 改变成 α、β。于是,式(6-33)的磁链方程改为:

$$\begin{cases} \psi_{\alpha 1} = L_S i_{\alpha 1} + L_m i_{\alpha 2} \\ \psi_{\beta 1} = L_S i_{\beta 1} + L_m i_{\beta 2} \\ \psi_{\alpha 2} = L_m i_{\alpha 1} + L_r i_{\alpha 2} \\ \psi_{\beta 2} = L_m i_{\beta 1} + L_r i_{\beta 2} \end{cases} \tag{6-38}$$

而式(6-32)的电压矩阵方程变成:

$$\begin{bmatrix} u_{\alpha 1} \\ u_{\beta 1} \\ u_{\alpha 2} \\ u_{\beta 2} \end{bmatrix} = \begin{bmatrix} r_1 + pL_S & 0 & pL_m & 0 \\ 0 & r_1 + pL_S & 0 & L_m p \\ L_m p & L_m \omega & r_2 + pL_r & \omega L_r \\ -\omega L_m & L_m p & -\omega L_r & r_2 + pL_r \end{bmatrix} \times \begin{bmatrix} i_{\alpha 1} \\ i_{\beta 1} \\ i_{\alpha 2} \\ i_{\beta 2} \end{bmatrix} \tag{6-39}$$

利用两相旋转变换的反变换式,可得:

$$i_{d1} = i_{\alpha 1}\cos\theta + i_{\beta 1}\sin\theta$$

$$i_{q1} = -i_{\alpha 1}\sin\theta + i_{\beta 1}\cos\theta$$
$$i_{d2} = i_{\alpha 2}\cos\theta + i_{\beta 2}\sin\theta$$
$$i_{q2} = -i_{\alpha 2}\sin\theta + i_{\beta 2}\cos\theta$$

代入式(6-35)并整理得到 α、β 坐标系上的电磁转矩：

$$T = p_N L_m (i_{\beta 1} i_{\alpha 2} - i_{\alpha 1} i_{\beta 2}) \tag{6-40}$$

式(6-39)和式(6-40)再加上和前面一样的运动方程便成为 α、β 坐标上的异步电动机数学模型。这种在两相静止坐标上的数学模型又称为 Kron 的异步电机方程式成双轴原型电机(Two Axis Primitive Machine)基本方程式。

(三)异步电动机在两相同步旋转坐标系上的数学模型

另一很有用的坐标系是两相同步旋转坐标系，其坐标轴仍用 d、q 表示，只是旋转速度等于定子频率的同步角转速 ω_1，也就是坐标系相对定子的角转速。而转子的转速为 ω，d、q 轴相对转子的角转速叫 $\omega_{12} = \omega_1 - \omega = \omega_s$，即转差。代入式(6-32)，得同步旋转坐标系上的电压方程：

$$\begin{bmatrix} u_{d1} \\ u_{q1} \\ u_{d2} \\ u_{q2} \end{bmatrix} = \begin{bmatrix} r_1 + pL_S & -\omega_1 L_S & pL_m & -\omega_1 L_m \\ \omega_1 L_S & r_1 + pL_S & \omega_1 L_m & L_m p \\ L_m p & -L_m \omega_S & r_2 + pL_r & -\omega_S L_r \\ \omega_S L_m & L_m p & \omega_S L_r & r_2 + pL_r \end{bmatrix} \times \begin{bmatrix} i_{d1} \\ i_{q1} \\ i_{d2} \\ i_{q2} \end{bmatrix} \tag{6-41}$$

而磁链方程、转矩方程和运动方程均不变。

这种坐标系的突出优点是，当 A、B、C 坐标系中的变量为正弦函数时，d、q 坐标系中的变量是直流。

(四)异步电动机在两相同步旋转坐标系上按转子磁场定向(M、T 坐标系)的数学模型

在式(6-41)中，电压方程右边的 4×4 系数矩阵每一项都是占满了的，也就是说，系统仍是强耦合的。怎样才能进一步简化呢？研究发现，对于所用的两相同步旋转坐标系只规定了 d、q 两轴的垂直关系和旋转速度，并未规定两轴与电机旋转磁场的相对位置，对此仍有选择的余地。

现在规定 d 轴沿着转子总磁链矢量 ψ_2 的方向，称为 M(Magnetization)轴；而 q 轴则逆时针 $90°$，即垂直于矢量 ψ_2，称之为 T(Torque)轴。这样，两相同步旋转坐标系就具体规定为 M、T 坐标系，即按转子磁场定向的坐标系。将式(6-41)和式(6-35)中的坐标轴符号改变一下，即得 M、T 坐标系上的数学模型。

$$\begin{bmatrix} u_{m1} \\ u_{t1} \\ u_{m2} \\ u_{t2} \end{bmatrix} = \begin{bmatrix} r_1 + pL_S & -\omega_1 L_S & pL_m & -\omega_1 L_m \\ \omega_1 L_S & r_1 + pL_S & \omega_1 L_m & L_m p \\ L_m p & -L_m \omega_S & r_2 + pL_r & -\omega_S L_r \\ \omega_S L_m & L_m p & \omega_S L_r & r_2 + pL_r \end{bmatrix} \times \begin{bmatrix} i_{m1} \\ i_{t1} \\ i_{m2} \\ i_{t2} \end{bmatrix} \tag{6-42}$$

$$T = p_N L_m (i_{t1} i_{m2} - i_{m1} i_{t2}) \tag{6-43}$$

由于 ψ_2 本身就是以同步转速旋转的矢量，显然有：

也就是说

$$L_m i_{m1} + L_r i_{m2} = \psi_2 \tag{6-44}$$

$$L_m i_{t1} + L_r i_{t2} = 0 \tag{6-45}$$

把式(6-45)代入式(6-42),得

$$\begin{bmatrix} u_{m1} \\ u_{t1} \\ u_{m2} \\ u_{t2} \end{bmatrix} = \begin{bmatrix} r_1 + pL_S & -\omega_1 L_S & pL_m & -\omega_1 L_m \\ \omega_1 L_S & r_1 + pL_S & \omega_1 L_m & L_m p \\ L_m p & 0 & r_2 + pL_r & 0 \\ \omega_S L_m & 0 & \omega_S L_r & r_2 \end{bmatrix} \times \begin{bmatrix} i_{m1} \\ i_{t1} \\ i_{m2} \\ i_{t2} \end{bmatrix} \tag{6-46}$$

在第三、第四行中出现了零元素,减少了多变量之间的耦合关系,使模型得到简化。

将式(6-44)、式(6-45)代入式(6-43)得转矩方程

$$T = p_N L_m (i_{t1} i_{m2} - i_{m1} i_{t2}) = p_N L_m \left[i_{t1} i_{m2} - \frac{\psi_2 - L_r i_{m2}}{L_m} \left(-\frac{L_m}{L_r} i_{t1} \right) \right]$$

$$= p_N L_m \left[i_{t1} i_{m2} + \frac{\psi_2}{L_r} i_{t1} - i_{t1} i_{m2} \right] = p_N \frac{L_m}{L_r} i_{t1} \psi_2 \tag{6-47}$$

议一议

在对三相异步电动机进行建模时,为何要有一些假定?

比一比

三相异步电动机在两相静止坐标与两相旋转坐标系中的数学模型有何异同?

想一想

矢量控制时,需要知道旋转角 θ,怎样获得 θ?

单元3 间接法矢量控制

学习内容

三种电流模型法;电压模型法;两种电流变换器。

问题引导

间接法矢量控制是为了解决什么技术问题?是如何解决的?

知识学习

异步电动机有些转子参数无法检测,或检测出来后存在较大误差,解决的办法就是通过间接法,即通过计算模型将其计算出来。通过对其他相关参数进行控制,从而达到对这些转子参数的控制。

一、电流模型法

1. 电流模型法 I

根据 M、T 坐标系的磁链方程可得：

$$\begin{cases} \psi_{M2} = L_{12}i_{M1} + L_2 i_{M2} = \psi_2 \\ \psi_{T2} = L_{12}i_{T1} + L_2 i_{T2} = 0 \end{cases} \Rightarrow \begin{cases} L_{12}i_{M1} + L_2 i_{M2} = \psi_2 \\ i_{T2} = -\dfrac{L_{12}i_{T1}}{L_2} \end{cases}$$

根据 M、T 坐标系的电压方程可得

$$\begin{cases} u_{M2} = i_{M2}r_2 + p\psi_{M2} - \omega_s \psi_{T2} = 0 \\ u_{T2} = i_{T2}r_2 + p\psi_{T2} + \omega_s \psi_{M2} = 0 \end{cases} \Rightarrow \begin{cases} i_{M2} = -\dfrac{p}{r_2}\psi_{M2} = -\dfrac{p}{r_2}\psi_2 \\ \omega_s = -\dfrac{i_{T2}r_2}{\psi_2} \end{cases}$$

$$\Rightarrow \psi_2 = \frac{L_{12}i_{M1}}{1 + p \cdot L_2/r_2} = \frac{L_{12}i_{M1}}{1 + pT_2}, \omega_s = -\frac{i_{T2}r_2}{\psi_2} = \frac{r_2}{\psi_2} \cdot \frac{L_{12}}{L_2}i_{T1} = \frac{L_{12}}{\psi_2 T_2}i_{T1}$$

式中：$T_2 = L_2/r_2$——转子绕组时间常数；

$\omega_1 = \omega + \omega_s$；

$\theta = \int \omega_1 \mathrm{d}t$。

电流模型法 I 的框图和示意图如图 6-16 所示。

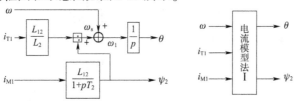

图 6-16　电流模型法 I 的框图和示意图

2. 电流模型法 II

根据 α、β 坐标的电压方程可得：

$$\begin{cases} u_{\alpha 2} = i_{\alpha 2}r_2 + p\psi_{\alpha 2} + \omega \psi_{\beta 2} = 0 \\ u_{\beta 2} = i_{\beta 2}r_2 + p\psi_{\beta 2} - \omega \psi_{\alpha 2} = 0 \end{cases} \Rightarrow \begin{cases} i_{\alpha 2} = -\dfrac{p\psi_{\alpha 2} + \omega \psi_{\beta 2}}{r_2} \\ i_{\beta 2} = -\dfrac{p\psi_{\beta 2} - \omega \psi_{\alpha 2}}{r_2} \end{cases}$$

根据 α、β 坐标的磁链方程可得：

$$\begin{cases} \psi_{\alpha 2} = L_{12}i_{\alpha 1} + L_2 i_{\alpha 2} \\ \psi_{\beta 2} = L_{12}i_{\beta 1} + L_2 i_{\beta 2} \end{cases} \Rightarrow \begin{cases} \psi_{\alpha 2} = L_{12}i_{\alpha 1} + L_2\left(-\dfrac{p\psi_{\alpha 2} + \omega \psi_{\beta 2}}{r_2}\right) \\ \psi_{\beta 2} = L_{12}i_{\beta 1} + L_2\left(-\dfrac{p\psi_{\beta 2} - \omega \psi_{\alpha 2}}{r_2}\right) \end{cases}$$

$$\Rightarrow \begin{cases} \psi_{\alpha 2} = L_{12}i_{\alpha 1} - T_2(p\psi_{\alpha 2} + \omega \psi_{\beta 2}) \\ \psi_{\beta 2} = L_{12}i_{\beta 1} - T_2(p\psi_{\beta 2} - \omega \psi_{\alpha 2}) \end{cases} \Rightarrow \begin{cases} \psi_{\alpha 2} = \dfrac{1}{1 + T_2 p}(i_{\alpha 1}L_{12} - \omega T_2 \psi_{\beta 2}) \\ \psi_{\beta 2} = \dfrac{1}{1 + T_2 p}(i_{\beta 1}L_{12} + \omega T_2 \psi_{\alpha 2}) \end{cases}$$

电流模型法Ⅱ的框图和示意图如图6-17所示。

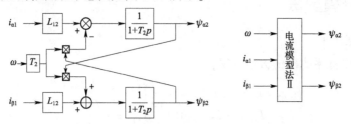

图6-17　电流模型法Ⅱ的框图和示意图

3. 电流模型法Ⅲ

根据 M、T 坐标系的磁链方程可得：

$$\begin{cases}\psi_{M2}=L_{12}i_{M1}+L_2 i_{M2}=\psi_2\\ \psi_{T2}=L_{12}i_{T1}+L_2 i_{T2}=0\end{cases}\Rightarrow\begin{cases}L_{12}i_{M1}+L_2 i_{M2}=\psi_2\\ i_{T2}=-\dfrac{L_{12}i_{T1}}{L_2}\end{cases}$$

根据 M、T 坐标系的电压方程可得：

$$\begin{cases}u_{M2}=i_{M2}r_2+p\psi_{M2}-\omega_s\psi_{T2}=0\\ u_{T2}=i_{T2}r_2+p\psi_{T2}+\omega_s\psi_{M2}=0\end{cases}\Rightarrow\begin{cases}i_{M2}=-\dfrac{p}{r_2}\psi_{M2}=-\dfrac{p}{r_2}\psi_2\\ \omega_s=-\dfrac{i_{T2}r_2}{\psi_2}\end{cases}$$

$$\Rightarrow\psi_2=\dfrac{L_{12}i_{M1}}{1+p\cdot L_2/r_2}=\dfrac{L_{12}i_{M1}}{1+pT_2}$$

根据 M、T 坐标系的电磁转矩方程可得：

$$T=n_p L_{12}(i_{T1}i_{M2}-i_{M1}i_{T2})$$

以及

$$\begin{cases}\psi_{M2}=L_{12}i_{M1}+L_2 i_{M2}=\psi_2\\ \psi_{T2}=L_{12}i_{T1}+L_2 i_{T2}=0\end{cases}\Rightarrow\begin{cases}i_{M1}=\dfrac{\psi_2-L_2 i_{M2}}{L_{12}}\\ i_{T2}=-\dfrac{L_{12}i_{T1}}{L_2}\end{cases}$$

可得：

$$T=n_p\dfrac{L_{12}}{L_2}i_{T1}\psi_2$$

根据 M、T 坐标系的运动方程可得：

$$T-T_L=\dfrac{J}{n_p}\cdot\dfrac{d\omega}{dt}\Rightarrow\omega=\int\dfrac{n_p}{J}(T-T_L)dt$$

电流模型法Ⅲ的框图和示意图如图6-18所示。

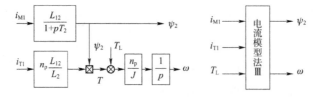

图6-18　电流模型法Ⅲ的框图和示意图

二、电压模型法

根据 α、β 坐标系的定子电压方程可得：

$$\begin{cases} u_{\alpha 1} = i_{\alpha 1} r_1 + p\psi_{\alpha 1} \\ u_{\beta 1} = i_{\beta 1} r_1 + p\psi_{\beta 1} \end{cases} \Rightarrow \begin{cases} \psi_{\alpha 1} = (u_{\alpha 1} - i_{\alpha 1} r_1)/p \\ \psi_{\beta 1} = (u_{\beta 1} - i_{\beta 1} r_1)/p \end{cases}$$

根据 α、β 坐标系的定子磁链方程可得：

$$\begin{cases} \psi_{\alpha 1} = L_1 i_{\alpha 1} + L_{12} i_{\alpha 2} \\ \psi_{\beta 1} = L_1 i_{\beta 1} + L_{12} i_{\beta 2} \end{cases} \Rightarrow \begin{cases} i_{\alpha 2} = (\psi_{\alpha 1} - L_1 i_{\alpha 1})/L_{12} \\ i_{\beta 2} = (\psi_{\beta 1} - L_1 i_{\beta 1})/L_{12} \end{cases}$$

根据 α、β 坐标系的转子磁链方程可得：

$$\begin{cases} \psi_{\alpha 2} = L_{12} i_{\alpha 1} + L_2 i_{\alpha 2} \\ \psi_{\beta 2} = L_{12} i_{\beta 1} + L_2 i_{\beta 2} \end{cases} \Rightarrow \begin{cases} \psi_{\alpha 2} = \dfrac{L_2}{L_{12}}(\psi_{\alpha 1} - \sigma L_1 i_{\alpha 1}) \\ \psi_{\beta 2} = \dfrac{L_2}{L_{12}}(\psi_{\beta 1} - \sigma L_1 i_{\beta 1}) \end{cases}$$

式中：$\sigma = 1 - \dfrac{L_{12}^2}{L_1 L_2}$——电机总漏感系数。

由此可得：

$$\begin{cases} \psi_{\alpha 2} = \dfrac{L_2}{L_{12}}\left[\dfrac{u_{\alpha 1}}{p} - \left(\dfrac{r_1}{p} + L_\sigma\right)i_{\alpha 1}\right] \\ \psi_{\beta 2} = \dfrac{L_2}{L_{12}}\left[\dfrac{u_{\beta 1}}{p} - \left(\dfrac{r_1}{p} + L_\sigma\right)i_{\beta 1}\right] \end{cases}$$

式中：$L_\sigma = \sigma L_1$——定子漏感。

电压模型法的框图和示意图如图 6-19 所示。

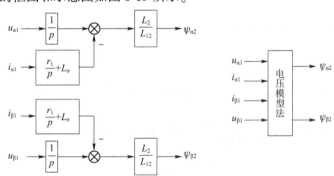

图 6-19 电压模型法的框图和示意图

三、电流变换器

1. 电流滞环型电流变换器

如图 6-20 所示，三相实际电流分别与三相给定电流进行比较，差值信号分别送入三个电流滞环，三个电流滞环分别发出信号去控制变流器中功率开关的导通角，从而达到调节三相电流的目的。

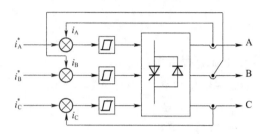

图 6-20　电流滞环型电流变换器

2. 电流内环型电流变换器

如图 6-21 所示，三相实际电流分别于三相给定电流进行比较，差值信号分别送入三个电流调节器，三个电流调节器分别输出信号到 PWM 控制器，再由 PWM 控制器去控制变流器中功率开关的导通角，从而达到调节三相电流的目的。

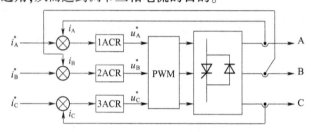

图 6-21　电流内环型电流变换器

议一议

电流模型法Ⅰ和电流模型法Ⅱ都可获得转子磁链，哪种方法更容易实现？

比一比

电流模型法Ⅱ和电压模型法都可获得转子磁链，哪种方法好？

想一想

要获得旋转角 θ 和转速 ω，应分别采用哪种模型？

单元 4　交流电动机矢量变换变频调速系统基本原理

学习内容

磁链开环转差控制的矢量控制系统；转速磁链闭环控制的电流滞环型 PWM 变频调速系统。

问题引导

磁链开环转差控制的矢量控制系统原理是什么？转速磁链闭环控制的电流滞环型 PWM 变频调速系统原理是什么？

一、磁链开环转差控制的矢量控制系统

鉴于在磁链闭环控制系统中转子磁链反馈信号是从磁链模型获得的,其幅值和相位都受到电机参数 T_2 和 L_m 变化的影响,造成控制的不准确。例如,由于电机温度变化和转子频率不同时集肤效应的变化会影响转子电阻,由于饱和程度的不同而影响电感,这些都是不可避免的。于是有人认为,与其采用磁链闭环控制而反馈不准,不如采用磁链开环控制,使系统更简单。在这种情况下,常利用矢量控制基本方程式中的转差公式,形成转差型的矢量控制。它继承了转差频率控制系统的优点,同时用矢量控制规律克服了它大部分的不足之处,它是矢量控制系统的一种结构简单的基本形式:图 6-22 为转差型矢量变换控制系统的原理图,其中主电路采用了交-直-交电流源型变压变频器,适用于数千千瓦的大容量装置,中、小容量的多采用 SPWM 变压变频器。

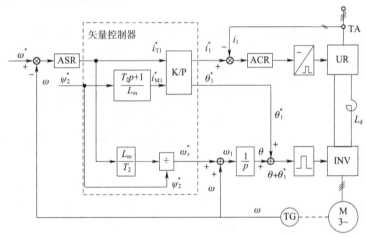

图 6-22 磁链开环转差控制的矢量控制系统
ASR-转速调节器;ACR-电流调节器;K/P-直角坐标-极坐标变换器

这个系统的主要特点如下:

(1)转速调节器 ASR 的输出是定子电流转矩分量的给定信号 i_{T1}^*,与双闭环直流调速系统的电枢电流给定信号相当。

(2)定子电流励磁分量给定信号 i_{M1}^* 和转子磁链给定信号 ψ_2^* 之间的关系是靠矢量控制方程式建立的,其中的比例微分环节使 i_{M1}^* 在动态中获得强迫励磁效应,从而克服了实际磁通的滞后。

(3)i_{T1}^* 和 i_{M1}^* 经直角坐标极坐标变换器合成后产生定子电流幅值给定信号 i_1^* 和相角给定信号 θ_1^*。前者经电流调节器 ACR 控制定子电流的大小,后者则控制逆变器换相的触发时刻,用以决定定子电流的相位。定子电流相位是否得到及时控制对于动态转矩的发生极为重要。极端来看,如果电流幅值很大,但相位落后 90°,所产生的转矩只能是零。

(4)转差频率给定信号 ω_s^* 按矢量控制方程式算出,实现了转差频率控制的功能。

磁链开环转差控制的矢量控制系统的磁场定向由给定信号确定,靠矢量控制方程保证,不需要实际计算转子磁链及其相位,属于间接磁场定向。但由于矢量控制方程中包括电机参数 T_2 和 L_m,其定向精度同样受参数变化的影响。

按转子磁场定向的矢量控制系统是近几十年来实际应用最为普遍的高性能交流调速系统,其调节器设计方便,动态性能好,调速范围宽,采用一般的转速传感器时可达 1∶100。但控制性能受电机参数变化的影响是其主要缺点。为了解决这个问题,在参数识别和自适应控制等方面做过许多研究工作,获得不少成果,但还很少得到实际应用。近年来,各种智能控制方法在提高系统的鲁棒性能上有过一些尝试,有很好的应用前景。

二、转速磁链闭环控制的电流滞环型 PWM 变频调速系统

图 6-22 所示为典型的转速、磁链闭环控制的矢量控制系统。转速调节器输出带除法环节,使系统在前述所列的三个假定条件下变换成完全解耦的两个子系统,两个调节器的设计方法和直流调速系统相似。调节器和坐标变换都可采用微机数字控制。电流控制变频器可以采用电流滞环跟踪控制的 PWM 变压变频器,也可以采用带电流内环控制的电压源型 SPWM 变换器。

磁链闭环控制系统的关键环节是磁链反馈信号的获得。开始提出矢量控制系统时,曾尝试直接检测的方法以获得实际磁链信号,一种是在电机槽内埋没探测线圈,一种是利用贴在定子内表面的霍尔片或其他磁敏元件。从理论上说,直接检测应该比较准确。但实际上,埋设线圈和敷设磁敏元件都遇到不少工艺和技术问题,特别是由于齿槽影响,使检测信号中含有较大的脉动分量,越到低速时影响越严重。因此,现在实用的系统中,多采用间接观测的方法,即检测出电压、电流或转速等容易测得的物理量,利用转子磁通(磁通)的模型,实时计算磁链的幅值和相位。

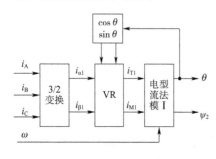

图 6-23 在按磁场定向两相旋转坐标系上的转子磁链模型

利用能够实测的物理量的不同组合,可以获得多种转子磁链模型。现在只介绍按磁场定向两相旋转坐标系上的转子磁链模型。

图 6-23 所示为转子磁链模型的运算框图。三相定子电流 i_A、i_B、i_C 经 3/2 变换变成两相静止坐标系电流 $i_{\alpha1}$、$i_{\beta1}$,再经同步旋转变换并按转子磁场定向,得到 M、T 坐标上的电流 i_{M1} 和 i_{T1}。利用矢量控制方程可以获得 ψ_2 和 ω_s 信号,由 ω_s 信号与实测转速信号 ω 相加,得到定子频率信号 ω_1,再经积分,即为转子磁链的相位信号 θ。这个相位信号同时就是同步旋转变换的旋转相位角。

这种转子磁链模型在实用中都比较普遍,但受电机参数 T_2 和 L_m 的影响。参数变化将导致磁链幅值和相位信号失真,而反馈信号的失真必然使磁链闭环控制系统的性能降低,这是磁链闭环控制系统的不足之处。

另外一种提高转速、磁链闭环控制系统解耦性能的办法是在转速环内增设转矩控制内环,这时,磁链对转矩的影响相当于对转矩内环的一种扰动作用,因而受到转矩内环的抑制,从而改造了转速子系统,使它少受磁链变化的影响。这样的系统如图 6-24 所示。图中,作为一个示例,主电路采用了电流滞环跟踪控制的 PWM 变频器。图中还考虑了正、反向和弱

磁升速,磁链给定信号由函数发生环节获得,转矩给定信号由 ASR 的输出获得,弱磁时也受到磁链给定信导的控制。

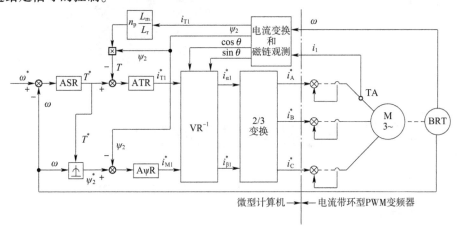

图 6-24 带转矩内环的转速、磁链闭环矢量控制系统
ASR-转速调节器;AψR-磁链调节器;ATR-转矩调节器;BRT-转速传感器

议一议

本单元介绍的两种系统各有何优缺点？有何异同？

知识拓展

无转度传感器矢量控制技术

无转度传感器矢量控制是通过坐标变换处理分别对励磁电流和转矩电流进行控制,然后通过控制电动机定子绕组上的电压、电流辨识转速,以达到控制励磁电流和转矩电流的目的。这种控制方式调速范围宽,起动转矩大,工作可靠,但计算比较复杂,一般需要专门的处理器来进行计算,因此,实时性不是太理想,控制精度受到计算精度的影响。

无转度传感器控制技术的发展始于常规带速度传感器的传动控制系统,解决问题的出发点是利用检测的定子电压、电流等容易检测到的物理量进行速度估计,以取代速度传感器。通过异步电动机矢量控制理论来解决交流电动机转矩控制问题。矢量控制实现的基本原理是通过测量和控制异步电动机定子电流矢量,根据磁场定向原理分别对异步电动机的励磁电流和转矩电流进行控制,从而达到控制异步电动机转矩的目的。

模块学习评估

见学习工作页 6。

模块7 直接转矩控制技术

> **学习目标**
>
> 【知识目标】
> 认知直接转矩控制技术的诞生与发展情况；认知直接转矩控制基本思路；认知直接转矩控制基本原理；认知直接转矩控制技术的优缺点。
>
> 【能力目标】
> 能够利用直接转矩控制技术知识描述直接转矩控制系统原理。
>
> 【素质目标】
> 具有分析问题、解决问题能力。
>
> **建议课时**
> 6课时。

课前引例

广州地铁一号线车辆为德国进口，基于技术革新升级与运营备件方面的考虑，又加之原装牵引逆变器价格昂贵、采购周期长，广州地铁与株洲电力机车研究所共同研发了国产化一号线牵引逆变器。一号线车辆在电机控制上采用的是当时代表世界先进水平的矢量控制，VVVF逆变器国产化项目采用的是直接转矩控制技术（Direct Torque Control，DTC），是继矢量控制变换控制技术之后发展起来的一种新型调压调频技术。同学们，你们知道直接转矩技术与矢量控制技术的主要差别吗？直接转矩控制基本原理是什么？有什么优点？

单元1 直接转矩控制基本思路

学习内容

直接转矩控制技术的诞生与发展情况；直接转矩控制基本思路。

问题引导

直接转矩控制技术是如何诞生与发展的？直接转矩控制的基本思路是什么？

知识学习

一、直接转矩控制技术的诞生与发展

直接转矩控制技术是在20世纪80年代中期继矢量控制技术之后发展起来的一种高性能异步电动机变频调速技术。直接转矩控制，德语称之为DSR（Direkte Selbst Regelung），英语称之为DTC（Direct Torque Control）。

自从20世纪70年代矢量控制技术发展以来，交流传动技术从理论上解决了交流调速系统在静、动态性能上不能与直流传动相媲美的问题。矢量控制技术模仿直流电动机的控制，以转子磁场定向，用矢量变换的方法，实现了对交流电动机的转矩和磁链控制的完全解耦。它的提出具有划时代的重要意义。然而，实际上由于转子磁链难以准确观测，并且系统特性受电动机参数的影响较大，以及在模拟直流电动机控制过程中所用矢量旋转变换的复杂性，使得实际的控制效果难以达到理论分析的结果。这是矢量控制技术在实践上的不足之处。

直接转矩控制理论于1977年由美国学者A. B. Plunkett在IEEE杂志上首先提出，1985年德国鲁尔大学的德彭布罗克（Depenbrock）教授首次成功将直接转矩控制技术应用在实际中，接着在1987年又把直接转矩控制推广到弱磁调速范围。不同于矢量控制，直接转矩控制具有鲁棒性强、转矩动态响应速度快、控制结构简单等优点，它在很大程度上解决了矢量控制中结构复杂、计算量大、对参数变化敏感、实际性能难以达到理论分析结构的一些重要问题。

目前在德国，直接转矩控制技术已成功应用于兆瓦级的电力机车牵引上。日本研制成功的1.5kW直接转矩控制变频调速装置，其转矩响应频率高达2kHz，冲击转矩可瞬时达到额定转矩的20倍，使电机从+500~-500r/min的反转时间只有4ms。在电气传动领域中，这几项指标均居目前世界最高纪录。当前，德国、日本、美国等都竞相发展该项技术，目前的发展趋势是采用第四代电力电子器件（IGBT、IGCT……）及数字化控制元件（如TMS320CXX数字信号处理及其他32位专用数字化模块），向工业生产应用推出全数字化最优直接转矩控制的异步电动机变频调速装置。

二、直接转矩控制的基本思路

（一）直接转矩控制与其他控制方法的比较

直接转矩控制，是将逆变器的控制模式和电机运行性能作为一个整体来考虑的，它具有两层含义：一是保持定子总磁链基本恒定；二是对电机转矩进行直接控制。通过对逆变器的开关控制，既能实现磁链的幅值控制，又能实现电机转矩的控制，两者均通过闭环控制实现。

目前，电机与逆变器控制功能包括电机闭环控制和逆变器的PWM控制两部分。在牵引领域应用的电机闭环控制策略主要有转差电流控制、磁场定向控制以及直接转矩控制。在采用前两种控制方法时，电机闭环控制和PWM控制的任务是分开的；而在采用直接转矩控制方

法时,逆变器的开关动作是直接由磁通和转矩控制器产生的,不需要另外的 PWM 控制器。

异步电动机定子磁链的控制是通过控制电机的输入电压来实现的,当对称三相正弦波电压加于对称三相绕组时,电机的气隙中将产生具有恒定幅值和恒定旋转速度的磁通。当电机由一个三相逆变器供电时,电机的输入电压完全取决于逆变器的开关切换模式,而电机的磁通又取决于电压模式。直接转矩控制的目标之一就是建立磁链和逆变器开关模式之间的关系,通过逆变器开关的电压空间矢量脉宽调制控制(SVPWM)或称磁链跟踪控制技术,使电机获得一个准圆形的气隙磁场。因此,从总体控制结构上看,DTC 和矢量控制(VC)都能获得较高的静、动态特性。

(二)直接转矩控制的思路

根据异步电动机的运动方程:

$$T = T_L + \frac{J}{p_N} \cdot \frac{d\omega}{dt} \tag{7-1}$$

$$\omega = \frac{2\pi n}{60} = \frac{n}{9.55} \tag{7-2}$$

可得:

$$T = T_L + \frac{J}{9.55 n_p} \cdot \frac{dn}{dt} \tag{7-3}$$

由此可知,T 与 n 的变化率成正向性关系。

而

$$T = K\psi_1 i_1 \tag{7-4}$$

在定子磁链 ψ_1 保持不变的情况下,T 与 i_1 成正比关系。

另外,根据异步电动机定子电压方程:

$$u_1 = i_1 r_1 + p\psi_1 = i_1 r_1 + \frac{d\psi_1}{dt} \tag{7-5}$$

在定子磁链 ψ_1 保持不变的情况下,i_1 与 u_1 成正比关系。

总结:在定子磁链 ψ_1 保持不变的情况下,通过调节定子电压 u_1 就可以调节电动机转矩 T,从而达到调节电动机转速 n 的目的。

议一议

直接转矩控制(DTC)与矢量控制(VC)有何区别?

查一查

地铁车辆已经应用了直接转矩控制技术,那么铁道机车、高速动车组是否也应用了该项技术?

单元 2 直接转矩控制基本原理

学习内容

直接转矩控制基本原理;直接转矩控制技术的优缺点。

问题引导

直接转矩控制的基本原理是什么？直接转矩控制技术中电动机转速、正反转是如何控制的？直接转矩控制技术有哪些优缺点？

知识学习

一、直接转矩控制基本原理

(一) 定子磁链模型和转矩模型

直接转矩控制系统是近十几年发展起来的另一种高动态性能的交流变压变频调速系统，其核心问题是转矩和定子磁链反馈模型，以及如何根据转矩和磁链控制信号来选择电压空间矢量控制器的开关状态。和矢量控制系统一样，它也是分别控制异步电机的转速和磁链，而且采用在转速环内设置转矩内环的方法，以抑制磁链变化对转速的影响，因此，转速与磁链也是近似解耦的。

为了使数学模型简化，直接转矩控制系统避开旋转变换，仅仅采用了由三相坐标到二相坐标的变换。在静止两相坐标系(α、β坐标)中根据定子电压方程和转矩方程，可得：

$$\begin{cases} u_{\alpha 1} = i_{\alpha 1}r_1 + p\psi_{\alpha 1} \\ u_{\beta 1} = i_{\beta 1}r_1 + p\psi_{\beta 1} \end{cases} \Rightarrow \begin{cases} \psi_{\alpha 1} = \int(u_{\alpha 1} - i_{\alpha 1}r_1)\mathrm{d}t \\ \psi_{\beta 1} = \int(u_{\beta 1} - i_{\beta 1}r_1)\mathrm{d}t \end{cases}$$

$$T = p_N \frac{L_{12}}{L_2}(i_{\beta 1}\psi_{\alpha 1} - i_{\alpha 1}\psi_{\beta 1}) = k_m(i_{\beta 1}\psi_{\alpha 1} - i_{\alpha 1}\psi_{\beta 1})$$

式中：$k_m = p_N \dfrac{L_{12}}{L_2}$。

由此可得定子磁链模型结构如图 7-1 所示，转矩模型结构如图 7-2 所示。

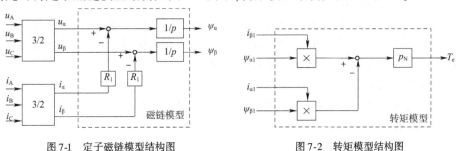

图 7-1　定子磁链模型结构图　　　　图 7-2　转矩模型结构图

(二) 直接转矩控制系统模型

DTC 系统的核心就是转矩 T 和定子磁链 ψ_1 反馈信号的计算模型，并利用空间电压矢量的概念，用两个控制器的输出信号来控制产生电压空间矢量的 SVPWM 波形和对逆变器的开关元件的开通和关断进行综合控制，从而避开了将定子电流分解成转矩和磁链分量，省去了旋转变换和电流控制，简化了控制器的结构；同时选择定子磁链 ψ_1 作为被控量，而不像 VC

系统中那样选择转子磁链 ψ_2，需要知道转子的电阻和电感，可以不受转子参数变化的影响，提高了控制系统的鲁棒性；控制电机的磁链与转矩运算均在定子坐标系中进行，省掉了矢量旋转变换等复杂的变换与计算，信号处理工作简单；虽然按定子磁链控制要比按转子磁链定向控制要复杂，但由于采用 Band-Band 控制，追求转矩控制的快速性和准确性，这种复杂性对控制器并没影响。

图 7-3 所示为按定子磁链控制的直接转矩控制系统(DTC)的原理框图。与矢量控制(VC)系统一样，它也是分别控制异步电动机的转速和磁链。转速调节器 ASR 的输出作为电磁转矩的给定信号 T_e^*，在 T_e^* 的后面设置转矩控制内环，它可以抑制磁链变化对转速子系统影响，从而使转速和磁链子系统实现了近似的解耦。

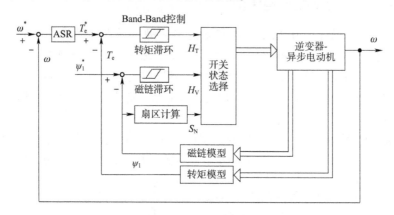

图 7-3 按定子磁场控制的直接转矩控制系统原理框图

逆变器输出的三相电压输入给异步电动机，从电动机可以检测出定子电流 i_A、i_B、i_C，通过 3/2 变换得到 $i_{\alpha 1}$、$i_{\beta 1}$；检测出逆变器输出电压 u_A、u_B、u_C，也可以计算出 $u_{\alpha 1}$、$u_{\beta 1}$。再由定子磁链模型可以得到 $\psi_{\alpha 1}$、$\psi_{\beta 1}$，进行数学变换后可以得到定子磁链幅值并与给定值比较后可得到 H_ψ；将 $i_{\alpha 1}$、$i_{\beta 1}$、$\psi_{\alpha 1}$、$\psi_{\beta 1}$ 送入转矩模型可以得到实际转矩 T_e，与给定值 T_e^* 相比较，得到 H_T；扇区计算是根据磁链 $\psi_{\alpha 1}$、$\psi_{\beta 1}$ 在三相坐标的投影 ψ_A、ψ_B、ψ_C 计算出磁链所在的扇区 S_N。

最后，由 H_ψ、H_T、S_N 三个输入量通过开关状态选择，用查表方式，查找电压矢量表就可以为逆变器产生适当的控制电压矢量，即控制功率器件的开关状态，最终得到逆变器所需要的 SVFWM 波形，从而实现异步电动机的直接转矩控制。

在图 7-3 所示按定子磁场控制的直接转矩控制系统中，在电压空间矢量按给定磁链和反馈信号进行磁通自控制(Band-Band 控制)的同时，也接受转矩的转矩自控制(Band-Band 控制)。该系统也可用于弱磁调速，这时要设计好函数发生环节，以确定不同转速下的磁链给定值。

(三) 开关状态的选择

1. 逆变器的 8 种开关状态

1) 电压型逆变器电路

磁链的轨迹和速度由电压空间矢量控制器的开关状态决定。直接转矩控制和一般 PWM 控制一样，电机的输入电压是靠 6 只大功率开关器件(相当于 3 个开关 S_A、S_B、S_C)以不同的方式接通电源来实现的,所以电机的输入电压完全取决于3个开关的切换状态,如图7-4所示。

2)8种可能的开关组合状态

三个开关各有1(接通正电源)和0(接通负电源)两种状态,故共有8个工作模式。

电机输入电压的空间矢量为:

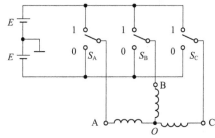

图7-4 电压空间矢量控制器的开关状态

$$\dot{U}_i(S_A, S_B, S_C) = \frac{2}{3}U(S_A + S_B e^{j120°} + S_C e^{j240°})$$

(7-6)

三个开关的8个工作模式对应着6个电压矢量: $u_1(100)$、$u_2(110)$、$u_3(010)$、$u_4(011)$、$u_5(001)$、$u_6(101)$和2个零电压矢量 $u_0(000)$ 与 $u_7(111)$。零矢量表示电机的三相同时接到负电源或同时接到正电源,电机的输入电压实际为零。逆变器的8种开关组合如表7-1所示。

逆变器的8种开关组合　　　　　　　　　表7-1

状态	0	1	2	3	4	5	6	7
S_A	0	1	0	1	0	1	0	1
S_B	0	0	1	1	0	0	1	1
S_C	0	0	0	0	1	1	1	1

3)实际工作的开关顺序

逆变器实际工作时的开关顺序如表7-2所示。

逆变器实际工作时的开关顺序　　　　　　　　　表7-2

状态		工作状态						零状态	
		1	2	3	4	5	6	7	8
开关组	S_A	0	0	1	1	1	0	0	1
	S_B	1	0	0	0	1	1	0	1
	S_C	1	1	1	0	0	0	0	1

2. 逆变器的电压状态

1)逆变器电压状态的表示与开关的对照关系

逆变器电压状态的表示与开关的对照关系如表7-3所示。

逆变器电压状态的表示与开关的对照关系　　　　　　　　　表7-3

状态	工作状态						零状态	
	1	2	3	4	5	6	7	8
开关状态 S_A、S_B、S_C	011	001	101	100	110	010	000	111
电压状态	u_1	u_2	u_3	u_4	u_5	u_6	u_0	u_7

2)电压的空间矢量

电压的空间矢量如图7-5所示。

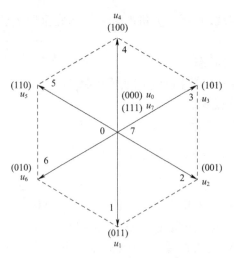

图 7-5 电压的空间矢量图

3) 电压空间矢量与普通逆变器功率开关工作状态的关系

电压空间矢量与普通逆变器功率开关工作状态的关系如表 7-4 所示。电压空间矢量 u_1、u_2、u_3、u_4、u_5、u_6 分别对应于功率开关的工作状态 5、6、1、2、3、4。

电压空间矢量与功率开关工作状态的关系　　　表 7-4

状态	VT$_1$	VT$_2$	VT$_3$	VT$_4$	VT$_5$	VT$_6$	开关模式	电压矢量
	S_A		S_B		S_C			
1	+				+	+	101	u_3
2	+	+				+	100	u_4
3	+	+	+				110	u_5
4		+	+	+			010	u_6
5			+	+	+		011	u_1
6				+	+	+	001	u_2

(四) 磁链两点式 Band-Band 控制

磁链轨迹准圆形控制的基本思想是：实际定子磁链空间矢量 ψ_1 的端点轨迹不允许超出以给定磁链幅值为中心圆半径的圆形偏差带，即应满足不等式：

$$|\psi_1|^* - \frac{\Delta|\psi_1|}{2} \leq |\psi_1| \leq |\psi_1|^* + \frac{\Delta|\psi_1|}{2} \tag{7-7}$$

在磁链旋转过程中，除了考虑磁链偏差的大小，同时还要考虑磁链方向，以此选择合适的电压空间矢量来减小或增大磁链。通过选择和切换合适的电压空间矢量输出，就可以构成 ψ_1 的二维偏差带控制。实现这一控制方法的装置称为滞环比较器，或称两点式 Band-Band 调节器。至于旋转速度的调节，则需要在上面所述的非零矢量控制的基础上，靠适当插入一些零矢量来加以控制。磁链控制规则如表 7-5 所示，ψ_1 为实测磁链幅值；ψ_1^* 为给定磁链幅值；ε_ψ 为磁链幅值允许偏差，$\varepsilon_\psi = \frac{1}{2}\Delta|\psi_1|$；$H_\psi$ 为描述磁链调节器输出状态而设置的状态量。

磁链控制规则   表7-5

磁链偏差情况	H_ψ 取值	输出电压矢量性质
$\psi_1^* - \psi_1 \geq \varepsilon_\psi$	1	使磁链增大的电压矢量
$\psi_1^* - \psi_1 \leq -\varepsilon_\psi$	-1	使磁链减小的电压矢量
$\|\psi_1^* - \psi_1\| < \varepsilon_\psi$	保持不变	维持原状态不变

如果输入电压为零矢量 $u_0(000)$ 与 $u_7(111)$，则定子磁链 ψ_1 在空间停止不动，可以把零电压矢量称其为停顿矢量或踏步矢量，其余6种非零的电压矢量称为前进矢量或轨道形成矢量。因而，适当地选择开关切换工作模式和持续时间及施加于电机的电压，就可使磁链 ψ_1 按预定的轨迹和速度运行。

由空间矢量理论可以得到以下结论：

①定子磁链空间矢量顶点的运动方向和轨迹（以下简称为定子磁链的运动方向和轨迹，或的运动方向和轨迹）对应于相应的电压空间矢量 u_1 的作用方向，ψ_1 的运动轨迹平行于 u_1 指示的方向。只要定子电阻压降与 u_1 的幅值相比足够小，那么这种平行就能得到很好的近似。

②在电源频率较高对，依次给出定子电压空间矢量 u_s，则定子磁链的运动轨迹形成正六边形磁链。如：在1/6周期中，仅使用一种工作开关模式（一种电压矢量）便可实现六边形磁链轨迹控制，如图7-6所示。所施加的电压矢量的大小相同，每种工作模式持续的时间相等，其磁链轨迹便是一个正六边形。

正六边形磁链轨迹控制程序简单，开关频率低，但转矩脉动大，多用于大功率、低调速范围的场合。

③低频时，利用电压空间矢量8个开关状态的线性组合，构成一组等幅不同相的电压空间矢量，可形成准圆形的旋转磁场。如：利用磁链的 Band-Band 控制，在每1/6周期中交替使用两种及以上工作模式（两种及以上电压矢量）可使磁链的轨迹逼近圆形，如图7-7所示，通过适当选择电压矢量下的各段时间，使磁链空间矢量 ψ_1 的幅值变化限定在给定值和允许偏差 $\pm\varepsilon_\psi$ 的范围内，以保持其平均值不变；通过交替使用工作电压矢量和零电压的时间比例进行调速，使磁链走走停停，满足转速的要求。

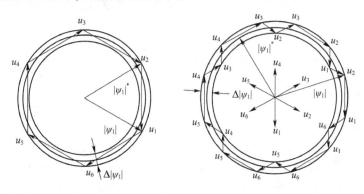

图7-6 正六边形磁链运动轨迹　　图7-7 准圆形定子磁链轨迹

与正六边形轨迹控制相比，圆形磁链运动轨迹控制时，磁链幅值近似不变；转矩、转速脉动小,但电流脉动;需要实时计算磁链的幅值和相角,计算量大;逆变器功率器件的开关次数多,开关损耗大;适用于中、小功率,开关频率较高的场合。

④若电压空间矢量为零电压矢量 $u_7(111)$ 或 $u_0(000)$ 时,忽略定子电阻影响,磁链空间矢量 ψ_1 在空间保持不变。显然,利用逆变器的 8 种工作开关状态,可以得到圆形或正六边形的磁链轨迹来控制电动机,这种方法就是直接转矩控制 DTC 控制的基本思想。

(五)转矩两点式 Band-Band 控制

由电压空间矢量 PWM 控制原理可知,当磁链闭环时,定子磁链 ψ_1 的顶端轨迹为正多边形或准圆形。若没有加入零矢量,磁链以 ω_1 为角速度旋转,且在 $t=t_0$ 时刻,转子旋转角速度 ω,则对异步电动机而言,相当于有一个 $\omega_1-\omega$ 的转差变化作为励磁,使转矩增长。此时,如果不适时改变转矩变化规律(即 $\omega_1-\omega$ 变化规律),将导致转矩严重偏离给定值。因此,必须引入闭环控制来"修正"磁链闭环对电压空间矢量的控制。以异步电动机正转牵引情况($T^*>0$)为例:当实际转矩 T 低于给定转矩 T^* 的允许偏差下限时,按磁链控制得到相应的电压空间矢量,使定子磁链向前旋转,转矩上升;当实际转矩 T 达到给定转矩 T^* 允许偏差上限时,立即切换到零电压矢量,使定子磁链静止不动,转矩下降。稳态时,上述情况不断重复,使转矩波动控制在允许范围之内;在加速、减速或负载变化的动态过程中,可以获得快速的转矩响应。

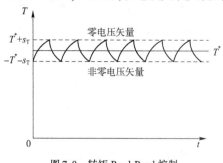

图 7-8 转矩 Band-Band 控制

零矢量 $u_7(111)$ 和 $u_0(000)$ 的选择,按开关变化次数最少原则来确定。因此,在电压空间矢量按磁链控制的同时,也接至转矩的 Band-Band 控制,如图 7-8 所示。

在具体选择定子输入电压矢量 $u_1(S_A,S_B,S_C)$ 时,要注意同时兼顾保持转矩 T_e 在偏差 $\pm\varepsilon_T$ 之内和保持磁链在偏差 $\pm\varepsilon_\psi$ 之内。即当给定转矩 T^* 与实际测得的电动机输出转矩 T 之差大于允许偏差 ε_T 时,让逆变要由磁链环来控制其输出状态;当两者偏差小于负的允许偏差 $-\varepsilon_T$ 时,让逆变器输出零电压矢量;在允许偏差范围内时,则维持原控制状态不变。转矩控制规则如表 7-6 所示。其中 T^* 为给定转矩、T 为实测转矩、ε_T 为允许偏差、H_T 为描述转矩调节器输出而设置的状态量。

两电平转矩控制规则   表 7-6

转矩偏差情况	H_T 取值	输出电压矢量性质
$T^*-T\geqslant\varepsilon_T$	1	由磁链环控制
$T^*-T\leqslant-\varepsilon_T$	-1	输出零电压矢量
$T^*-T<\varepsilon_T$	保持不变	维持原状态不变

因此,将磁链调节器和转矩调节器连接起来,共同控制逆变器的开关状态,既保证了电机磁链空间矢量近似为一个旋转的圆,又能让电动机的输出转矩快速跟随给定值而变化,从而使速系统获得很高的动态性能。

此外近年来还出现了三电平输出的转矩控制环,控制规则如表 7-7 所示。

模块7 直接转矩控制技术

三电平转矩控制规则　　　　　　　　　　　　　　　　　　　　　表7-7

转矩偏差情况	H_T 取 值	输出电压矢量性质
$T^* - T \geq \varepsilon_T$	1	用非零电压矢量增加转矩
$T^* - T \leq -\varepsilon_T$	-1	用非零电压矢量减小转矩
$T^* - T < \varepsilon_T$	0	用零电压矢量改变转矩方向

(六) 电压矢量的选择

下面以三电平转矩控制环为例,具体说明电压矢量选择的过程。

由式(7-5)的定子电压和定子磁链的关系可知,忽略定子电阻 R_1,得到

$$U_1 = \frac{\mathrm{d}\psi_1}{\mathrm{d}t} \tag{7-8}$$

或者

$$\Delta\psi_1 = U_1 \mathrm{d}t \tag{7-9}$$

上式表明,定子磁链矢量 ψ_1 的增量为电压矢量 U_1 与时间增量的乘积,也就是说它与逆变器的6个非零矢量 $u_1 \sim u_6$ 存在一定的对应关系,例如 $\Delta\psi_{1(i)} = u_i \Delta t_i (i=1,2,\cdots,6)$,如图7-9所示。

电机刚通电时,在直流电压的作用下,电机的磁链沿着图7-10中 S_1 扇区中多个箭头所指的轨迹逐渐建立起来,当额定磁链被建立起来以后,系统发出给定转矩命令,给定磁链 ψ_1^* 会沿着图中虚线圆的半径旋转,而实际磁链 ψ_1 可以通过选择适当的电压矢量作用于系统,其电压矢量同时对系统的转矩和磁链进行控制。三电平输出的转矩控制环的电压矢量开关表,如表7-8所示。

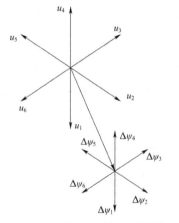

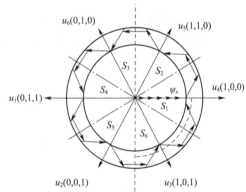

图7-9　逆变器电压矢量及磁链增量　　　　图7-10　直接转矩控制下定子磁链轨迹

逆变器电压矢量开关表　　　　　　　　　　　　　　　　　　　　表7-8

H_ψ	H_T	S_1	S_2	S_3	S_4	S_5	S_6
1	1	u_5	u_6	u_1	u_2	u_3	u_4
	0	u_7	u_0	u_7	u_0	u_7	u_0
	-1	u_3	u_4	u_5	u_6	u_1	u_2

续上表

H_ψ	H_T	S_1	S_2	S_3	S_4	S_5	S_6
-1	1	u_6	u_1	u_2	u_3	u_4	u_5
	0	u_0	u_7	u_0	u_7	u_0	u_7
	-1	u_2	u_3	u_4	u_5	u_6	u_1

在确定了 H_ψ、H_T 之后，在进行开关状态选择前，还必须进行扇区计算，来确定当前定子磁链 ψ_1 所在扇区。可以将磁链 $\psi_{1\alpha}$、$\psi_{1\beta}$ 进行 2/3 变换，求出在三相坐标的 ψ_A、ψ_B、ψ_C，根据它们的正负号来确定磁链 ψ_1 所在的扇区，并计算出扇区号 S_i。最后由 H_ψ、H_T、S_i 三个输出量通过查找电压矢量开关表，就可以为逆变器产生适当的控制电压矢量。

另外，零电压矢量（u_0、u_7）的选择应以最小开关损耗为原则，即每个小区间虽有多次开关状态的切换，但每次切换只涉及一个功率开关器件，因而开关损耗小。此外，零矢量（u_0、u_7）使电机终端短路，此时保持磁链和转矩不变。但由于存在一定的定子电阻 R_1 压降，转矩和磁链在电机终端短路时会略有减小。

（七）电动机正反转的实现

以六边形运行为例，按 u_1-u_2-u_3-u_4-u_5-u_6 顺序循环供电，电动机正转，反之按 u_6-u_5-u_4-u_3-u_2-u_1 顺序循环供电，电动机反转。

（八）电动机转速的调节

根据直接转矩控制的思路，电动机的转速与定子电压的大小，即电压矢量的大小成正向性关系：电压下降，转速下降；电压上升，转速上升。

因此，调节电压矢量的大小即可调节电动机的转速。下面介绍三种调速方法：

1. 采用可控整流器调速

如图 7-11 所示，系统采用可控整流器，通过控制整流器中功率开关的导通角，从而调节直流环节的电压，达到调速目的。该方法只适合于交-直-交直接转矩控制变频调速系统。

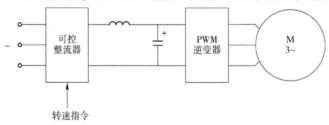

图 7-11 采用可控整流器调速

2. 采用斩波器调速

如图 7-12 所示，系统采用不可控整流器，但在直流环节添加一斩波器，通过控制斩波器中功率开关的导通角，从而调节逆变器输入的直流电压，达到调速目的。

3. 通过零电压矢量调速

通过在每一个电压矢量中插入零矢量的办法，使输出波形的周期增大，频率减小，达到减速目的。反之,通过减少插入零矢量的数量,可以使转速上升。例如,图7-13中每一个电压矢量(60°电角度)中插入2个20°电角度的零矢量,将每个电压矢量分成三等份,这样整个周期由360°变成480°,电动机转速将降至原来的3/4。

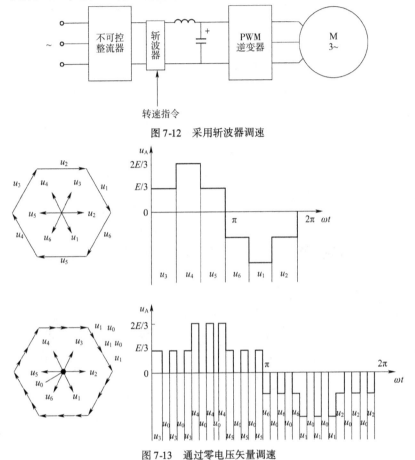

图7-12 采用斩波器调速

图7-13 通过零电压矢量调速

(九)逆变器输出电压及波形

逆变器输出电压见表7-9,输出电压波形如图7-14所示。

不同电压矢量对应的线电压和相电压　　表7-9

输出电压		u_0 (111)	u_1 (011)	u_2 (001)	u_3 (101)	u_4 (100)	u_5 (110)	u_6 (010)	u_7 (111)
相电压	u_{A0}	0	$-2E/3$	$-E/3$	$E/3$	$2E/3$	$E/3$	$-E/3$	0
	u_{B0}	0	$E3$	$-E/3$	$-2E/3$	$-E/3$	$E/3$	$2E/3$	0
	u_{C0}	0	$E/3$	$2E/3$	$E/3$	$-E/3$	$-2E/3$	$-E/3$	0
线电压	u_{AB}	0	$-E$	0	E	E	0	$-E$	0
	u_{BC}	0	0	$-E$	$-E$	0	E	E	0
	u_{CA}	0	E	E	0	$-E$	$-E$	0	0

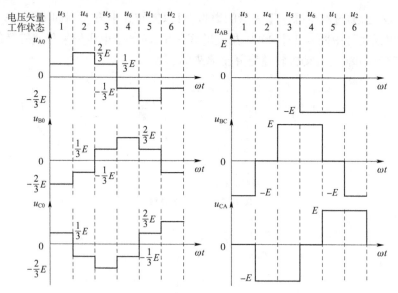

图 7-14 逆变器输出电压波形

逆变器输出波形与脉冲数有关,如图 7-15 ~ 图 7-18 所示。

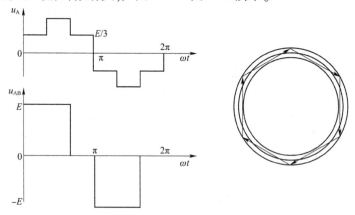

图 7-15 6 脉冲输出波形

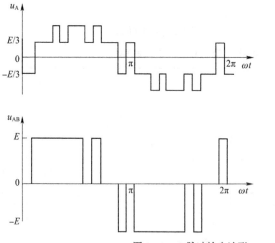

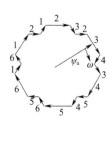

图 7-16 18 脉冲输出波形

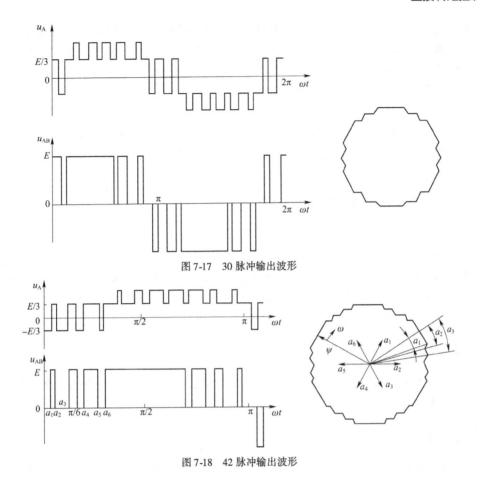

图 7-17　30 脉冲输出波形

图 7-18　42 脉冲输出波形

二、直接转矩控制的特点

（一）直接转矩控制的优点

（1）概念新颖，无须坐标旋转变换，控制结构简单，易于实现。

直接转矩控制直接在定子坐标系下分析交流电动机的数学模型、控制电机的磁链和转矩；直接转矩控制采用定子磁场定向，便于计算；按定子磁链控制，避免了转子参数变化的影响。直接转矩控制对转矩进行直接控制，采用离散的电压状态、六边形轨迹或近似圆形磁链轨迹的概念，把转矩直接作为被控量，不极力获得理想的正弦波，也不专门强调磁场的圆形轨迹。

（2）完全的瞬态控制，反馈信号处理相当简便，无须特殊处理，可直接用于控制系统各环节的计算。因此结构简单，便于实现全数字化。

（3）定子磁链的计算受到电动机定子电阻的影响，但在实际控制系统中，定子参数易于测量、修正、补偿。

（4）在恒功弱磁工况下，采取所谓"动态弱磁控制"，简单易行，且动态响应与恒磁通工况效果一样快速。

（5）在采用 Band-Band 控制转矩的同时，又直接形成了 PWM 信号，可充分利用开关频率。Band-Band 控制属于 P 控制，可以获得比 PI 控制更快的动态转矩响应。

(6)在启动和低速阶段,由于开关器件最小导通时间的限制,如果只通过转矩的Band-Band控制来变换有效电压矢量和零电压矢量,不可能得到所希望的较小的平均输出电压;另外,由于定子电阻的影响,六边形定子磁链轨迹将产生较为严重的畸变。因此,只能采用不同的控制方案——以圆形磁链定向的"间接定子量控制"。

(7)随着电力电子技术的发展,高压、大功率开关器件的开关速度愈来愈快。由于控制系统中微机处理速度有限,若在充分利用开关频率的前提下仍采取转矩Band-Band控制,会影响控制精度。目前的解决方法是采用"间接定子量控制",在这一点上,显示出直接转矩控制的多样性。

(二)直接转矩控制的不足

(1)Band-Band控制会引起转矩在上下限脉动,不是完全恒定的。

(2)带积分环节的电压型磁链模型在低速时误差大,积分初值、累积误差和定子电阻的变化都会影响磁链计算的准确度,这两个问题的影响在低速时比较显著,因而使DTC系统的调速范围受到限制。解决办法是:低速时改用电流型磁链模型,可减小磁链误差,但又受转子参数变化影响,牺牲了鲁棒性。

议一议

直接转矩控制(DTC)与矢量控制(VC)各有何优势?为何我国的HXD_3型电力机车不采用直接转矩控制?

查一查

我国的CRH_1、CRH_2、CRH_3、CRH_5型高速动车组分别采用的是直接转矩控制(DTC)还是矢量控制(VC)?

知识拓展

直接转矩控制技术的改进

现在的直接转矩控制技术相对于早期的直接转矩控制技术有了很大的改进,主要体现在以下几个方面:

(1)无速度传感器直接转矩控制系统

在实际应用中,安装速度传感器会增加系统成本,增加了系统的复杂性,降低系统的稳定性和可靠性,此外,速度传感器不实用于潮湿、粉尘等恶劣的环境下。因此,无速度传感器的研究便成了交流传动系统中的一个重要的研究方向,且取得了一定的成果。对转子速度估计的方法有很多,常用的有卡尔曼滤波器位置估计法、模型参考自适应法、磁链位置估计法、状态观测器位置估计法和检测电机相电感变化法等。有的学者从模型参考自适应理论出发,利用转子磁链方程构造了无速度传感器直接转矩控制系统,只要选择适当的参数自适应律,速度辨识器就可以比较准确地辨识出电机速度。

(2)定子电阻变化的影响

直接转矩最核心的问题之一是定子磁链观测,而定子磁链的观测要用到定子电阻。采

用简单的 $u-i$ 磁链模型，在中高速区，定子电阻的变化可以忽略不考虑，应用磁链的 $u-i$ 磁链模型可以获得令人满意的效果。

但在低速时定子电阻的变化将影响磁通发生畸变，使系统性能变差。因此，如果能够对定子电阻进行在线辨识，就可以从根本上消除定子电阻变化带来的影响。目前，常用的方法有参考模型自适应法、卡尔曼滤波法、神经网络以及模糊理论构造在线观测器的方法对定子电阻进行补偿，研究结果表明，在线辨识是一个有效的方法。

(3) 磁链和转矩滞环的改进

传统的直接转矩控制一般对转矩和磁链采用单滞环控制，根据滞环输出的结果来确定电压矢量。因为不同的电压矢量对转矩和定子磁链的调节作用不相同，所以只有根据当前转矩和磁链的实时值来合理地选择电压矢量，才能有可能使转矩和磁链的调节过程达到比较理想的状态。显然，转矩和磁链的偏差区分得越细，电压矢量的选择就越精确，控制性能也就越好。

(4) 死区效应的解决

为了避免上下桥臂同时导通造成直流侧短路，有必要引入足够大的互锁延时，结果带来了死区效应。死区效应积累的误差使逆变器输出电压失真，于是又产生电流失真，加剧转矩脉动和系统运行不稳定等问题，在低频低压时，问题更严重，还会引起转矩脉动。死区效应的校正，可由补偿电路检测并记录死区时间，进行补偿。这样既增加了成本，又降低了系统的可靠性。可用软件实现的方法，即计算出所有的失真电压，根据电流方向制成补偿电压指令表，再用前向反馈的方式补偿，这种新型方案还消除了零电压钳位现象。除了以上几种最主要的方面外，一些学者还试图通过其他途径提高系统的性能。

需要说明的是，直接转矩控制的逆变器采用不同的开关器件，控制方法也有所不同。Depenbrock 最初提出的直接自控制理论，主要在高压、大功率且开关频率较低的逆变器控制中广泛应用。目前被应用于通用变频器的控制方法是一种改进的、适合于高开关频率逆变器的方法。1995 年 ABB 公司首先推出的 ACS600 系列直接转矩控制通用变频器，动态转矩响应速度已达到 <2ms，在带速度传感器 PG 时的静态速度精度达 ±0.001%，在不带速度传感器 PG 的情况下即使受到输入电压的变化或负载突变的影响，同样可以达到 ±0.1% 的速度控制精度。其他公司也以直接转矩控制为目标，如富士公司的 FRENIC5000VG7S 系列高性能无速度传感器矢量控制通用变频器，虽与直接转矩控制方式还有差别，但它也已做到了速度控制精度 ±0.005%，速度响应 100Hz、电流响应 800Hz 和转矩控制精度 ±3%（带 PG）。其他公司如日本三菱、日立、芬兰 VASON 等最新的系列产品采取了类似无速度传感器控制的设计，性能有了进一步提高。

模块学习评估

见学习工作页 7。

模块8 交流调速技术在轨道交通车辆中的应用

 学习目标

【知识目标】

认知轨道交通车辆牵引变流器三大组成部分:脉冲整流器、牵引逆变器和中间直流环节的工作原理;认知城市轨道交通车辆转差频率控制直-交变频调速系统的调速控制原理;认知矢量控制技术在铁道机车、高速动车组、地铁动车组中的应用情况;认知直接转矩控制技术在铁道机车、高速动车组、地铁动车组中的应用情况。

【能力目标】

能够认知交流调速技术在轨道交通车辆中的应用情况。

【素质目标】

具有专业知识的应用和创新能力。

 建议课时

6课时。

 知识导航

轨道交通是指运营车辆需要在特定轨道上行驶的一类交通工具或运输系统。最典型的轨道交通就是由传统火车和标准铁路所组成的铁路系统。随着火车和铁路技术的多元化发展,轨道交通呈现出越来越多的类型,不仅遍布于长距离的陆地运输,也广泛运用于中短距离的城市公共交通中。

常见的轨道交通有传统铁路(国家铁路、城际铁路和市域铁路)、地铁、轻轨和有轨电车,新型轨道交通有磁浮轨道系统、单轨系统(跨座式轨道系统和悬挂式轨道系统)和旅客自动捷运系统等。

根据服务范围差异,轨道交通一般分成国家铁路系统、城际轨道交通和城市轨道交通三大类。轨道交通普遍具有运量大、速度快、班次密、安全舒适、准点率高、全天候、运费低和节能环保等优点,但同时常伴随着较高的前期投资、技术要求和维护成本,并且占用的空间往往较大。

单元1　轨道交通车辆牵引变流器

学习内容

脉冲整流器工作原理；牵引逆变器工作原理；中间直流环节工作原理。

问题引导

什么是四象限脉冲整流器？两电平和三电平脉冲整流器的原理是什么？两电平和三电平逆变器的原理又是什么？

知识学习

轨道交通车辆牵引变流器目前采用的是交-直-交电压型变频器，主要由脉冲整流器、直流环节和逆变器三大部分组成。

一、脉冲整流器工作原理

脉冲整流器是轨道交通车辆牵引传动系统电源侧变流器。在牵引时作为整流器，将单相交流电转变成直流电；再生制动时作为逆变器，将直流电转变成单相交流电。它可方便地运行于电压电流平面的四个象限，因此亦称为四象限脉冲整流器。

(一) 脉冲变流器基本工作原理

图8-1为脉冲整流器电路原理图，由交流回路、功率开关桥路以及直流回路组成，其中交流回路包括变压器牵引绕组的输出电压 u_N、漏电感 L_N 和绕组电阻 R_N（R_N 很小，可以忽略不计）；直流回路包括二次滤波环节 L_2、C_2 和中间支撑电容 C_d。其简化的等效电路如图8-2所示。

脉冲整流器的电压矢量平衡方程为：

$$\dot{U}_N = j\omega L_N \dot{I}_N + \dot{U}_{ab} \tag{8-1}$$

式中：$\dot{U}_N$——二次侧牵引绕组电压相量；

$\dot{I}_N$——二次侧牵引绕组电流的基波相量；

$\dot{U}_{ab}$——调制电压的基波相量。

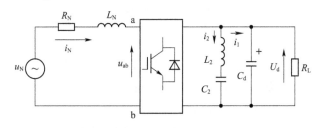

图8-1　脉冲整流器模型电路

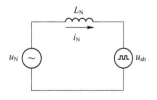

图8-2　脉冲整流器的简化等效电路

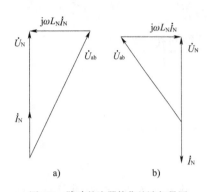

图 8-3 脉冲整流器简化基波相量图

当二次侧牵引绕组电压 $\dot{U}_N$ 一定时,$\dot{I}_N$ 的幅值和相位仅由 $\dot{U}_{ab}$ 的幅值及其与 $\dot{U}_N$ 的相位差来决定。改变基波的幅值和相位,就可以使 $\dot{I}_N$ 与 $\dot{U}_N$ 同相位或反相位。在牵引工况下,$\dot{I}_N$ 与 $\dot{U}_N$ 的相位差为 0°,该工况下的矢量图如图 8-3a)所示,此时 $\dot{U}_{ab}$ 滞后 $\dot{U}_N$;而对于再生制动工况,$\dot{I}_N$ 与 $\dot{U}_N$ 的相位差为 180°,该工况下的矢量图如图 8-3b)所示,此时 $\dot{U}_{ab}$ 超前 $\dot{U}_N$,电机通过脉动整流器向接触网反馈能量。

由图 8-3 可以得到下式:

$$\begin{cases} U_{ab} = U_d M_\alpha / \sqrt{2} \\ U_{ab}^2 = U_N^2 + (\omega L_N I_N)^2 \\ \omega L_N I_N = K U_N \end{cases} \tag{8-2}$$

式中:U_d——直流侧电压;

M_α——变流器的调制深度,从系统工作的安全可靠性和电网的特性考虑,控制系统应保证 $0.8 \leq M_\alpha \leq 0.9$;

K——短路阻抗的标幺值,一般取 $0.3 \sim 0.35$。

由式(8-2)可得:

$$U_d = U_N \cdot \sqrt{2(1+K^2)} / M_\alpha \tag{8-3}$$

式(8-3)表明了中间直流电压 U_d 与变压器牵引绕组电压 U_N、变压器短路阻抗标幺值 K 以及调制深度 M_α 的关系。

由图 8-3 可知,如果保持 $\dot{I}_N$ 与 $\dot{U}_N$ 同方向,即功率因数为 1,则 $\dot{U}_{ab}$ 随负载电流变化。显而易见,当 $\dot{I}_N = 0$ 时,$\dot{U}_{abmin} = \dot{U}_N$,这时调制深度 M_α 为最小,即 $M_\alpha = \sqrt{2} U_{abmin}/U_d = \sqrt{2} U_N / U_d$。而 M_α 的最大值主要取决于元件的开关频率及调制比。

在图 8-4 中,当调制比达到其最大值时,门极信号相邻两个开关点的间距须满足 $t_{de} \geq t_{on} + t_D$,其中 t_{on} 是为了复原吸收回路所需的最短时间;t_D 是保证一个器件开通之前另一个器件必须完全关断所需的最小时间,假定载波信号的幅值为 1,则由 $\triangle ABC \cong \triangle Ade$ 有:

$$\frac{1 - M_{\alpha max}}{1} = \frac{\frac{1}{2}(t_{on} + t_D)}{\overline{BC}}$$

$$M_{\alpha max} = 1 - \frac{t_{on} + t_D}{2\overline{BC}} \tag{8-4}$$

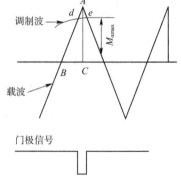

图 8-4 最大调制深度计算示意图

假定对于高速列车,满足 $U_d = 3000V, K = 0.3$,当 $M_{\alpha max} = 0.9$ 时有:

$$U_{abmax} = U_d M_\alpha / \sqrt{2} = 3000 \times 0.9 / \sqrt{2} = 1909.2V$$

$$U_{Nmax} = U_d M_\alpha / \sqrt{2(1+K^2)} = 3000 \times 0.9 / \sqrt{2(1+0.3^2)} = 1828.67V$$

考虑网压波动范围为 22.5～29kV，如果上述最大值只有在网压为 29kV 的工况下才允许出现，而在系统设计时，变流器的输入电压通常对应于 25kV 工况，因此折算到 25kV 时的额定电压为

$$U_N = U_{Nmax} \times \frac{25}{29} = 1576.44 \text{V}$$

$$U_{ab} = U_{abmax} \times \frac{25}{29} = 1645.85 \text{V}$$

折算到 22.5kV 的额定电压为：

$$U_N = U_{Nmax} \times \frac{22.5}{29} = 1418.8 \text{V}$$

$$U_{ab} = U_{abmax} \times \frac{22.5}{29} = 1481.3 \text{V}$$

（二）两电平脉冲整流器

1. 两电平脉冲整流器的工作原理

单相两电平脉冲整流器主电路如图 8-5 所示，L_N 和 R_N 分别为牵引绕组漏电感和电阻，功率开关 T_1、T_2、T_3、T_4 组成一个全控桥电路，L_2 和 C_2 组成一个二次滤波器，C_d 为中间直流侧支撑电容。

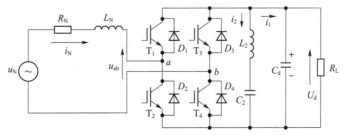

图 8-5 两电平脉冲整流器主电路

为了便于分析，定义理想开关函数 S_A 和 S_B 如式(8-5)和(8-6)所示。采用理想开关函数并忽略牵引绕组电阻，则图 8-5 所示的两电平脉冲整流器主电路可以等效为图 8-6 所示的电路。

$$S_A = \begin{cases} 1, & T_1 \text{ 导通} \\ 0, & T_2 \text{ 导通} \end{cases} \tag{8-5}$$

$$S_B = \begin{cases} 1, & T_3 \text{ 导通} \\ 0, & T_4 \text{ 导通} \end{cases} \tag{8-6}$$

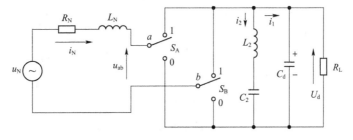

图 8-6 两电平脉冲整流器开关等效图

由于上桥臂与下桥臂不允许直通,则 $S_i(i=A、B)$ 与 S_i'(为下桥臂的开关函数)必须满足 $S_i'=1-S_i$。于是 u_{ab} 的取值有 U_d、0、$-U_d$ 三种电平,有效的开关组合有 $2^2=4$ 种,即 $S_A S_B=$ 00、01、10、11 四种逻辑,则 u_{ab} 可表示为:

$$u_{ab}=(S_A-S_B)U_d \tag{8-7}$$

对应于 4 个开关的不同开闭状态,电路共有以下 3 种工作模式:

工作模式 1:$S_A S_B=00$ 或 11 即下桥臂开关或上桥臂开关全部导通,则此时 $u_{ab}=0$,电容 C_d 向负载供电。直流电压通过负载形成回路释放能量,直流电压下降。另一方面,牵引绕组两端电压 u_{ab} 直接加在电感 L_N 上,对电感 L_N 充放电:当 $u_N>0$,D_1 与 T_3 导通或 T_2 与 D_4 导通,电感电流 i_N 上升,电感 L_N 储存能量;当 $u_N<0$,D_3 与 T_1 导通或 T_4 和 D_2 导通,电感电流 i_N 下降,电感 L_N 释放能量。在此过程中,有下式成立:

$$u_N=L_N\frac{di_N}{dt}$$

工作模式 2:$S_A S_B=01$,其等效电路如图 8-7a) 所示,此时 $u_{ab}=-U_d$;T_1 和 T_4 同时关断,由 D_3 和 D_2 导通形成回路,$u_N<0$,电流流向与电流 i_N 的参考方向相反,并对电感充电储能,电感电流 i_N 上升,满足如下关系式:

$$L_N\frac{di_N}{dt}=u_N+U_d$$

工作模式 3:$S_A S_B=10$,其等效电路如图 8-7b) 所示,此时 $u_{ab}=U_d$;T_3 和 T_2 同时关断,由 D_1 和 D_4 导通形成回路,$u_N>0$,储存在电感中的能量向负载 R_L 和电容 C_d 释放,电感电流 i_N 下降,一方面给电容充电,使得直流电压上升,保证直流电压稳定,同时高次谐波电流通过电容形成低阻抗回路;另一方面给负载提供恒定的电流;满足如下关系式:

$$L_N\frac{di_N}{dt}=u_N-U_d$$

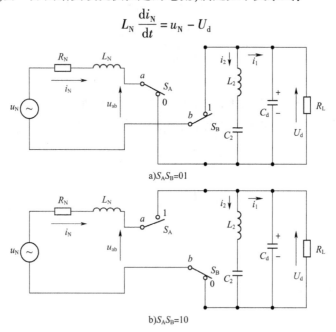

图 8-7 不同开关模式下的等效电路

在任意时刻,处于整流状态的脉冲整流器都只能工作在 3 种模式中的 1 种,在不同的时间段,通过对上述 3 种开关模式的切换,实现直流侧负载电压的稳定和负载电流的双向流动。

2. 两电平脉冲整流器的 PWM 控制原理

两电平脉冲整流器采用 SPWM 调制,其调制方式如图 8-8 所示。当 $u_a > u_{ca}$ 时,S_A 为 1,否则为 0。b 相与 a 相调制方式相同,但 u_b 与 u_a 相位相差 180°,u_{cb} 与 u_{ca} 相间。图 8-9 所示为两三平脉冲整流器 SPWM 调制波形。

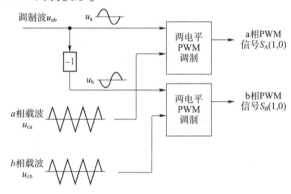

图 8-8 两电平脉冲整流器 SPWM 调制示意图

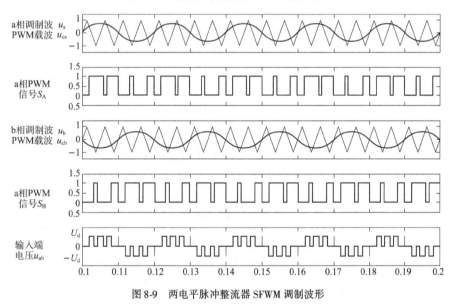

图 8-9 两电平脉冲整流器 SFWM 调制波形

(三)三电平脉冲整流器

1. 三电平脉冲整流器工作原理

单相三电平脉冲整流器主电路如图 8-10 所示,图中 u_1 为直流侧支撑电容 C_1 上的电压,u_2 为直流侧支撑电容 C_2 上的电压。为了便于分析,定义理想开关函数 S_A 和 S_B 如式(8-8)、式(8-9)所示。采用理想开关函数并忽略牵引绕组电阻,则图 8-10 所示的三电平脉冲整流器主电路可以等效为图 8-11 所示的电路。

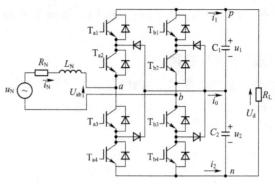

图 8-10 脉冲整流器主电路图

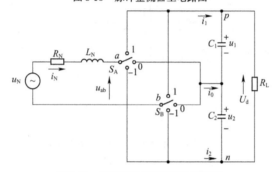

图 8-11 脉冲整流器开关等效电路图

$$S_A = \begin{cases} 1, & T_{a1} 和 T_{a2} 导通 \\ 0, & T_{a2} 和 T_{a3} 导通 \\ -1, & T_{a3} 和 T_{a4} 导通 \end{cases} \quad (8-8)$$

$$S_B = \begin{cases} 1, & T_{b1} 和 T_{b2} 导通 \\ 0, & T_{b2} 和 T_{b3} 导通 \\ -1, & T_{b3} 和 T_{b4} 导通 \end{cases} \quad (8-9)$$

显然,由 S_A 和 S_B 组成的电路共有 $3^2=9$ 种组合,对应主电路有 9 种工作模式。开关状态及相应的电压值如表 8-1 所示。

工作状态及相应的电压 表 8-1

T_{a1}	T_{a2}	T_{a3}	T_{a4}	T_{b1}	T_{b2}	T_{b3}	T_{b4}	S_A	S_B	u_{ao}	u_{bo}	u_{ab}	工作模式
1	1	0	0	1	1	0	0	1	1	u_1	u_1	0	1
1	1	0	0	0	1	1	0	1	0	u_1	0	u_1	2
1	1	0	0	0	0	1	1	1	-1	u_1	$-u_2$	u_1+u_2	3
0	1	1	0	1	1	0	0	0	1	0	u_1	$-u_1$	4
0	1	1	0	0	1	1	0	0	0	0	0	0	5
0	1	1	0	0	0	1	1	0	-1	0	$-u_2$	u_2	6
0	0	1	1	1	1	0	0	-1	1	$-u_2$	u_1	$-u_1-u_2$	7
0	0	1	1	0	1	1	0	-1	0	$-u_2$	0	$-u_2$	8
0	0	1	1	0	0	1	1	-1	-1	$-u_2$	$-u_2$	0	9

工作模式 1 ($S_A=1$、$S_B=1$):功率开关 T_{a1}、T_{a2}、T_{b1}、T_{b2} 导通,T_{a3}、T_{a4}、T_{b3}、T_{b4} 关断,网侧端

电压 $u_{ao}=u_1$、$u_{bo}=u_1$、$u_{ab}=0$。如果网侧电源电压 $u_N>0$,则网侧电流 i_N 增大,电容 C_1 和 C_2 通过负载电流放电。

工作模式 2($S_A=1$、$S_B=0$):功率开关 T_{a1}、T_{a2}、T_{b2}、T_{b3} 导通,T_{a3}、T_{a4}、T_{b1}、T_{b4} 关断,网侧端电压 $u_{ao}=u_1$、$u_{bo}=0$、$u_{ab}=u_1$。如果正向电源电压 u_N 大于(或小于)直流侧电压 U_d 的一半,则网侧电流 i_N 增大(或减小),网侧电流对电容 C_1 充电,而电容 C_2 通过负载电流放电。

工作模式 3($S_A=1$、$S_B=-1$):功率开关 T_{a1}、T_{a2}、T_{b3}、T_{b4} 导通,T_{a3}、T_{a4}、T_{b1}、T_{b2} 关断,网侧端电压 $u_{ao}=u_1$、$u_{bo}=-u_2$、$u_{ab}=u_1+u_2$。正向网侧电流 i_N 减小,正向网侧电流对电容 C_1 和 C_2 充电。

工作模式 4($S_A=0$、$S_B=1$):功率开关 T_{a2}、T_{a3}、T_{b1}、T_{b2} 导通,T_{a1}、T_{a4}、T_{b3}、T_{b4} 关断,网侧端电压 $u_{ao}=0$、$u_{bo}=u_1$、$u_{ab}=-u_1$。如果反向电源电压 u_N 大于(或小于)直流侧电压 U_d 的一半,则网侧电流 i_N 减小(或增大),反向网侧电流对电容 C_1 充电,而电容 C_2 通过负载电流放电。

工作模式 5($S_A=0$、$S_B=0$):功率开关 T_{a2}、T_{a3}、T_{b2}、T_{b3} 导通,T_{a1}、T_{a4}、T_{b1}、T_{b4} 关断,网侧端电压 $u_{ao}=0$、$u_{bo}=0$、$u_{ab}=0$。如果网侧电源电压 $u_N>0$,则正向网侧电流 i_N 增大,电容 C_1 和 C_2 通过负载电流放电。

工作模式 6($S_A=0$、$S_B=-1$):功率开关 T_{a2}、T_{a3}、T_{b3}、T_{b4} 导通,T_{a1}、T_{a4}、T_{b1}、T_{b2} 关断,网侧端电压 $u_{ao}=0$、$u_{bo}=-u_1$、$u_{ab}=u_2$。如果正向电源电压 u_N 大于(或小于)直流侧电压 U_d 的一半,则网侧电流 i_N 增大(或减小),网侧电流对电容 C_2 充电,而电容 C_1 通过负载电流放电。

工作模式 7($S_A=-1$、$S_B=1$):功率开关 T_{a3}、T_{a4}、T_{b1}、T_{b2} 导通,T_{a1}、T_{a2}、T_{b3}、T_{b4} 关断,网侧端电压 $u_{ao}=-u_2$、$u_{bo}=u_1$、$u_{ab}=-u_1-u_2$。反向网侧电流 i_N 减小,反向网侧电流向电容 C_1 和 C_2 充电。

工作模式 8($S_A=-1$、$S_B=0$):功率开关 T_{a3}、T_{a4}、T_{b2}、T_{b3} 导通,T_{a1}、T_{a2}、T_{b1}、T_{b4} 关断,网侧端电压 $u_{ao}=-u_2$、$u_{bo}=0$、$u_{ab}=-u_2$。如果反向电源电压 u_N 大于(或小于)直流侧电压 U_d 的一半,则网侧电流 i_N 减小(或增大),反向网侧电流对电容 C_2 充电,而电容 C_1 通过负载电流放电。

工作模式 9($S_A=-1$、$S_B=-1$):功率开关 T_{a3}、T_{a4}、T_{b3}、T_{b4} 导通,T_{a1}、T_{a2}、T_{b1}、T_{b2} 关断,网侧端电压 $u_{ao}=-u_2$、$u_{bo}=-u_2$、$u_{ab}=0$。如果网侧电源电压 $u_N>0$,则正向网侧电流 i_N 增大,电容 C_1 和 C_2 通过负载电流放电。

2. 三电平脉冲整流器 PWM 控制原理

三电平脉冲整流器 PWM 调制方式为 SPWM,其理想相开关函数见式(8-10),其调制方式见图 8-12 所示。当 b 相调制波 u_b 与 a 相相差 180°相位,其与 b 相载波 u_{cb} 之间的关系与上述关系相同,为减少高次谐波,b 相载波需要偏离 a 相载波 180°相位。

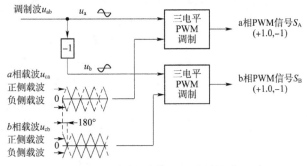

图 8-12 脉冲整流器 SPWM 调制方式

$u_a > u_{ca}$（正侧载波）$> u_{ca}$（负侧载波）时，$S_A = 1$

u_{ca}（正侧载波）$> u_a > u_{ca}$（负侧载波）时，$S_A = 0$

u_{ca}（正侧载波）$> u_{ca}$（负侧载波）$> u_a$ 时，$S_A = -1$

三电平脉冲整流器利用上述调制方式进行切换动作，得到的 PWM 调制和动作波形如图 8-13 所示，u_{ab} 是采用 U_d、$U_d/2$、0、$-U_d/2$、$-U_d$ 这 5 种电平来等效的正弦波。与两电平脉冲整流器相比，这样可以有效地减小网侧输入端电流 i_N 的谐波。

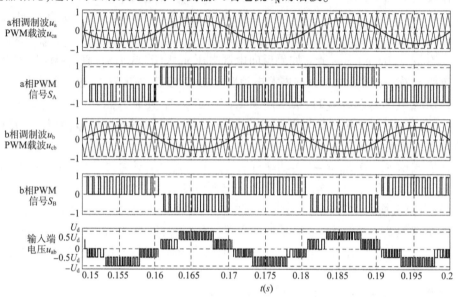

图 8-13　三电平脉冲整流器 PWM 调制动作波形

二、牵引逆变器工作原理

牵引逆变器可以分成电压源型和电流源型两种，为同步电机供电的大多采用电流源型逆变器，为异步电机供电的大多采用电压源型逆变器，我国高速列车全部采用电压源型逆变器。根据输出电平数的不同，电压源型牵引逆变器又可分为两电平和三电平两种。

（一）两电平牵引逆变器主电路构成及工作模式

两电平式逆变器主电路如图 8-14 所示，每时刻都有 3 个开关管导通，共有 $T_1T_2T_3$、$T_2T_3T_4$、$T_3T_4T_5$、$T_4T_5T_6$、$T_5T_6T_1$、$T_6T_1T_2$、$T_1T_3T_5$ 和 $T_2T_4T_6$ 导通 8 种工作状态，从而获得三相对称输出电压波形。

牵引逆变器采用 PWM 控制方式，包括正弦 PWM、特定谐波消除 PWM、滞环电流控制 PWM 和空间矢量 PWM。空间矢量 PWM 是通过对电压矢量进行适当的切换控制，就可以用尽可能多的多边形磁通轨迹来接近理想的磁通圆形轨迹。轨迹越接近于圆，引起的电流、转矩波动越小，谐波损耗也会下降，电机运行性能也越好。

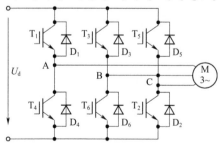

图 8-14　两电平式逆变器主电路图

当逆变器向电动机供电时,可以利用空间矢量概念,建立逆变器开关模式及其输出电压与电动机磁链之间的关系。然后根据要跟踪的磁链空间矢量的运动轨迹,选择逆变器的开关模式,使逆变器输出适当波形的电压,这就是空间矢量 PWM 的基本原理。

在复平面建立电压空间矢量:

$$\dot{U}_1 = \frac{2}{3}(\dot{u}_{1a} + \alpha \dot{u}_{1b} + \alpha^2 \dot{u}_{1c}) \tag{8-10}$$

定子磁链空间矢量:

$$\dot{\psi}_1 = \frac{2}{3}(\dot{\psi}_{1a} + \alpha \dot{\psi}_{1b} + \alpha^2 \dot{\psi}_{1c}) \tag{8-11}$$

转子磁链空间矢量:

$$\dot{\psi}_2 = \frac{2}{3}(\dot{\psi}_{2a} + \alpha \dot{\psi}_{2b} + \alpha^2 \dot{\psi}_{2c}) \tag{8-12}$$

异步电动机定子电压空间矢量方程式为:

$$\dot{U}_1 = R_1 \dot{I}_1 + \frac{\mathrm{d}\dot{\psi}_1}{\mathrm{d}t} \tag{8-13}$$

式中:$\dot{U}_1$——定子三相电压合成空间矢量;

$\dot{I}_1$——定子三相电流合成空间矢量;

$\dot{\psi}_1$——定子三相磁链合成空间矢量。

当转速较高时,定子电阻压降较小,可忽略不计,则定子电压与磁链的近似关系为:

$$\dot{U}_1 \approx \frac{\mathrm{d}\dot{\psi}_1}{\mathrm{d}t} \quad \text{或} \quad \dot{\psi}_1 \approx \int \dot{U}_1 \mathrm{d}t \tag{8-14}$$

在三相平衡电压供电时,电机定子磁链空间矢量为

$$\dot{\psi}_1 = \psi_{1m} \mathrm{e}^{\mathrm{j}\omega_1 t} \tag{8-15}$$

式中:ψ_{1m}——ψ_1 的幅值;

ω_1——其旋转角速度。

磁链矢量顶端的运动轨迹形成圆形的空间旋转磁场(一般简称为磁链圆)。由式(8-14)和式(8-15)可得:

$$\dot{U}_1 \approx \frac{\mathrm{d}(\psi_{1m}\mathrm{e}^{\mathrm{j}\omega_1 t})}{\mathrm{d}t} = \mathrm{j}\omega_1\psi_{1m}\mathrm{e}^{\mathrm{j}\omega_1 t} = \omega_1\psi_{1m}\mathrm{e}^{\mathrm{j}(\omega_1 t + \pi/2)} \tag{8-16}$$

由式(8-16)可见,当磁链幅值 ψ_{1m} 一定时,U_1 的大小与 ω_1(或供电电压频率 f_1)成正比,其方向为磁链圆形轨迹的切线方向。当磁链矢量的空间旋转一周时,电压矢量也连续地沿磁链圆的切线方向运动 2π 弧度,其轨迹与磁链圆重合。这样,电机旋转磁场的形状问题就可转化为电压空间矢量运动形状问题。

为了便于分析,电力电子器件采用理想开关表示,定义开关函数为 S_i(i 为 A、B、C)。

$$S_A = \begin{cases} 1, & T_1 \text{导通} \\ 0, & T_4 \text{导通} \end{cases}; S_B = \begin{cases} 1, & T_3 \text{导通} \\ 0, & T_6 \text{导通} \end{cases}; S_C = \begin{cases} 1, & T_5 \text{导通} \\ 0, & T_2 \text{导通} \end{cases}$$

三相不同开关组合有 $2^3=8$ 种工作状态,当列车运行速度大于额定速度时就是采用这种方式。

对于每一个有效的工作状态,相电压都可用一个合成空间矢量表示,其幅值相等,只是相位不同而已。如以 U_1、U_2、…、U_6 依次表示 100、110、…、101 六个有效工作状态的电压空间矢量,它们的相互关系如图8-15所示。设逆变器的工作周期从 100 状态开始。其电压空间矢量 U_1 与 x 轴同方向,它所存在的时间为 $\pi/3$。在这段时间以后,工作状态转为 110,电机的电压空间矢量为 U_2,它在空间上与 U_1 相差 $\pi/3$。随着逆变器工作状态的不断切换,电机电压空间矢量的相位也做相应的变化。到一个周期,U_6 的顶端恰好与 U_1 的尾端衔接,一个周期六个电压空间矢量共转过 2π,形成一个封闭的正六边形。至于 111 与 000 这两个工作状态,可分别冠以 U_0 和 U_7,并称之为零矢量,它们的幅值为 0,也无相位,可认为坐落在六边中心点上。

对于交流电机定子磁链矢量端点的运动轨迹,可进一步说明如下:

设在逆变器工作的第一个 $\pi/3$ 期间,电机的电压空间矢量为图 8-16 中的 $\dot{U}_1$。此时定子磁链为 $\dot{\psi}_{11}$,逆变器进入第二个 $\pi/3$ 期间,电压空间矢量变为 $\dot{\psi}_{12}$ 按式(8-14)可写作:

$$\dot{U}_1 \Delta t = \Delta \dot{\psi}_1 \tag{8-17}$$

此处 $\dot{U}_1$ 是 $\dot{U}_{11} \sim \dot{U}_{16}$ 的广义表示。就第二个工作期间而言,式(8-17)表明在 $\Delta \dot{\psi}_1$ 对应的 $\pi/3$ 期间内,在 $\dot{U}_{12}$ 的作用下,$\dot{\psi}_{11}$ 产生增量 $\Delta \dot{\psi}_{11}$,其 $|\dot{U}_{12}|\Delta t$ 方向与 $\dot{U}_{12}$ 一致。最终形成图8-16所示的新的磁链矢量 $\dot{\psi}_{12} = \dot{\psi}_{11} + \Delta \dot{\psi}_{11}$,依此类推,可知磁链矢量的顶端运动轨迹也是一个正六边形。

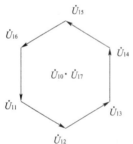
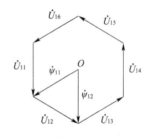

图8-15 三相电机的电压空间矢量 　　图8-16 电压空间矢量与磁链矢量的关系

1. 近似圆形旋转轨迹

常规六拍逆变器供电的异步电机只产生正六边形的旋转磁场,显然这不利于电机的匀速旋转。如果想获得更多边形或逼近圆形的旋转磁场,就必须有更多的逆变器开关状态,以形成更多的空间电压矢量。为此,必须对逆变器的控制模式进行改造。可以利用基本空间电压矢量的线性组合,以获得更多的与 $\dot{U}_{10}$、$\dot{U}_{17}$ 相位不同的新的空间电压矢量,最终构成一组等幅、不同相的空间电压矢量,从而形成尽可能逼近圆形旋转磁场的磁链多边形如图8-17所示。这样,在一个周期内,逆变器的开关状态会多次重复出现,逆变器的输出电压是一系列等幅不等宽的脉冲波,这就形成了空间电压矢量控制的 PWM 逆变器,空间电压矢量扇区分布图如图8-18所示。

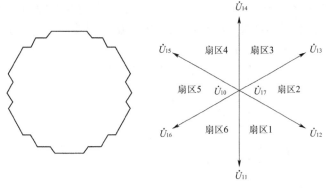

图 8-17　磁链轨迹图　　图 8-18　空间电压矢量扇区分布图

2. 控制模式的应用

在大功率牵引领域，由于功率开关元件的开关频率有限，因而在整个调速范围内，须应用空间电压矢量脉宽调制策略构成多种调制方式，以满足控制要求。在低频启动区段，采用异步调制可充分利用开关器件允许的开关频率，使磁链轨迹逼近理想圆，转矩脉动小；在输出频率较高时，为了保证三相输出电压、电流间的对称性，消除寄生谐波，宜采用同步调制。

同步调制时，不同的矢量拟合方式将得到不同的多边形磁链轨迹和输出结果，所以应选择磁链对称高的矢量拟合方式，同步 11、5、3 脉冲及方波工况对应前磁链圆轨迹分别如图 8-19a)、b)、c)所示。当逆变器由 3 脉冲工况直接进入方波工况时，输出电压的基波分量将突然增大，该增量加在电机定子漏抗上，使电机电流迅速增大。中间直流环节电压越高，电流增量越大，极易引起系统功率冲击，影响系统的正常工作，因此必须实现同步 3 脉冲和方波工况之间的平滑转换，以避免电压跳变和系统的功率冲击，折角调制就是一种很好的过渡方案，对应的磁链轨迹如图 8-19d)所示，当传动系统工作在恒功阶段时，一般采用方波运行方式，对应为六边形磁链，如图 8-19e)所示。

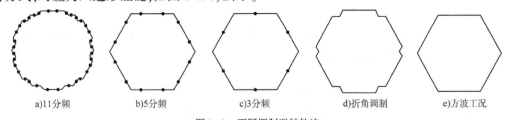

a)11分频　　b)5分频　　c)3分频　　d)折角调制　　e)方波工况

图 8-19　不同调制磁链轨迹

不同调制方法之间转换时，为保证空间电压矢量的连续性，转换时刻宜选择在前一扇区结束，后一扇区刚开始工作处。过渡过程必须保证逆变器输出电压不会发生幅值和相位的跳变。因此应根据转换前后两种调制方法的不同，选择适当的矢量拟合方式进行过渡，这是整个控制工程很重要的一个问题。

（二）三电平牵引逆变器

1. 主电路结构及工作状态

三电平三相逆变器电路如图 8-20 所示。由于三相桥臂工作过程完全相同，因此以 a 相桥臂为例进行说明。

两电平逆变器中相电压为 $+0.5U_d$、$-0.5U_d$，三电平逆变器中相电压为 $+0.5U_d$、0 和 $-0.5U_d$。两电平逆变器中线电压为 $+U_d$、0 和 $-U_d$ 相比较，三电平逆变器中线电压为 $+U_d$、$+0.5U_d$、0、$-0.5U_d$ 和 $-U_d$。

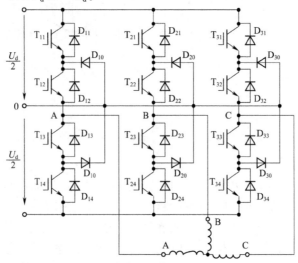

图 8-20 三电平式逆变器主电路原理图

忽略中点电位的偏移，可以看到每一个开关器件所承受的电压均为 $0.5U_d$。

当上桥臂开关器件导通时，即状态 P，下桥臂的开关 T_{13}、T_{14} 各承受 $0.5U_d$ 的电压；当下桥臂开关器件导通时，即状态 N，上桥臂的开关 T_{11}、T_{12} 各承受 $0.5U_d$ 的电压；当辅助开关器件导通时，即状态 O，主电路中的开关 T_{11}、T_{14} 各承受 $0.5U_d$ 的电压。

2. 三电平逆变器控制

三电平逆变器控制包括空间电压矢量控制技术及中点电位平衡控制两方面。

1）空间矢量原理

三相三电平逆变器具有 $3^3 = 27$ 个开关状态。图 8-21 为对应所有开关状态的三电平逆变器空间矢量图，可分为四类矢量。

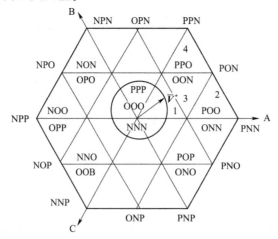

图 8-21 三电平逆变器空间矢量图

为了便于分析和控制,将27个开关状态分为四类矢量,即大六边形的顶角状态(PNN、PPN、NPN、NPP、NNP和PNP)对应为大开关矢量;外六边形各边的中点对应6个空间矢量为中开关矢量;内六边形的每一个空间矢量对应着两种可能的开关状态,称为小开关矢量。还有三种可能的零状态(OOO、PPP、NNN),分别对应于辅助器件的全导通,上臂器件的全导通,以及下臂器件的全导通,称为零开关矢量。

图8-21中同时给出了一个旋转的指令电压矢量V^*(区域1),在欠调制区工作时,这个矢量应该在大六边形之内。在任一瞬间,这个矢量都在一个三角形内,用这个三角形三个顶点的开关状态来选择生成相应的PWM波。当V^*位于区域1时,所选择的状态可能是(OOO、PPP、NNN、PPO、OON、POO和ONN)。图8-22所示为相应的对称PWM波形。其状态顺序为NNN、ONN、OON、OOO、POO、PPO、PPP、PPP、PPO、POO、OOO、OON、ONN、NNN。

当V^*位于区域2时,所在三角形顶点状态为(POO、ONN、PNN、PON),图8-23所示为相应的对称PWM波形,其状态顺序为ONN、PNN、PON、POO、POO、PON、PNN和ONN。

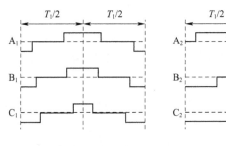

图8-22 区域1开关状态　　图8-23 区域2开关状态

当V^*位于区域3时,所在三角形顶点状态为(ONN、OON、PON、POO、PPO),图8-24所示为相应的对称PWM波形,其状态顺序为ONN、OON、PON、POO、PPO、PPO、POO、PON、OON和ONN。

当V^*位于区域4时,所在三角形顶点状态为(OON、PON、PPN、PPO),图8-25所示为相应的对称PWM波形,其状态顺序为OON、PON、PPN、PPO、PPO、PPN、PON和ONN。

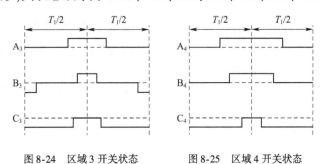

图8-24 区域3开关状态　　图8-25 区域4开关状态

在区域1中输出PWM波形含有零状态,区域2、3、4中,不包含有任何零状态。在所有PWM模式中,开关状态改变一次只能带来$0.5U_d$的变化。

2)中点电压控制

三电平逆变器中间电位平衡的控制问题是非常重要的,若中点电位偏移,在输出电压中会产生附加的畸变,如果正电流从中点流出,则上端的电容器处于充电状态;而下端的电容器处于放电状态,从而降低 0 点的电位。反之,当电流流入中点时,0 点的电位会增加。在大六边形顶角状态下(PNN、PPN、NPN、NPP、NNP 和 PNP)以及零状态下(OOO、NNN、PPP),没有中点电流,不会产生中点电位的偏移;而在其他状态时,中点电位可以通过调节不同开关工作状态的时间间隔来加以控制。

三、中间直流环节工作原理

在交-直-交变流器中,中间直流回路属于储能环节。在电压型脉冲整流器中,其组成部分包括:相应于 2 倍电网频率的串联谐振电路;支撑电容器和过压限制电路。

(一)二次串联谐振电路

由于脉冲整流器输出的电流含有大量的高次谐波,其中二次谐波对系统的性能影响最大。二次串联谐振电路的作用就是消除二次谐波,下面首先分析二次谐波产生的机理。

交流电源提供的瞬时功率为:

$$P_N(t) = u_N(t) \times i_N(t) = \sqrt{2} U_N \sin\omega_N t \times \sqrt{2} I_N \sin\omega_N t = U_N I_N (1 - \cos 2\omega_N t) \quad (8-18)$$

其中包含一个恒定分量和一个以 2 倍电源频率脉动的交变分量。

变压器漏抗上的瞬时无功功率为:

$$Q_{LN}(t) = u_{LN}(t) \times i_{LN}(t) = \sqrt{2} U_{LN} \sin\omega_N t \times \sqrt{2} I_N \sin(\omega_N t + \pi/2) = U_{LN} I_N \sin 2\omega_N t \quad (8-19)$$

变流器输入瞬时功率为:

$$\begin{aligned} P_1(t) &= u_{ab}(t) \times i_N(t) = \sqrt{2} U_{LN} \sin(\omega_N t - \varphi) \times \sqrt{2} I_N \sin\omega_N t \\ &= U_{LN} I_N \cos\varphi - U_{LN} I_N \cos(2\omega_N t + \varphi) \end{aligned} \quad (8-20)$$

变流器输出电流可根据变流器为无损耗和无储能器件的简化假设,由以下功率平衡关系求得:

$$i_N(t) u_{ab}(t) = i_{dc}(t) U_d$$

则:

$$i_{dc}(t) = \frac{\sqrt{2} U_{ab} \sin(\omega_N t - \varphi) \times \sqrt{2} I_N \sin\omega_N t}{U_d} = \frac{U_{ab} I_N}{U_d} [\cos\varphi - \cos(2\omega_N t + \varphi)] \quad (8-21)$$

从式(8-21)可知,变流器的输出电流包含直流分量和 2 倍于供电频率的交流两个重要的分量,一个分量和一个其中直流分量 $U_{ab} I_N \cos\varphi/U_d$ 流入负载,幅值为 $U_{ab} I_N/U_d$ 的二次谐波电流分量从串联谐振电路流过,而串联谐振电路吸收漏抗产生的无功功率,因而可以降低电源瞬时功率的脉动分量。

(二)支撑电容器

在电压源型变流器中,支撑电容器作为储能器可以支撑中间回路电压并使其保持稳定。支撑电容 C_d 值的大小直接决定着中间直流环节的工作性质,因此合理选择 C_d 的值十分重要。

由于中间回路与两端变流器之间存在着复杂的能量交换过程,迄今还没有简单实用的方法来选择合适的支撑电容器 C_d 的值。但可以通过系统仿真,并按照以下准则来判定经验取值的正确性。这些准则包括：

(1) 中间回路直流电压保持稳定，峰峰波动值不超过规定的允许值。

(2) 中间回路直流电流是连续的，没有间断，其峰峰波动值不超过规定的许可值。

(3) 中间回路的损耗应保持最小。

(4) 所选择的电容器的参数不会影响整个系统的稳定性。

(5) 应当成功地抑制逆变器和电机中发生的暂态过程，保持系统稳定。

(6) 防止高频电流可能引起的对通信和信号系统的电磁干扰。

(三) 中间直流环节的稳压控制

目前，动车组牵引用脉冲整流器普遍采用瞬态直接电流控制策略，其控制框图如图 8-26 所示。主要有电压电流传感器、电压电流调节器、比较器、函数发生器、运算器及 SPWM 控制器组成。其数学表达式如(8-22)式所示。

$$\begin{cases} I_{N1} = K_p(U_d^* - U_d) + 1/T_i \int (U_d^* - U_d)\mathrm{d}t \\ I_{N2} = U_d I_d / U_N \\ I_N^* = I_{N1}^* + I_{N2}^* \\ u_{ab}(t) = u_N(t) - \omega L I_N^* \cos\omega t - R_N I_N^* \sin\omega t - K[I_N^* \sin\omega t - i_N(t)] \end{cases} \tag{8-22}$$

式中：K_p、T_i——PI 调节器的参数；

U_d^*——中间直流侧电压给定值；

I_d、U_d——中间直流环节电流和中间直流环节电压；

K——比例放大系数；

ω——网侧电压的角频率。

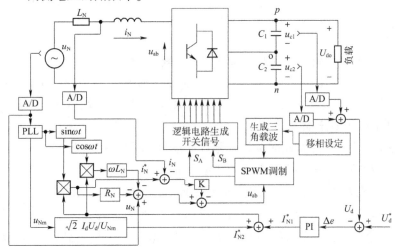

图 8-26 瞬态直接电流控制原理图

瞬态电流控制的基本原理：为了达到中间直流环节恒压控制的目的，将实时检测到的中间直流电压 U_d 与给定值 U_d^* 比较，当 $U_d < U_d^*$ 时 $\Delta e > 0$，PI 调节器的输出 I_{N1}^* 增加，使脉冲整流器的输入电流增加，达到增加 U_d 的目的；当 $U_d > U_d^*$ 时反之。

实时检测电网电压和电流值，按照式(8-22)组成运算电路，输出为参考电压信号即调制

信号 $u_{ab}(t)$,这个调制信号包含了相角和幅值的信息,该调制信号与三角载波进行 SPWM 调制,生成 PWM 信号来驱动开关器件。

由式(8-22)可知,瞬态电流控制为电压电流双闭环控制系统,对于某一参数变动时,控制系统具有自动校正调节功能,最终达到稳态平衡。

采用瞬态直接电流控制策略,能够使系统具有直流侧电压稳定快、动态响应好、对系统参数变化能很快作出调整等优点。

议一议

四象限脉冲整流器与普通整流器一样吗?有什么区别吗?

比一比

两电平脉冲整流器与三电平脉冲整流器各有何特点?两电平逆变器与三电平逆变器各有何特点?

单元2 转差频率控制技术在城市轨道交通车辆中的应用

学习内容

城市轨道交通车辆转差频率控制直-交变频调速系统的调速控制原理。

问题引导

城市轨道交通车辆转差频率控制直-交变频调速系统的调速控制原理是什么?

知识学习

图 8-27 所示为城市轨道交通车辆转差频率控制直-交变频调速系统。

该系统通过 8 个转速传感器将 8 个动轮的转速检测出来,取其平均值得角速度 ω;通过 3 个电流互感器将定子三相电流 I_A、I_B、I_C 检测出来,同样取其平均值得 I_1;通过 1 个电压互感器将直流环节电压 U_d 检测出来。

给定角速度 ω^* 和实际角速度 ω 送入函数发生器,获得转差频率 $\omega_s^* = \omega^* - \omega$;函数发生器中还通过电流曲线 $I_1^* = f(\omega_s^*)$,获得给定定子电流 I_1^*。

给定定子电流 I_1^* 与实际定子电流 I_1 进行比较,得出差值信号 ΔI_1 送入电流调节器 ACR,输出信号对转差频率 ω_s^* 进行修正。直流电压信号 U_d 经阻尼控制环节输出一个信号,也对 ω_s^* 进行修正。经过两次修正后的转差频率 ω_s^* 与角速度 ω 相加,得到定子电流频率 ω_1。ω_1 经频率限制环节后送入 PWM 控制器进行调制。同时 ω_1 和 U_d 一起送入脉冲模式选择环节,确定脉冲模式。

脉冲模式、U_d、I_1、ω_1 和级位指令一起送入调制深度计算环节,确定调制深度。

PWM 控制器根据 ω_1、脉冲模式、调制深度以及正、反(F、R)转指令,发出触发脉冲去触发逆变器 INV 的功率开关,从而实现调速。

模块8
交流调速技术在轨道交通车辆中的应用

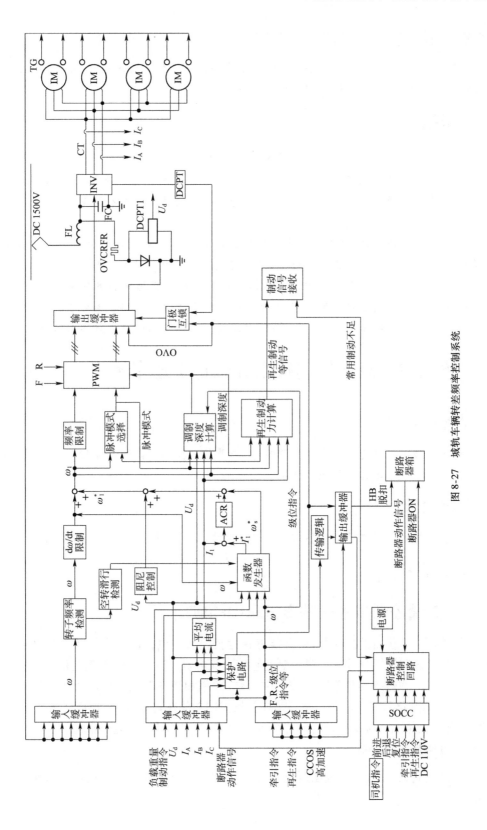

图 8-27 城轨车辆转差频率控制系统

议一议

轨道交通车辆、轨道交通、地铁、国家铁路、铁道机车、高速动车组、地铁动车组、城市轨道交通、城市轨道交通车辆,这些概念之间有何异同?

知识拓展

城市轨道交通

城市轨道交通是以电能为主要动力能源,采用轮轨运转体系的大运量快速公共交通系统。它主要负责无障碍兼短距离的旅客运输,通常由轻型动车组或有轨电车作为运送载体,有效缓解城市内部密集客流的交通压力。

城市内部的轨道交通,其系统技术和外观形式复杂繁多,我国很多城市将本地区所有非国家铁路性质的各种公共轨道交通统称为"轨道交通",并于当地成立轨道交通公司,如重庆轨道交通(集团)公司。因地铁系统在多数城市的公共轨道交通中占的比例最大,所以有的城市全部市内的轨道交通系统都被以"地铁"一词概括,并成立当地的地铁公司,如广州地下铁道总公司。广州地铁不仅包括地铁系统,也涵盖了旅客自动输送系统和有轨电车系统。

单元3 矢量控制技术在轨道交通车辆中的应用

学习内容

矢量控制技术在铁道机车中的应用情况;矢量控制技术在高速动车组中的应用情况;矢量控制技术在地铁动车组中的应用情况。

问题引导

矢量控制技术应用在了哪些轨道交通车辆?它们的矢量控制系统有何区别?

知识学习

一、矢量控制技术在铁道机车中的应用

矢量控制具有优良的瞬时特性,并能够快速控制交流电机的输出转矩。他励直流电机具有相当好的瞬时转矩特性。矢量控制能够使交流电机具有与他励直流电机相同或更高的转矩控制性能。在传统的转差频率控制中,转差频率和逆变器输出电压大小依据转矩指令(挡位指令)的变化而变化。而转差频率式矢量控制能使在转差频率和逆变器输出电压大小变化时,电压相位也同时变化。这与传统方法相比,导致了转矩反应非常快。

1. 矢量控制原理框图

在矢量控制状态下,为了输出所要求的转矩,转矩电流矢量 I_q 和激磁电流矢量 I_d 是单独控制的。图8-28是矢量控制框图。

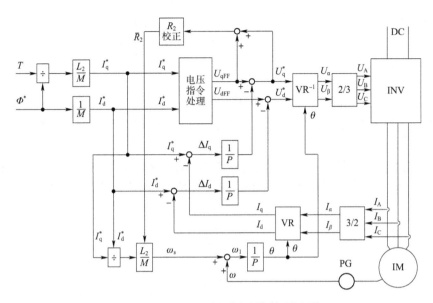

图 8-28 HXD$_3$ 型电力机车矢量控制系统框图

U_{dFF}-d 轴反馈电压指令;U_{qFF}-q 轴反馈电压指令

2. 控制要素

转矩、磁通量和电机常数的关系如下:

$$I_d^* = \frac{\Phi^*}{M}; I_q^* = \frac{L_2}{M} \cdot \frac{T^*}{\Phi^*}; \omega_s = \bar{R}_2 \cdot \frac{L_2}{M} \cdot \frac{I_q^*}{I_d^*}; \omega_1 = \omega_s + \omega; \theta = \int \omega_1 \mathrm{d}t$$

式中:I_d^*——激磁电流矢量指令;

ω_s——转差频率;

L_2——二次漏电抗;

$\bar{R}_2$——二次侧电阻;

I_q^*——转矩电流指令;

Φ^*——磁通量指令;

M——互感。

3. 输出指令

为了输出所要求的转矩,VVVF 逆变器最终控制输出电压 U_1 和它的相位。图 8-29 表明交流电机的简化等效电路和矢量控制的电压矢量。

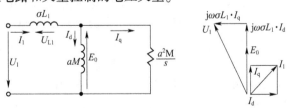

图 8-29 交流电机的简化等效电路和电压矢量

U_1-逆变器输出电压;E_0-感应电势;I_d-激磁电流;I_q-转矩电流;s-转差频率;σ-漏感系数;a-常数

$$U_1 = \omega\sigma L_1 \sqrt{I_d^2 + I_q^2}; \varphi = \tan^{-1}\left(\frac{I_q}{I_d}\right)$$

式中：σ——漏感系数：

$$\sigma = 1 - \frac{M^2}{L_1 L_2}$$

下面以"1 个脉冲方式"为例，解释为了得到双倍的输出转矩，如何去控制逆变器的输出电压。

只有转矩电流被双倍而不改变感应电压 E_0 时，输出转矩才会被加倍。为了只加倍 I_q，转差频率就得加倍。所以，必须控制逆变器输出电压 U_1 的数值和相位（图 8-30）。

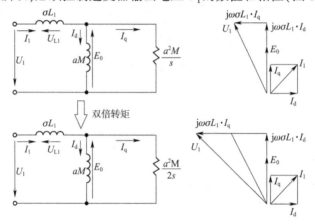

图 8-30 输出电压控制

因此，为了控制交流电机的输出转矩，VVVF 逆变器通过输出电压和它的相位直接控制着磁通量 Φ 和转矩电流 I_q。

4. 与传统的转差频率控制的区别

当交流电机的输出转矩由矢量控制或转差频率控制降低 1/2 时，逆变器输出电压、交流电机的感应电压等之间的关系如图 8-31a)、b) 所示。在这两种情况下，逆变器频率最终设定在降低输出转矩到 1/2 的转差频率上。矢量控制的特性是逆变器输出电压的大小和相位每次都有变化。

流经逆变器到交流电机的电流 I_1 由初级阻抗的端电压 U_{L1} 和逆变器输出电压 U_1 有关的感应电势 E_0 的矢量关系决定，如图 8-30 中的交流电机的简化等效电路所示。在图 8-30 中，I_d 是激磁电流矢量，它将交流电机的主线圈励磁；I_q 是转矩电流。

在矢量控制情况下，如图 8-31 所示，通过瞬间改变逆变器输出电压的大小和相位而保持 E_0 不变，有可能只把转矩电流迅速降低到 1/2 而不改变激磁电流矢量 I_d。因为交流电机的输出转矩与激磁电流矢量 I_d 和转矩电流 I_q 成正比，还因为激磁电流矢量 I_d 被控制为恒定值，所以输出转矩随着转矩电流 I_q 的改变而快速地改变。

另一方面，在传统的转差额率控制情况下，逆变器输出电压的大小和相位不变，而转差频率改变，即频率本身在改变。结果感应电势 E_0 改变，而流经逆变器到交流电机的电流 I_1 只在 E_0 改变后才改变。因为在感应电势 E_0 中的变化是交流电机主磁通量变化的结果，所以反应非常慢。由于这个原因，增加电流控制的反应速度是不可能的。

换句话说,在矢量控制的条件下,电流在符合等同漏感 σL_1 的常数时发生变化(图8-30),而在转差频率控制的条件下,电流在符合等同互电感 aM 的常数时发生变化。驱动机车的交流电机的时间常数,对矢量控制来说大约为 10ms,而对转差频率控制来说大约为 100ms 或更多,即在两者之间的反应速度方面相差 10 倍或更多。

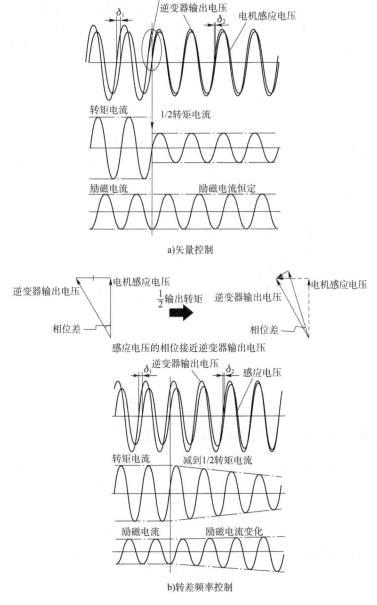

图 8-31 转差频率控制和矢量控制之间的区别

5. 方波脉冲控制

因为机车的空间有限,所以要求机车用的逆变器,结构紧凑,重量轻,基于这个原因,方波脉冲控制能够最低限度地降低转换损耗并最大限度地在中高速度区增加输出电压。方波脉冲控制方式中,由于逆变器的每个臂以180°间隔重复着闭合/关断的操作,所以逆变器的输出与输入电压相同,达到最大值,但失去了对电压控制的功能。

图8-32所示为方波脉冲矢量控制的系统结构。方波脉冲控制在严格的意义上来讲是不能执行矢量控制的。这是因为矢量控制是通过瞬间改变逆变器电压的大小和相位来控制转矩。方波脉冲控制不能改变电压的大小(幅值)。但方波脉冲控制可以瞬间改变相位。利用迅速改变相位的这一特性,有可能瞬间改变转矩电流,如图8-31所示。此时,由于电压大小的主要变化是固定的,输出转矩根据指令数值而改变。磁通量补偿单元(图8-32),可预测这种变化并纠正磁通量指令,这样,输出的转矩就与指令数值相吻合。借助这一特性,即使当转矩指令迅速变化时,也能获得高速输出转矩的反应(反应时间常数大约10ms)。

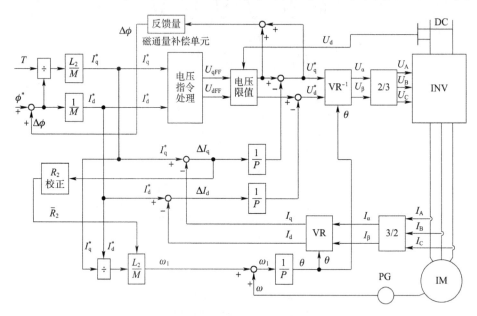

图8-32 脉冲矢量控制系统框图

二、矢量控制技术在高速动车组中的应用

本书以CRH_2型动车组为例,说明矢量控制技术在高速动车组中的应用。CRH_2型动车组采用转子磁场定向间接矢量控制技术实现对逆变器和电机的控制。输入支撑电容器电压,依据无触点控制装置控制信号,输出变频变压的三相交流电对4台并联的电机进行速度、转矩控制。再生制动时牵引电机发出三相交流电,向支撑电容器输出直流电压。牵引电机控制采用矢量控制方式,独立控制转矩电流和励磁电流,以使转矩控制高精度化、反应高速化,提高电流控制性能。控制系统框图如图8-33所示,各控制单元的作用如下:

1. 转矩控制单元

转矩控制单元如图8-34所示,牵引时按换挡指令及转子频率设定转矩指令。制动时按制动力指令设定转矩指令。逆变器闸控开始时利用斜坡函数升到目标值。换空挡时转矩会利用斜坡函数降到目标。

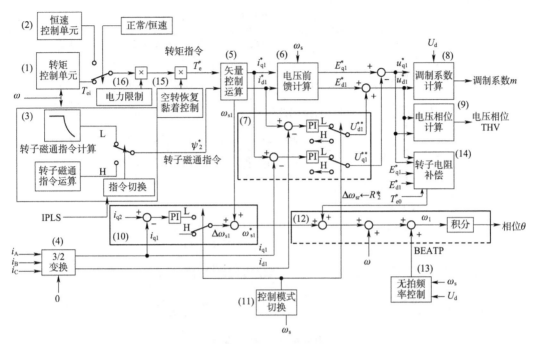

图 8-33 CRH$_2$型动车组矢量控制系统框图

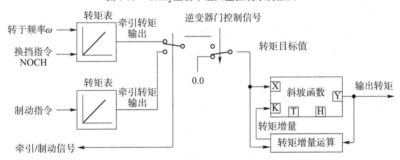

图 8-34 转矩控制单元

接通挡位、升挡(Notch up)等转矩发生变化时,计算 1s 从变化前的值变化到目标值的转矩。转矩图形如图 8-35 所示。

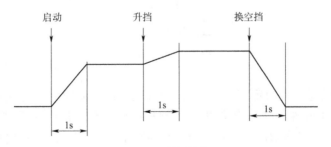

图 8-35 转矩图形

2. 恒速控制单元

恒速控制策略如图 8-36 所示,当输入恒速指令时,将即时速度作为设定速度。为保持此速度,转矩指令按照速度偏差进行恒速控制。

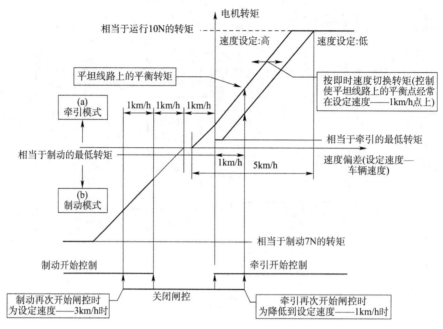

图 8-36 恒转速控制策略

3. 转子磁通指令计算

转子磁通指令根据不同的调节方式,做如下设定(图 8-37)。

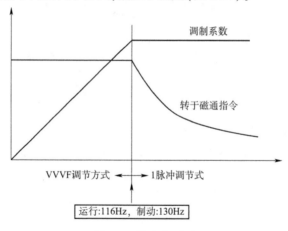

图 8-37 转子磁通指令

1) VVVF 控制方式

基本上转子磁通指令为定值,但在 1 脉冲方式的速度域换空挡时或再次运行时,到达 1 脉冲为止,利用 1 脉冲切换频率和逆变器频率的比计算而来的转子磁通指令。因此,在此领域上的转子磁通指令取的是利用 1 脉冲切换频率与变频频率的比计算的值和转子磁通初期设定值中的低位的值。

2) 1 脉冲控制方式

在 1 脉冲控制方式时,使用逆变器输出频率、电机常量及转矩指令,计算转子磁通指令,使调制系数达到 100%,即在 1 脉冲领域上也实现矢量控制。

4. 电机定子电流变换

将 3 相电机定子电流 i_A、i_B、i_C 变换为矢量控制使用的旋转坐标系下的 d 轴电流 i_d 及 q 轴电流 i_q，变换使用按逆变器输出频率积分得到的相位 θ，按下列计算式进行计算。

$$\begin{bmatrix} i_{d1} \\ i_{q1} \end{bmatrix} = \sqrt{\frac{2}{3}} \begin{bmatrix} \cos\theta & \cos\left(\theta - \frac{2}{3}\pi\right) & \cos\left(\theta - \frac{4}{3}\pi\right) \\ \sin\theta & \sin\left(\theta - \frac{2}{3}\pi\right) & \sin\left(\theta - \frac{4}{3}\pi\right) \end{bmatrix} \begin{bmatrix} i_A \\ i_B \\ i_C \end{bmatrix} \tag{8-23}$$

5. 矢量控制计算

通过矢量控制，把电机定子电流 I_1 分为相当于转矩部分的 q 轴电流 i_q 和相当于转子磁通部分的 d 轴电流 i_d，它们分别独立控制。

$$\begin{cases} i_{q1}^* = \dfrac{T_e^* L_2}{p_N L_m \psi_2} \\ i_{d1}^* = \dfrac{\psi_2}{L_m} \end{cases} \tag{8-24}$$

式中：T_e^*——转矩指令；

ψ_2——转子磁通指令；

L_m——电机互感；

L_2——电机转子电感；

p_N——极对数。

在与逆变器频率同步旋转的 dq 轴旋转坐标上表示电流，如图 8-38 所示。

另外，利用 d 轴、q 轴电流指令 i_{d1}^*、i_{q1}^* 及电机常量（R_2 为电机转子电阻值、L_2 为电机转子自感），按下面的计算公式计算转差频率指令 ω_{s1}。

$$\omega_{s1} = \frac{i_{q1}^*}{2\pi \dfrac{L_2}{R_2} i_{d1}^*} \tag{8-25}$$

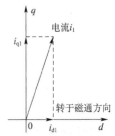

图 8-38 电机定子电流矢量图

6. 电压前馈计算

根据 d 轴、q 轴电流指令 i_{d1}^*、i_{q1}^*，逆变器频率 ω_s，电机常量，按下列计算公式计算前馈电压指令值 E_{d1}^*、E_{q1}^*。

$$\begin{cases} E_{d1}^* = R_1 i_{d1}^* - \omega_s L_1 \sigma i_{q1}^* \\ E_{q1}^* = R_1 i_{q1}^* + \omega_s L_1 \sigma i_{d1}^* \end{cases} \tag{8-26}$$

式中：$\sigma = 1 - \dfrac{L_m^2}{L_1 L_2}$；

R_1——电机定子电阻值；

L_m——电机互感；

L_1——电机定子自感；

L_2——电机转子自感。

用矢量图表示上面的 d 轴、q 轴电压的前馈电压，如图 8-39 所示。

7. 恒电流控制

为了使 d 轴、q 轴的反馈电流（i_{d1}、i_{q1}）分别追随于 d 轴、q 轴的电流指令（i_{d1}^*、i_{q1}^*），将各自的电流偏差输入 PI 调节器，把由此得到的电压分别作为 d 轴、q 轴的反馈电压（u_{d1}^*、u_{q1}^*）。

8. 调制系数计算

用 d 轴、q 轴电压指令 u_{d1}^*、u_{q1}^* 和滤波电容器的输出电压 U_d，按下列公式计算调制系数 m。

$$m = \frac{\sqrt{(u_{d1}^*)^2 + (u_{q1}^*)^2}}{\frac{\sqrt{2}}{\pi} U_d} \tag{8-27}$$

9. 电压相位计算

如图 8-40 所示，用 d 轴、q 轴电压指令 u_{d1}^*、u_{q1}^*，按式（8-38）计算旋转坐标系下电压矢量的相位角 γ。

$$\gamma = \arctan^{-1} \frac{u_{q1}^*}{u_{d1}^*} \tag{8-28}$$

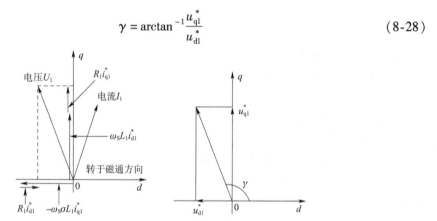

图 8-39　前馈电压矢量图　　图 8-40　电压矢量相位角

10. 转差频率补偿控制

为了让 q 轴的反馈电流（i_{q1}）追随于 q 轴电流指令（i_{q1}^*），将电流偏差输入到 PI 调节器，由此得到转差频率补偿值 $\Delta\omega_{s1}$，此控制系统是在不能进行电压控制的 1 脉冲调节方式中实施。在此调节方式中，在转差频率指令 ω_{s1} 上加上转差频率补偿值 $\Delta\omega_{s1}$，作为转差频率 ω_{s1}^*。

11. 控制模式切换

为了在 VVVF 控制方式中实施电压控制，在输出电压固定的 1 脉冲控制方式中实施转差频率补偿控制。根据逆变器频率切换控制器。

12. 逆变器频率计算

在转差频率 ω_{s1}^* 上加上转子电阻补偿差频值 $\Delta\omega_{sr}$、转子频率 ω、无拍频率控制补偿项 BEATP，计算逆变器输出频率。并且根据逆变器频率的积分，计算电机定子电流从 3 相变换到 2 相所使用的相位 θ。

13. 无拍频率控制

为了抑制由于接触网频率与变频频率干扰而产生的振动，根据 BPF 抽取滤波电容器电压呈现的脉动特定频率(50Hz或者60Hz:按接触网频率切换),在其输出上加上与逆变器频率相应的增益,计算无拍频率控制项。

14. 转子电阻补偿

转子电阻补偿如图 8-41 所示。在电机运转中,转子电阻值随电机温度变化而变化,转子电阻补偿具有推测转子电阻值并进行补偿的功能。具体是对各个 d 轴、q 轴电压指令 u_{d1}^*、u_{q1}^* 的大小与 d 轴、q 轴的前馈电压指令 E_{d1}^*、E_{q1}^* 的大小相比较,输出使偏差为 0 的转子电阻补偿值 R_2^*。

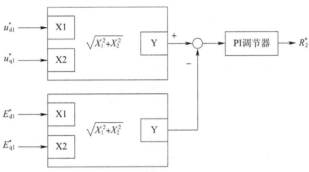

图 8-41 转子电阻补偿框图

15. 空转恢复黏着控制

根据各轴的速度偏差 Δv、加速度偏差 Δa,实时地计算适合路面状态的黏着程度 adl,将此值乘以转矩值,从而实施空转恢复黏着控制,如图 8-42 所示。

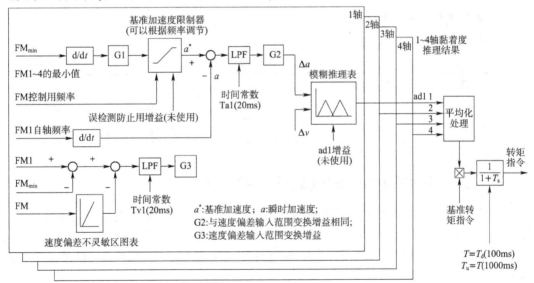

图 8-42 空转恢复黏着控制框图

16. 电力限制

在接触网电压低时,为使牵引电机不发生转子过电流,根据转子电流实际值进行电力限制。由整流器计算的转子电流实际值与限制值的偏差,根据偏差大小,计算乘在转矩值上的增益,如图 8-43 所示。

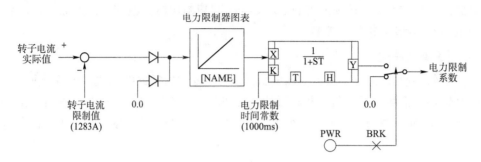

图 8-43 电力限制控制框图

17. PGD 发生时的频率处理

当检测出 PG 感应器发生故障时,根据表 8-2,重新设定转子频率。

PG 故障时转子频率设定　　　　　表 8-2

状　　态	正　常　时	PG1　故　障	PG1、PG2 故障	PG1、PG2、PG3 故障
频率设定	PG1→ω_{21}	PG2→ω_{21}	PG3→ω_{21}	PG4→ω_{21}
	PG2→ω_{22}	PG2→ω_{22}	PG3→ω_{22}	PG4→ω_{22}
	PG3→ω_{23}	PG3→ω_{23}	PG3→ω_{23}	PG4→ω_{23}
	PG4→ω_{24}	PG4→ω_{24}	PG4→ω_{24}	PG4→ω_{24}
转子频率计算	$\omega_2 = (\omega_{21} + \omega_{22} - \omega_{23} + \omega_{24})/4$			

注:全部断路时,发生 PDG,闸控停止。虽然可以通过重新启动,再次进行设定操作,但是仍然再一次被检测为 PDG。

18. 脉冲状态转换频率计算处理

各脉冲状态的转换频率如表 8-3 所示。

各脉冲状态的转换频率　　　　　表 8-3

状　　态	异步~5P	5P~3P	3P~1P	U
牵引	58Hz	90Hz	113.5Hz	2600V
制动	58Hz	103.5Hz	130.5Hz	3000V

注:车轮直径 = 820mm。

三、矢量控制技术在地铁动车组中的应用

由图 8-44 可见,城市轨道交通车辆传动系统从 1500V 或 750V 供电电网上获得直流电能,经过由主断路器 L、直流高速真空断路器 VHB 及充电电容电阻器 CHR$_e$ 组成的高压装置,向由滤波电抗器 FL、滤波电容器 FC 和逆变器 INV 组成的逆变器单元提供稳定的直流电。

电压逆变器 INV 不仅能把直流电逆变成三相交流电,同时在逆变过程中,根据调节指令还可以改变输出电能的频率 f_1 及其相电压有效值 U_1,为三相异步电机提供 VVVF 控制,以满足牵引电机调速要求。图 8-44 所示为每一组逆变器向一台三相异步电机供电的电路,共六台牵引电机。按照每节车辆转向架的轴式不同,电动机台数可以不同,也可以用一台逆变器向多台牵引电机集中供电。

1. 牵引控制单元

一个牵引控制单元基本上由中央微机配上一个或几个较低级的信号处理模块组成。每一个逆变器配有一个信号处理器模块。信号处理器用来处理交互变流,临界点控制,线电流转换器控制。中央微机则执行车辆高层次牵引控制所特有的功能,这些功能随车辆类型的不同而改变。

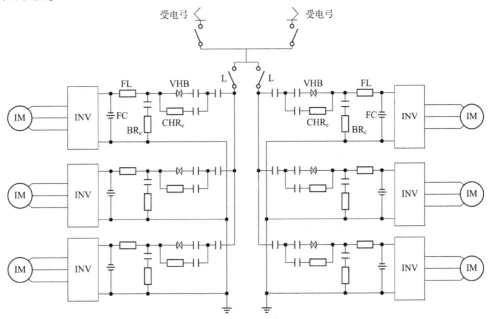

图 8-44 交流传动主电路原理电路图

BR_e-制动电阻;L-主断路器;VHB-直流高速真空断路器;FL-滤波电抗器;FC-滤波电容器;CHR_e-充电电容电阻器;INV-三相逆变器;IM-三相笼式异步电机

电动机电流及转矩的给定值,通过中央微机与信号处理器间的接口进行传输。

牵引控制单元中采用的信号处理器中,模拟量到数字量的转换不同于一般的采样/保持电路,A/D 转换方式,而选择了 V/f 转换方式,模拟信号在测量模块中被转化成脉冲群(正信号对应于高频,负信号对应于低频)。变换后的信号送入信号处理器模块的两个逻辑单元阵列(LCAs)中的一个,并对脉冲计数和确定频率。鉴于高实时性的要求,所有功能软件都用汇编语言编程,程序和数据存储在 E^2PROM 和 flash PROM 中。不必更换 EPROM 就可以改变程序。当进行三相交流驱动的复杂控制时,输出控制命令的时间要求小于 $1\mu s$,用 LCAs 可以及时开启转换和获得所测数据。

2. 测量数据的获得

为了实现闭环驱动控制,必须获得的描述过程变化的模拟变量包括:电机的三相电流、两相对地电压、PWM 逆变器的输入直流端电压和电机的转速,速度传感器提供了两个频率与速度成正比的方波信号,可以由此计算出速度的绝对值;这两个信号相位相差 90°,根据两个方波信号在时间上的顺序可以决定电机的转向。如果一个逆变器给两个并联牵引电机供电,则两个电机的转速都要被测出并用来控制算术平均值。例如,当经过道岔交叉点时,由于轮缘对轨道不同的压力,使电机转速也不同时,可以控制两个电机获得更加一致的力矩分布。

3. 闭环控制系统结构

图 8-45 所示为一个闭环控制系统的结构。电机的转矩和电流值由中心微机设定。信号处理器的主要功能是启动 PWM 逆变器，保证牵引电机遵循设定值。

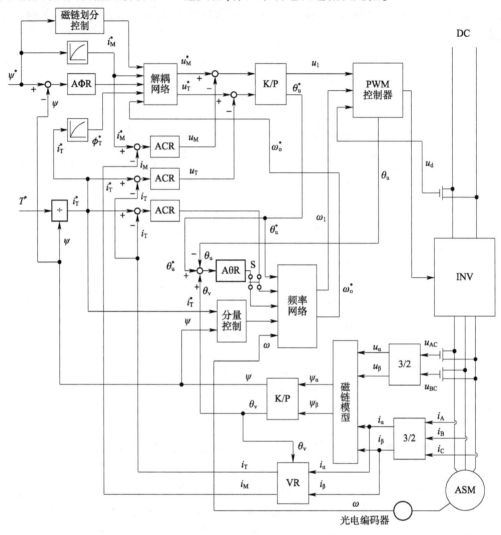

图 8-45　闭环控制系统结构

测量数据模块和 LCA 编程电路确定了闭环控制规定的设定值。在三相两相变换器（3 相/2 相）中，三相电压和电流被转换成正交分量，它们与速度都是电压模块的输入量；根据直角坐标到极坐标的转换，得到实际电流的幅值与相角。电流相角用于将两个正交电流分量从有关定子的坐标系统转换到与转子电流空间矢量一起旋转的坐标系统中，也就确定了电流矢量的象限。滤波后可以得到励磁电流分量和转矩电流分量，也就是静态工作点的直流量；因此，它们更适合在控制器中处理。

为了根据给定电流值和给定力矩控制的变量确定闭环控制输出变量，在一个解耦电路中模仿了异步电机的反演结构如图 8-46 所示。它根据电流给定值，励磁电流给定值，力矩电流给定值以及转子磁通的角速度的要求来计算电压分量。其中，励磁电流设定值是根据磁化特性而得。解耦电路的参数中包括漏感和由电机定子电阻和逆变器的等效电阻组成的附加电阻 R_g。

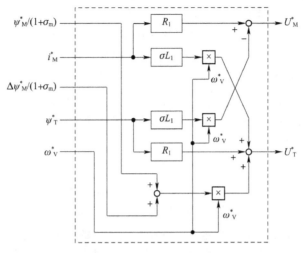

图 8-46　异步电机解耦电路

为了保持稳定,在解耦电路的输出端加了两个电流控制器控制励磁电流分量和转矩电流分量。用一个坐标转换器可将电压成分转换成幅值与相角形式,其中幅值作为 PWM 控制器的一个输入信号。

必须给出转矩下的稳态转差频率,在变频控制中,这是根据力矩电流给定值和实际电流计算而得出的。在校正转差频率的同时,用电流控制器校正力矩电流分量与给定值之间的差值。

电流分量控制器与去耦电路一起提供电压幅值与相角的设定值。在运转中,通过转换软件开关 S 实现结构的转换。电压相位控制器根据理想相角与 PWM 控制器的实际电压相角之间的比较结果做转差频率的校正处理。

频率确定模块综合各个频率成分,并提供去耦电路的电流频率和 PWM 控制器的定子频率。

把闭环控制应用于实际直流线电压是在控制装置中完成的。根据电动机电压的设定值与直流端电压的实际值,可计算出脉冲宽度调制器的调制深度,完成可实时调节的磁场定向闭环控制的基本操作。

4. PWM 控制器

PWM 控制器将闭环控制的输出变量——电压给定值和定子频率转换成逆变器的启动信号。在 PWM 逆变器输出端提供基波幅值与频率可变的三相电压,每个输出端都可接到中间电路的正极或负极。

PWM 控制器的主要功能就是产生所需的基波电压,控制与电动机相连的逆变器支路上的三对开关,从而改变电压基波的幅值与频率。开关时间需要实时决定,所以采用一个硬件计数器对源电路发出命令,并设置一个具有缓冲区功能的 FIFO 存储器,FIFO 存储器的空间足以存入闭环控制的一个扫描周期内所有开关命令,以便在处理器重新装载计数器电路时,也能保证输出。三对逆变器支路的电路状态被装入 FIFO 存储器,并通过计数器连到接下来的触发脉冲放大级,保证工作的同步。

根据操作范围,开关次数可以通过同步或异步两种不同的调制方法计算。在低频时,采用异步调制,在一个基频周期内发生多次转换,电路状态与相关的开关角度由处理器进行联机决定。开关次数计算采用的方式通常是输出电压为1.5倍操作频率的正弦给定值。操作频率一般要保持恒定,但在允许范围内可根据需要调节。调制深度在调制时受限制,根据源电路所标定的最小脉冲宽度,这个比值可达到90%。若该比值介于操作频率与基频之间,脉冲数量可达到10到8之间,逆变器就同步于基频。当基频增加时,由于逆变器限定操作频率,脉冲数量就要慢慢减少,脉冲数量和开关角度由脱机优化程序预先计算好并存入信号处理模块的快速PROM中。

5. 优化程序

优化程序实际上就是一个通过搜索确定幂函数最小值的搜索过程。这个幂函数作为在给定调制深度时开关角的一个函数,与反映谐波电流影响的各种优化标准有关,其中最主要的标准是谐波电流的均方根值。优化可以抑制特定谐波的峰值电流,减小电动机附加损耗。

对于每一种脉冲数的优化计算都可产生一个局部最小值。并且在不同的调制范围内产生总的最佳值,所以优化的第一步是存储与每个局部最小值相对应的每种脉冲数的若干脉冲模式。

优化的第二步是选择脉冲模式,在这个过程中,为了给处理器选择合适的脉冲模式而设置了一个字符区。基于基频和调节度的离散值写入该字符区。合适的脉冲模式既要能满足临界条件的最大运行频率,又能符合最小脉宽和最大峰值电流。基频是在最大调制深度时选择的。脉冲模式之间的转换是滞后的,以防止过于频繁的转换。

脉冲模式选择平台和针对每种脉冲模式及每种调制深度的离线优化的脉冲数以表格的形式存放在信号处理器中。闭环控制的工作点所要求的调制深度或脉冲模式,首先由PWM控制程序模块中的选择平台决定,然后建立一个三相结构的计算软件。在下一个扫描时间间隔将要输出的门极开关次数在异步调制时直接在线决定。在优化模式的范围中,根据当前定子频率,用优化函数计算出该调制深度时的开关角度。开关次数和电路状态都被装入输出电路FIFO存储器中。脉冲系统的切换点必须选择恰当,以防产生暂态反应和不必要的电流峰值。

 比一比

矢量控制技术在铁道机车、高速动车组、地铁动车组中的应用有何不同?

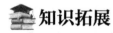 **知识拓展**

城际轨道交通

城际轨道交通是一种综合属性介于传统铁路和城市轨道交通之间的轨道交通类型。它主要服务高速度兼中距离的旅客运输,通常由大型动车组运载乘客,以实现相邻城市的快速联络,满足城市群的沟通交流。

城际轨道交通一般采用传统铁路技术,所以又称城际铁路,部分城际轨道交通采用地铁制式,如广佛地铁。

单元 4 直接转矩控制技术在轨道交通车辆中的应用

学习内容

直接转矩控制技术在铁道机车中的应用情况;直接转矩控制技术在高速动车组中的应用情况;直接转矩控制技术在地铁动车组中的应用情况。

问题引导

直接转矩控制技术应用在哪些轨道交通车辆中?它们的直接转矩控制系统有何区别?

知识学习

一、直接转矩控制技术在铁道机车中的应用

为满足机车牵引的要求,电力牵引中的转矩控制系统在低频段采用间接转矩控制;在较高频段采用直接转矩控制;在高频段采用磁场削弱的直接转矩控制。

1. 列车启动时的控制方法

列车启动时,即在定子频率接近于零的低速范围内,由于变流器开关器件最小导通时间的限制,如果只通过转矩的 Band-Band 控制来变换有效电压空间和零电压矢量,很难获得所希望的足够小的电压。并且由于定子电阻的影响,在低速时定子磁链的运动轨迹产生较为严重的畸变。为了提高黏着利用,要求电动机提供更加平直的转矩,尽可能减少转矩的脉动分量,逆变器需要产生更加接近正弦波形的输出电压。因此,在较低频率的运行区段,宜采用圆形磁链定向的方式。与六边形的磁链空间矢量端点运动轨迹相比,此时的最佳运动轨迹是圆形的。电动机所需要的电压值可通过定子磁链、电磁转矩及转子机械转速来计算得到,这种方法称为间接转矩控制,控制原理如图 8-47 所示。

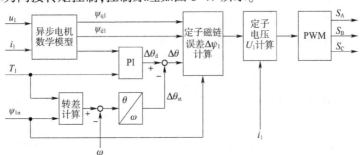

图 8-47 低速下间接转矩控制原理框图

图 8-47 中,定子磁链角度的变化值由静态分量 $\Delta\theta_{st}$ 和动态分量 $\Delta\theta_d$ 两部分组成。静态分量由转子机械转速及转差来计算得到,动态分量由转矩控制器来得到。

定子电压 U_1 计算单元计算出定子磁链 ψ_1 沿圆形轨迹运动且保证电动机转矩等于给定值时所需的端电压,并采用电压空间矢量脉宽调制技术(SVPWM),形成逆变器的控制方法。

2. 列车在高速范围内(较高频段)的控制方法

列车在额定速度及其以下的运行范围内,通过控制电动机定子磁链,以六边形轨迹运动,在6个有效电压矢量中均匀地加入零电压矢量,实现对转矩控制的目的,其控制原理如图8-48所示。

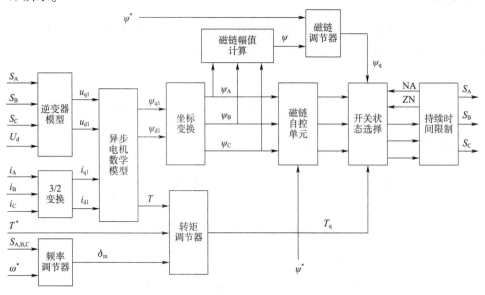

图8-48　高速范围内的直接接转矩控制原理框图

控制框图中各部分的功能如下:

(1)逆变器模型(INV):根据输出状态计算电动机端电压矢量。

(2)异步电动机数学模型:输出定子磁链和电磁转矩。

(3)磁链调节器(AψR):控制定子磁链的幅值等于给定值。为了减小定子电阻压降对定子磁链的影响,根据定子磁链当前所在的区域,选择合适的电压矢量,使磁链值快速增加,确保磁链幅值在一定的容差范围内。

(4)转矩调节器(ATR):实现对转矩的两点式调节,使电磁转矩能快速准确地跟踪给定转矩的变化,使其在给定值附近形成 Band-Band 控制。

(5)磁链自控单元(DMC):用来控制定子磁链矢量正六边形轨迹定向和确定定子磁链当前位置。也就是识别磁链运动轨迹的区段,给出正确的磁链开关信号,以产生相应的电压空间矢量,控制磁链按正六边形运动轨迹正确地旋转。它与坐标变换和开关状态选择单元共同配合来完成磁链自控。

(6)开关状态选择:将根据当前输入的信息,正反转控制以及开关转换次数最少的原则,并根据电压矢量对定子磁链和电磁转矩的关系,优化输出逆变器的控制信号,对定子磁链和转矩实行直接控制。

(7)开关持续时间限制:对于大功率调速系统,为了减小开关器件的发热损耗,必须将其开关频率限制在一定的范围内,需要满足变流器最小开关持续时间的要求。

(8)频率调节器(AFR):测动态调节转矩调节器的容差带,充分利用开关频率。根据检测到的开关频率与给定开关频率的差值,实现对开关频率的控制。

3. 列车在磁场削弱区（高频段）内的控制方法

当列车的速度达到额定速度值以上时，对电动机实行恒功控制，电动机激励电压保持恒定，若要提高电动机的转速，必然减少定子磁链 ψ_1 的幅值，即电动机弱磁运行，来实现对列车速度的控制。磁场削弱区内的控制方法如图 8-49 所示。

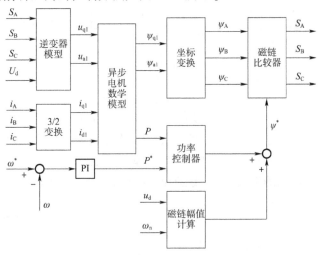

图 8-49　弱磁范围内的直接接转矩控制原理框图

通过动态改变定子磁链的给定值，可以对电动机的输出功率进行动态的调节，从而保证电动机输出的功率稳定。其中，定子磁链的幅值由两部分组成：稳态分量通过磁链幅值计算单元得到，动态分量通过功率控制器得到。

功率控制器可实现恒功率控制，并输出定子磁链幅值的给定值 ψ_1^*。

通过磁链比较器，把给定磁链 ψ_1^* 与异步电机数学模型计算出的定子磁链 ψ_1 相比较，可直接得到逆变器的三相控制信号 S_A、S_B 和 S_C。

仿真和试验波形表明，在低速间接转矩控制区域，定子磁链 ψ_1 以圆形轨迹运动，定子电流正弦性好；在高速直接转矩控制区域，ψ_1 以六边形轨迹运动；在弱磁控制区域，磁链为缩小了的六边形。并且在全部运行区域内，电动机的转矩阶跃响应很快，稳定性能都很好。

理论和试验也证明，间接转矩控制可以避免直接转矩控制在低速区域工作时的不利结果，即开关器件因最小导通时间限制而造成的较大的转矩脉动，以及定子电阻引起的磁链轨迹畸变。但是间接转矩控制不适合于较高频率区域，因为随着运行频率的增高，转矩脉动增大，而这时的转矩控制可充分利用器件的开关频率，降低转矩脉动，并且动态响应更为优异。因此这两个方案结合起来比较理想。当工作于弱磁范围时，功率调节器控制定子磁链给定，一方面是实现恒功控制，另一方面实现动态弱磁，加速转矩的动态响应。

二、直接转矩控制技术在高速动车组中的应用

CRH_1 对于速度的调节主要由司机控制器来完成，它有两种运行模式：一是自动模式，即直接转矩控制系统（速度调节器）模式；二是手动模式，即功率导出模式。

在手动模式下，司机可以通过司机操作台上的按钮开关选择司机控制器的手动模式，此时列车运行不受速度调节器的影响，司机可以通过增加或减小输入到牵引电机的功率来维

持列车的运行速度,在"常速"挡位,加速度或减速度是常值。

在自动模式下,司机控制器其实就是速度指令发生器,是司机对列车进行运行控制的主要手段,其作用就是给牵引、制动系统一个给定的运行速度,在运行速度调节器的作用下,列车最终的运行速度达到预设值,自动模式下速度控制原理如图 8-50 所示。

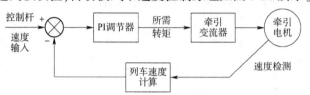

图 8-50 速度控制原理图

直接转矩控制系统如图 8-51 所示,转矩控制需要测量的参数有:电机两相电流、直流环节电压、GDU 反馈信号和电机频率,这些参数用于最终的转矩计算。为获得需要的电机转矩,CRH_1 型通过 PWM 方式控制牵引电机的电压基准,包括其幅值、频率和初相位。通过异步电动机的基于磁场定向的矢量控制,分别控制电机的磁场、旋转速度和转矩。

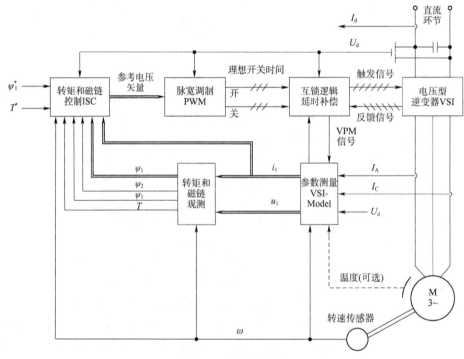

图 8-51 磁场转矩控制

从图 8-51 中可以看出,牵引电机的状态是最终由电压型逆变器给出的可变的电压的幅值和频率决定的;电压的频率和幅值可以通过 PWM 算法,来控制逆变器的 IGBT 的开、关来实现;而 PWM 的输入是由图中的磁场转矩控制器的输出来提供的;给定的电压信号由两部分合成,两部分分别对应磁场和转矩,而磁场和转矩的计算需要精确的数学模型,即观测器;模型本身的输入就是通过采集一些容易测量的参数,包括电机的两个相电流、直流环节电压、电机温度和轴速。

逆变器的 PWM 调制采用空间矢量调制 SVM。整个输出范围只有这一种方法,在这种调制方式中,电机进行平滑的控制而没有台阶。通过逆变器中 IGBT 的开关控制,PWM 斩波 DC 连接电压成为三相 AC 电压,控制是基于输出相的脉冲长度。每个单相的幅值还取决于 DC 连接电压。

为了最大限度地使用 DC 连接电压,而使用过调制。当标准的 PWM 达到电压幅值极限时,这种过调制方法开始启动。

PWM 的调制方式如图 8-52 所示,图中 f_s(或 ω_1)指定子频率、f_{sw}(或 ω_{sw})指逆变器中的 IGBT 开关频率。在低速时,采用异步调制,采用相对于定子频率更高的开关频率,更容易抑制干扰,同时有一个良好的转矩控制;在高速时,采用分段同步调制,采用相对于定子频率更低的开关频率。

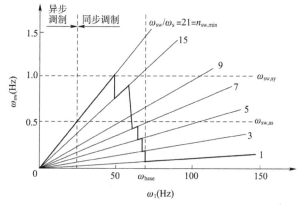

图 8-52　CRH_1 型动车组的 PWM 调制方式

PWM 方法使用了高效的电机控制、高开关频率和保持纹波损失降低。相对较高的开关切换频率使电机抖动损耗较小。IGBT 的切换频率反映出 PWM 能够产生理想的电机电流的能力,频率越高,电机电流纹波越小,电机损耗也越小,但切换频率越高,电机变流器的损耗越大。

电机暂停期间,给电机输入一个直流电流以产生确定强度的磁场。之后,定子频率从 0Hz 开始上升。电机定子频率决定列车速度,从零到基频,电机的电压频率比为常数;当定子频率超过基频时,电机电压保持不变。在 PWM 控制下牵引电机的电压与频率之间的关系如图 8-53 所示。

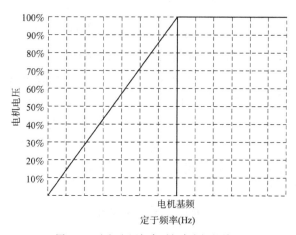

图 8-53　电机电压与定子频率之间的关系

三、直接转矩控制技术在地铁动车组中的应用

应用直接转矩控制原理的地铁动车组控制系统结构图如图 8-54 所示。

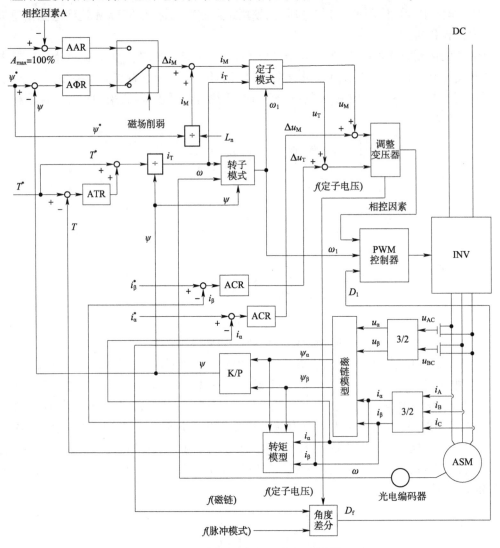

图 8-54　地铁动车组直接转矩控制系统结构图

控制系统设置了转矩设定输入和磁链设定输入,转矩设定值 T_e^* 由控制系统根据驱动/制动的要求和其他各种因素(负载、线电流、速度、牵引限制、空转/滑行保护)综合后决定。磁链设定值 ψ^* 由电机参数计算得出,在整个基本速度范围内有效。

磁链测定单元,根据电机的电流、电压、速度,计算在定子坐标系中磁链矢量的大小和角度。根据磁链矢量的信息也可以定义旋转坐标系。将定子电流矢量变换到旋转坐标系后,可得到它在旋转坐标系中的分量(i_T, i_M)。

磁链测定单元根据电机的数据,通过一系列采样步骤,得到实际转矩量 T_e,判断系统的状态。

实际转矩 T_e 和设定转矩 T_e^* 的差值送入转矩 PI 控制单元，产生一个动态的控制变量 ΔT 加到原先的转矩设定值上，再和实际磁链 ψ 一起送入负载电流计算单元，决定负载电流（i_T^*）。

实际磁链 ψ 和设定磁链 ψ^* 的差值送入磁链 PI 控制单元，也产生一个动态的控制变量 $\Delta\Phi$ 加到原先的磁链设定值上，得到激励电流（i_M^*）。这种综合考虑设定常数和动态变量的方法有利于提高控制系统的动态性能。

负载电流 i_T^* 和激磁电流 i_M^* 送入电机的定子模式，得到定子电压的两个分量（u_T、u_M），负载电流和激磁电流的设定值与实际值之差分别通过比例调节器进行控制，将定子电压的动态分量（u_T、u_M）加到静态分量（u_T^*、u_M^*）上。这样决定的定子电压从磁场定向系统转换到定子定向系统，磁场定向系统中的电压矢量的大小和角度已经决定为了保持逆变器的控制量，电压矢量的绝对值与直流线电压抵销，相控因素送入脉冲模式发生器。

在转子模式中，根据负载电流 i_T^* 和实际磁链 i_T^* 计算出转差频率。转差频率 ω_s 与实际速度 ω 相加后得到定子频率 ω_1。定子频率也送至脉冲模式发生器。

脉冲模式发生器根据频率和相控因素计算得到适当的脉冲模式，同时决定下一步的电压矢量的角度，并将这个值送到控制器。

磁链矢量的角度与磁场定向系统中电压矢量的角度一样，必须与脉冲模式产生的电压矢量的角度相符合，任何角度差都将作为一个动态控制修正量送到脉冲模式发生器，以保证定子电压曲线相位投入的一致。

当速度较高时，电机达到控制的极限（$A_{max} = 100\%$），此时为整块脉冲；其他脉冲模式下，控制极限较低。为了进一步提高速度，转入磁场削弱，此时电机被脉冲模式发生器的控制因素所限制，而与转矩设定值无关。因此，实际相控因素与控制极限值比较，送入一个 PI 调节器，产生一个动态控制变量加到控制初始值上。

比一比

直接转矩控制技术在铁道机车、高速动车组、地铁动车组中的应用有何不同？

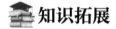

知识拓展

传 统 铁 路

传统铁路是最原始的轨道交通，分普速铁路和高速铁路两大类。它主要负责大规模兼远距离的客货运输，通常由大型机车牵引多节车厢或车皮进行运载。传统铁路是轨道交通的核心成员。

传统铁路在中短距离市域铁路中的运用同样很广泛，如北京和温州的市域铁路，都采用了传统铁路技术。

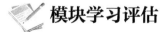

模块学习评估

见学习工作页 8。

参 考 文 献

[1] 胡崇岳.现代交流调速技术[M].北京:机械工业出版社,2005.
[2] 马平,杨金芳,崔长春,等.解耦控制的现状及发展[J].控制工程,2005(2):98-100.
[3] 许期英,刘敏军.交流调速技术与系统[M].北京:化学工业出版社,2010.
[4] 宋雷鸣.动车组传动与控制[M].北京:中国铁道出版社,2016.
[5] 张曙光.HXD_3型电力机车[M].北京:中国铁道出版社,2010.
[6] 宋中书,常晓玲.交流调速系统[M].2版.北京:机械工业出版社,2009.
[7] 徐安.城市轨道交通电力牵引[M].北京:中国铁道出版社,2002.
[8] 王志良.电力电子新器件及其应用技术[M].北京:国防工业出版社,1995.
[9] 李华德.交流调速控制系统[M].北京:电子工业出版社,2004.
[10] 陈伯时,陈敏逊.交流调速系统[M].2版.北京:机械工业出版社,2006.
[11] 冯垛生.交流调速系统[M].北京:机械工业出版社,2008.

学习工作页 1

专业班级		姓名		学号	
	任务描述			预期目标	
任务名称	交流调速的认知		知识目标:认知直流和交流电机的特点、电力电子器件的发展、变频技术的发展、控制技术的发展和交流调速系统的发展;认知交流电机调速方法。 能力目标:能够合理选择交流电机调速方法。 素质目标:具有好奇心和刻苦学习、钻研的精神。		
任务编号	01				
知识类型	认知型				
完成时间	2课时				
		知识认知			
1.描述直流电动机的特点。 2.描述三相笼型异步电动机的特点。 3.简述电力电子器件、变频技术、控制技术和交流调速系统的发展历程。					
		能力测试			
三相交流电动机有哪三种常用调速方法?各有何优缺点?如何选择?					

续上表

素质测试		
查阅资料,说明 DF_8 型电力机车和 HXD_3 型电力机车各采用了什么类型的牵引电机?电机型号分别是什么?各采用了哪些调速方法?		
学习效果评价		
评价指标	自我评价	教师评价
1. 能够正确描述异步电动机的特点		
2. 能够正确描述电力电子器件、变频技术、控制技术和交流调速系统的发展历程		
3. 能够正确描述交流电动机的调速方法		
4. 能够正确选用调速方法		
5. 能够通过查阅资料获得有关知识		
本模块最后评价:		

教师签名: 　　　　　　　年　月　日

注:1. 自我评价、教师评价和最后评价都采用等级表示,即填写优、良、中等、及格和不及格。

2. 最后评价可以作为本课程总评价的参考数据之一。

学习工作页 2

专业班级		姓名		学号	
	任务描述			预期目标	
任务名称	常用电力电子器件的认知		知识目标:认知普通晶闸管(SCR)的结构、工作原理、特性、主要参数、触发电路、串并联、应用与保护;认知门极可关断晶闸管(GTO)的结构、工作原理、主要参数特性和驱动电路;认知绝缘栅双极晶体管(IGBT)的结构、工作原理、主要特性、擎住效应与安全工作区、驱动与保护技术;认知功率集成电路和智能集成电路的构成及应用情况。 能力目标:能够正确使用相关电力电子器件。 素质目标:具有分析、比较、总结能力。			
任务编号	02				
知识类型	认知型				
完成时间	4课时				
		知识认知			

1. 描述普通晶闸管(SCR)的工作原理。

2. 描述普通晶闸管(SCR)的特性。

3. 简述普通晶闸管(SCR)的导通、关断方法。

4. 描述门极可关断晶闸管(GTO)的工作原理。

5. 描述门极可关断晶闸管(GTO)的特性。

续上表

知识认知
6. 简述门极可关断晶闸管(GTO)的导通、关断方法。
7. 描述绝缘栅双极晶体管(IGBT)的工作原理。
8. 描述绝缘栅双极晶体管(IGBT)的特性。
9. 简述绝缘栅双极晶体管(IGBT)的导通、关断方法。

能力测试
1. 普通晶闸管(SCR)过压的原因是什么?如何进行保护?
2. 门极可关断晶闸管(GTO)的驱动电路有哪几种?各有什么优缺点?
3. 绝缘栅双极晶体管(IGBT)驱动电路的设计应满足哪些条件?

学习工作页2

续上表

素质测试
查阅资料,分析、总结 SCR、GTO、IGBT 各有何特点。

学习效果评价		
评价指标	自我评价	教师评价
1.能够正确描述 SCR 的结构、工作原理、特性、主要参数、触发电路、串并联、应用与保护技术		
2.能够正确描述 GTO 的结构、工作原理、主要参数特性和驱动电路		
3.能够正确描述 IGBT 的结构、工作原理、主要特性、擎住效应与安全工作区、驱动与保护技术		
4.能够正确描述异步电动机恒转矩变频调速和恒功率变频调速的机械特性		
5.能够正确描述 PIC 的组成、分类、功能和 IPM 的组成、特点		

本模块最后评价:

教师签名: 　　　　　　　年 月 日

注:1.自我评价、教师评价和最后评价都采用等级表示,即填写优、良、中等、及格和不及格。
　　2.最后评价可以作为本课程总评价的参考数据之一。

学习工作页 3

专业班级		姓名		学号	
任务描述			预期目标		
任务名称	变频调速技术的认知		知识目标:认知电压型和电流型交-直-交变频器的基本原理;认知脉宽调制型变频器的基本原理;认知谐振型变频器的基本原理;认知交-交变频器的基本原理和交-交变频器的基本类型。		
任务编号	03				
知识类型	认知型		能力目标:能够正确使用变频器。		
完成时间	6课时		素质目标:具有分析、比较各种变频器基本工作原理的能力。		
		知识认知			

1. 描述电压型交-直-交变频器的基本原理。

2. 描述电流型交-直-交变频器的基本原理。

3. 描述谐振型变频器的基本原理。

4. 描述交-交变频器的基本原理。

能力测试

1. 比较说明电压型与电流型变频器的特点。

续上表

能力测试
2. 比较说明交-直-交和交-交型变频器的特点。

素质测试
总结归纳电压型与电流型变频器、交-直-交和交-交型变频器在应用、基本原理方面有何差异。

学习效果评价		
评价指标	自我评价	教师评价
1. 能够正确描述电压型和电流型交-直-交变频器的基本原理		
2. 能够正确描述脉宽调制型变频器的基本原理		
3. 能够正确描述谐振型变频器的基本原理		
4. 能够正确描述交-交变频器的基本原理和交-交变频器的基本类型		
本模块最后评价：		
	教师签名：	年　月　日

注：1. 自我评价、教师评价和最后评价都采用等级表示，即填写优、良、中等、及格和不及格。
　　2. 最后评价可以作为本课程总评价的参考数据之一。

学习工作页 4

专业班级		姓名		学号	
任务描述				预期目标	
任务名称	脉宽调制技术的认知			知识目标:认知 PWM 型变频器的基本控制方式、工作原理、单极性和双极性 SPWM 原理;认知 PWM 的控制模式及实现,主要介绍 PWM 调制方法、控制模式及其实现;认知 SPWM 控制模式优化方法;认知电流跟踪型 PWM 逆变器的控制方法。 能力目标:能够利用脉宽调制控制技术对逆变器输出电压(或电流)波形进行优化,使波形接近正弦。 素质目标:具有发现问题、分析问题、解决问题的能力。	
任务编号	04				
知识类型	认知型				
完成时间	6 课时				
知识认知					

1. 描述三角波调制法原理。

2. 描述单极性和双极性 SPWM 原理。

3. 描述自然取样法和对称规则取样法原理。

4. 简述两电平和三电频逆变器 SPWM 控制模式优化方法。

5. 说明电流跟踪型 PWM 逆变器的控制原理。

续上表

能力测试
1.如何消除两电平 PWM 逆变器输出的 5 次和 7 次谐波？ 2.如何消除三电平 PWM 逆变器输出的 5 次、7 次和 11 次谐波？

素质测试
1.查阅资料,描述非对称规则取样法原理。 2.分析比较自然取样法、对称规则取样法、非对称规则取样法的特点。

学习效果评价		
评价指标	自我评价	教师评价
1.能够正确描述 PWM 型变频器的基本控制方式、工作原理、单极性和双极性 SPWM 调制原理		
2.能够正确描述 PWM 的控制模式及实现		
3.能够正确描述 SPWM 控制模式优化方法		
4.能够正确描述电流跟踪型 PWM 逆变器的控制方法		
本模块最后评价：		

教师签名： 　　年　月　日

注:1.自我评价、教师评价和最后评价都采用等级表示,即填写优、良、中等、及格和不及格。
　　2.最后评价可以作为本课程总评价的参考数据之一。

学习工作页 5

专业班级		姓名		学号	
任务描述			预期目标		
任务名称	转差频率控制技术的认知		知识目标:认知转差频率控制的基本思路、Φ_m恒定对定子电流的要求;认知转差频率控制变频调速系统的基本原理以及系统各环节的作用与原理。		
任务编号	05				
知识类型	认知型		能力目标:能够认知转差频率控制变频调速系统的基本原理以及系统各环节的作用。		
完成时间	6课时		素质目标:具有分析问题、解决问题能力。		
知识认知					

1. 描述转差频率控制的基本思路。

2. 描述 Φ_m 恒定对定子电流的要求。

3. 简述转差频率控制变频调速系统的基本原理。

能力测试

说明转差频率控制变频调速系统各主要环节的作用。

续上表

素质测试
脉冲输出级有四个作用,是如何实现的?

学习效果评价		
评价指标	自我评价	教师评价
1. 能够正确描述转差频率控制的基本思路		
2. 能够正确描述转差频率控制时,$\varPhi_m$恒定对定子电流的要求		
3. 能够正确描述转差频率控制变频调速系统的基本原理		
4. 能够正确描述转差频率控制变频调速系统各环节的作用与原理		
本模块最后评价: 教师签名: 年 月 日		

注:1. 自我评价、教师评价和最后评价都采用等级表示,即填写优、良、中等、及格和不及格。
2. 最后评价可以作为本课程总评价的参考数据之一。

学习工作页 6

专业班级		姓名		学号	
任务描述			预期目标		
任务名称	矢量控制技术的认知		知识目标：认知三相异步电动机与直流电动机磁场差异、矢量控制的基本思路与实现、矢量控制系统的构想；认知异步电动机动态数学模型的性质、三相异步电动机的多变量非线性数学模型、各种坐标系之间的坐标变换、三相异步电动机在各种两相坐标系的数学模型；认知电流模型法、电压模型法和电流变换器；认知磁链开环转差控制的矢量控制系统、转速磁链闭环控制的电流滞环型 PWM 变频调速系统的基本原理。 能力目标：能够认知矢量控制的基本思路；能够对异步电动机进行建模；能够应用间接法进行矢量控制。 素质目标：具有分析问题、解决问题能力。		
任务编号	06				
知识类型	认知型				
完成时间	6 课时				

知识认知

1. 描述矢量控制的基本思路。

2. 描述电流模型法、电压模型法和电流变换器。

3. 简述转速磁链闭环控制的电流滞环型 PWM 变频调速系统的基本原理。

能力测试

1. 描述三相异步电动机的多变量非线性数学模型。

续上表

能力测试
2. 描述三相异步电动机在各种两相坐标系的数学模型。

素质测试
如何实现3/2变换和旋转变换？（以电流参数为例）

学习效果评价		
评价指标	自我评价	教师评价
1. 能够正确描述三相异步电动机与直流电动机磁场差异、矢量控制的基本思路与实现、矢量控制系统的构想		
2. 能够正确描述异步电动机动态数学模型的性质、三相异步电动机的多变量非线性数学模型、各种坐标系之间的坐标变换、三相异步电动机在各种两相坐标系的数学模型		
3. 能够正确描述三种电流模型法、电压模型法和电流变换器能够正确描述三种电流模型法、电压模型法和电流变换器		
4. 能够正确描述磁链开环转差控制的矢量控制系统、转速磁链闭环控制的电流滞环型PWM变频调速系统的基本原理		
本模块最后评价：		

教师签名：　　　　　　　　年　月　日

注：1. 自我评价、教师评价和最后评价都采用等级表示，即填写优、良、中等、及格和不及格。
　　2. 最后评价可以作为本课程总评价的参考数据之一。

学习工作页 7

专业班级		姓名		学号	
	任务描述			预期目标	
任务名称	直接转矩控制技术的认知		知识目标:认知直接转矩控制技术的诞生与发展情况;认知直接转矩控制基本思路;认知直接转矩控制基本原理;认知直接转矩控制技术的优缺点。 能力目标:能够利用直接转矩控制技术知识描述直接转矩控制系统原理。 素质目标:具有分析问题、解决问题能力。		
任务编号	07				
知识类型	认知型				
完成时间	6课时				
		知识认知			

1. 描述直接转矩控制基本思路。

2. 描述直接转矩控制基本原理。

3. 简述直接转矩控制技术的优缺点。

能力测试

1. 利用直接转矩控制技术知识描述直接转矩控制系统原理。

2. 什么是电压空间矢量？电压空间矢量与磁链空间矢量之间有何关系？

续上表

素质测试
1. 查阅资料，说明直接转矩控制(DTC)与矢量控制(VC)有何区别。
2. 查阅资料，我国的 CRH_1、CRH_2、CRH_3、CRH_5 型高速动车组分别采用的是直接转矩控制(DTC)还是矢量控制(VC)？

学习效果评价		
评价指标	自我评价	教师评价
1. 能够正确描述直接转矩控制基本思路		
2. 能够正确描述两相交流电动机的电磁转矩模型和磁链模型、直接转矩控制系统结构		
3. 能够正确描述逆变器的八种开关状态和逆变器的电压状态，以及电压空间矢量概念、电压空间矢量与磁链空间矢量之间的关系		
4. 能够正确描述直接转矩控制技术中电动机磁链控制、转速控制、正反转控制原理		
5. 能够正确描述直接转矩控制技术的优缺点		
本模块最后评价：		

教师签名： 年 月 日

注：1. 自我评价、教师评价和最后评价都采用等级表示，即填写优、良、中等、及格和不及格。
　　2. 最后评价可以作为本课程总评价的参考数据之一。

学习工作页 8

专业班级		姓名		学号	
任务描述				预期目标	
任务名称	交流调速技术在轨道交通车辆中应用情况的认知			知识目标:认知轨道交通车辆牵引变流器三大组成部分:脉冲整流器、牵引逆变器和中间直流环节的工作原理;认知城市轨道交通车辆转差频率控制直-交变频调速系统的调速控制原理;认知矢量控制技术在铁道机车、高速动车组、地铁动车组中的应用情况;认知直接转矩控制技术在铁道机车、高速动车组、地铁动车组中的应用情况。	
任务编号	08				
知识类型	认知型			能力目标:能够认知交流调速技术在轨道交通车辆中的应用情况。	
完成时间	6学时			素质目标:具有专业知识的应用和创新能力。	
知识认知					

1. 描述三电平脉冲整流器的工作原理。

2. 描述三电平牵引逆变器的工作原理。

3. 描述轨道交通车辆中间直流环节的工作原理。

4. 描述城市轨道交通车辆转差频率控制直-交变频调速系统的调速控制原理。

能力测试

1. 说明矢量控制技术在我国铁道机车、高速动车组、地铁动车组中的应用情况。

续上表

能力测试
2. 说明直接转矩控制技术在我国铁道机车、高速动车组、地铁动车组中的应用情况。

素质测试
查阅资料,说明 CRH_1 型动车组直接转矩控制系统原理。

学习效果评价		
评价指标	自我评价	教师评价
1. 能够正确描述轨道交通车辆牵引变流器三大组成部分:脉冲整流器、牵引逆变器和中间直流环节的工作原理		
2. 能够正确描述城市轨道交通车辆转差频率控制直-交变频调速系统的调速控制原理		
3. 能够正确描述矢量控制技术在铁道机车、高速动车组、地铁动车组中的应用情况		
4. 能够正确描述直接转矩控制技术在铁道机车、高速动车组、地铁动车组中的应用情况		
本模块最后评价:		

教师签名: 　　　　　　年　月　日

注:1. 自我评价、教师评价和最后评价都采用等级表示,即填写优、良、中等、及格和不及格。
　　2. 最后评价可以作为本课程总评价的参考数据之一。